KB105617

손동현 교수 평론 · 수상집

미완의 화해

손동현 교수 평론 · 수상집

미완의 화해

손동현 지음

철학과 현실사

머리말

나도 세상과 화해하고 싶다. 세상 모든 사람들과 화해하고 평화롭게 살고 싶다. 하지만 정직한 사람은 기만당하고, 순수한 사람은 이용당하고, 선량한 사람은 억압받고, 성실한 사람은 무시당하고, 의로운 사람은 핍박받고, 게다가 사랑하는 사람은 고통받고…

아직도 세상엔 이런 일들이 더 많은데, 내가 어찌 이런 세상과 미련 없이 화해한단 말인가! 마음으로라도 내가 어찌 이를 외면한단 말인가! 그렇게는 못하겠다. 더구나 큰 목소리로 공공의 이익을 도모하자고 외치며 속으로는 은밀히 자신의 사익을 취하는 데 집요한, 음흉하고 사특하고 간교한 무리들이 아직도 많은데, 이런 세상과 어찌 미련 없이 화해하란 말인가. 나 자신이 더 이상 그런 피해자는 아니라 하더라도, 나의 안락과 평안에 만족하여 그런 세상과 화해할 수는 없다….

이렇게 말한다면 내가 무슨 대단한 정의의 사나이라거나 민주투사라거나 적어도 약자를 보호하기로 나선 시민운동가쯤은 되는 것 같다. 하지만 '턱도 없는' 얘기다. 젊어 한때 그럴 의향이 전혀 없었던 것은 아니나, 그런 길을 갈 만큼 용감하지도 지혜롭지도 못한 위인이 나다. 그저 그런 생각으로 괴로움을 삭여야 할 시간이 많았던, 피해의식이 있었던, 아니 실제로 피해를 입은 적이 없지 않았던 그런 사람이긴 했지만 말이다. 그런데 이제 돌아보니 그런 내 속의 어떤 인자가 나를 뜻하지 않게 여러 '실속 없는' 일에 나서게 만든 것 같다.

이 책자에 담긴 '잡동사니' 같은 글들은 그런 '실속 없는' 내 언행의 부끄러운 궤적이다. 능력에 비추어 볼 때 과도한 '퍼블릭 마인드'와 역시 처지에 어울리지 않는 과민한 감수성이 내 지난 삶을 지리멸렬하게 만든 것 같다. 진리 탐구에 대한 열정과 불쌍한 사람들에 대한 연민과 아름다움에 대한 동경을 평생 버리지 못했다는 러셀 경쯤 되면 얼마나 멋질까. 그런 위대한 정신을 존경하고 또 때론 부러워하긴 했지만, 나는 그 발뒤꿈치도 못 따라가는 사람이란 걸 잘 안다.

어찌 보면 아무 쓸모없는 잡동사니들을 그래도 이렇게 한데 모아보는 것은 실은 내가 그간 정신 놓고 그저 놀고 먹기만 하진 않았다는 군더더기 같은 변명을 하자는 것인지도 모른다. 그래도 어쩔 수 없다. 내가 그밖에 되지 못하는 사람이니까.

가까운 지인들이 정년을 앞둔 나의 이 자백을 그리 아니꼽게 여기지만 않는다면, 그것으로 나는 위안을 삼고자 한다. 중량감 있고 쓰임새도 있어 많이 팔릴 책 한 권 내달라고 하지 못해 늘 부채감을 안고 있는 철학과현실사 전 사장님이 이걸 책이라고 내주신다니, 그저 고마울 따름이다.

2013년 1월
명륜동 서재에서
손동현

차례

머리말

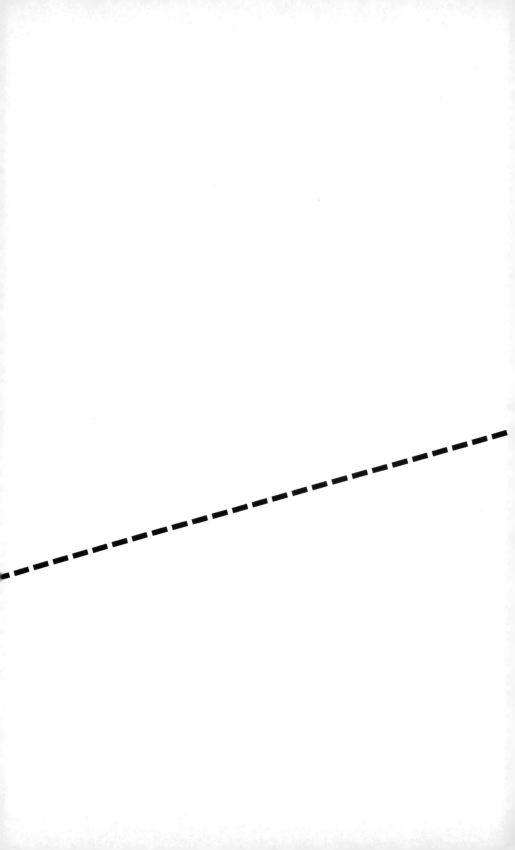

| 1부 | 공동체의 삶을 향하여

"

I. 개혁의 시대에 개혁에 대해

개혁: 사람 바꾸기와 틀 바꾸기

너나없이 '개혁'을 말하기 시작한 지가 반년이 넘어서는 터라 이젠 개혁에 대해 말하는 것이 싫증 나고 짜증 날 만한 일이 된 듯도 싶다. 그럼에도 불구하고 개혁에 대해 아직도 할 말이 많은 것은 개혁의 성공에 대한 기대가 큰 만큼 개혁의 실패에 대한 우려 또한 크기 때문이다. 개혁 작업은 아직 탄탄대로에 올라선 것이 아니요, 욕심을 좀 내서 말하자면, 이제 겨우 시작된 것에 불과한 단계이고 보니, 장애를 극복하고 그것이 완수될 것을 열망한다면, 우리로선 끝까지 그것에 마음을 써야 할 것이다. 지금 이 시점에서 개혁은 우리에게 '밑져야 본전치기'의 장사가 아니라 '득보지 못하면 아주 망하는' 막판 장사이기 때문이다.

오늘 우리의 현실에서 개혁 작업은 부정부패의 척결과 국가기강의 확립이라는 규범적 요구 아래 이루어지고 있다. 고위공직자의 재산공개나 공직활동에 대한 사정활동도 바로 이러한 요구 아래 행해지는 것이다. 그러나 좀 더 깊이 내면을 들여다보면 개혁 작업의 초점은 구체적으로 권력과 부의 재분배에 모아진다고 하겠다. 정의롭지 못한 방법으로 권력을 장악했거나 행사한 사람에게 더 이상 그 권력을 부여하지 않고, 정당하지 않은 방법으로 부를 축적한 사람에게 그 응분의 대가를 치르게 하는 것이 아직도 진행 중인 사정활동의 요체요, 또 고위관료들에 대한 인사 쇄신일 것인데, 이는 곧 권력과 부의 재분배를 위한 것이라고 보아야 할 것이다. 사람의 생각과 행동을 바꾸는 것이 어려운 만큼 잘못을 바로잡기 위해 잘못된 사람을 바꾸는 것은 현실적으로 당연한 일일 것이다.

그러나 지금 우리가 추진해야 할 개혁은 여기에 멈추어서는 안 될 일이다. 권력과 부를 어느 사람으로부터 다른 어느 사람에게로 옮겨 놓는 것만으로는 진정한 의미에서의 개혁이 될 수 없다. 문제는 사람을 바꾸는 데에 있는 것이 아니라, 권력과 부를 나누어 갖는 방식 자체와 아울러 이 권력과 부를 행사하고 활용하는 방식 자체를 바꾸는 데 있다. 권력과 부를 누가 갖느냐 하는 문제에서 권력과 부를 어떤 틀에 맞춰 나눠 갖고 행사하느냐 하는 문제에로 눈길을 돌려야만 개혁의 참된 의미가 드러날 것이다.

권력을 부당하게 장악해 부정하게 남용한 사람들을 정치권과 공직사회에서 물러나게 한 것이 이제까지 사정이라는 이름으로 행해진 '사람 바꾸기'라면, 금융실명제 실시나 선거 등 정치활동에 관련된 새로운 입법 추진 등은 바로 이런 '틀 바꾸기'를 위한 노력이라고 생각된다.

이렇게 볼 때 진정한 의미의 개혁은 이제 막 시작된 셈이다. 가명계좌의 실명화 시한이 끝난 다음 날 금융실명제 실시가 80퍼센트 정도 이뤄진 것은 성공을 거둔 셈이라는 보도가 있기는 했으나, 금융실명제가 진정 경제정의를 실현시키기에 충분한 견인력을 갖기까지는 아직도 위험

요소, 장애요소가 많은 것이 사실이다. 또 정치관계법이 어떻게 개정되고 정당운영이 어떻게 개선되어 참된 의미의 민주적 정치행태가 정착될지 아직도 미지수다.

이런 제도적, 법적 장치의 개혁을 통한 '틀 바꾸기'가 실현된다 해도, 우리의 개혁은 또한 거기서 멈추어서는 안 된다. 이러한 가시적인 외형적인 '틀'이 바뀌면서 이 새 틀의 힘이 우리 모두의 공공생활에 두루두루 미쳐나가 우리의 공공생활의 방식까지를 바꾸어놓아야 한다. 위도 앞바다에서의 저 끔찍한 해난 사고는 왜 일어났는가? 눈앞의 나의 이익만을 살피려는 해운업자와 이들을 지도 감독하는 공직의 업무를 나태와 무성의의 타성에 젖어 무관심하게 남의 일처럼 내팽개쳤던 공직자들이 합작하여 일어나게 한 참사가 아니겠나. 의식개혁까지 수위 높여 요구하기 전에 적어도 자기 자리에서 자기 할 일을 한다는 그런 공공생활의 방식이 차츰 확산되기를 요구하는 것은 그리 무리한 주문이 아닐 것이다. 우리가 어떤 방식의 공동체 생활을 선택할 것인가 하는 문제는 국제경쟁이 직접적 경제요인에만 국한되지 않는 새로운 세기에 더욱 중요한 것으로 부상할 것이다. 이런 의미에서도 개혁은 오늘 우리에게 '이득을 남기지 못하면 망하는' 막판 장사다.

〈성대신문, 1992. 10.〉

개혁의 내포와 외연

매스컴이 연일 '개혁'과 관련된 일로 떠들썩하다. '개혁'의 외침이 온 나라를 뒤덮고 있는 느낌이다. 정말이지 지도급 인사 치고 개혁을 말하지 않는 사람이 없는 것이 요즘이다. 새 대통령이 취임하고 새 정부가 들어서며 국정의 최고 지표로 내세운 것이 '개혁'이니만큼, 속셈이야 어떻든 일단은 이를 따르고 봐야 한다고 생각할 사람도 많을 것이다. 하긴 새 정부가 들어설 때마다 개혁을 외치지 않은 적이 언제 있었으며 그 개혁이 실현된 적이 또한 언제 있었는가. 그러니 이번에도 별수 없을 것이요, 따라가는 척하다 보면 얼마 가지 않아 모든 것은 다시 제자리로 돌아올 것이다⋯. 이렇게 생각하는 사람일수록 아마 더 큰 목소리로 개혁을 외칠지 모른다. '국가재건'의 시대엔 재건을, 유신의 시대엔 유신을, 사회 정의의 시대엔 정의를 외쳐대는 것이 시류를 타고 살아남는 비결임을 이미 터득했기 때문이리라.

그러나 생각해 보자. 정말이지 심각히 생각해 볼 일이다. 지금 우리 사회는 개혁되지 않으면 안 된다는 것을 진지하게 생각해 직시하지 않으면 안 된다. 사실 대다수의 보통사람들은 개혁을 고대하고 있다. 대다수의 보통사람들에겐 지금 이대로의 우리 사회가 살아가기에 너무나 힘들고 어려운 모양새를 하고 있다. 참되고 바르게 인간답게 살고자 하는 사람일수록 이 사회는 험한 장애물과 무거운 짐으로 가득 차 있다. 참된 것이 거짓된 것에 짓눌리고 올바른 것이 바르지 못한 것으로 가로막혀 있기 때문이다. 그리고 그 정도가 이젠 더 이상 갈 수 없을 정도로 심각하기 때문이다.

말이 '개혁'이지 실질에 있어 무엇이 어떻게 바뀌는 것이 '개혁'일까? 지금까지의 질서와 체제를 다른 질서와 체제로 바꾸는 것일까? 아니다. 우리가 언제 몇 가지 체제를 두고 이것저것 실험해 본 적이라도 있단 말인가. 지금 '개혁'이란 다름 아닌 '정상화'다. 우리가 다 같이 다지고 지키노라고 말해 왔던 그 질서, 복지사회를 향한 자유주의적 민주질서, 그것을 정상화시키는 것, 이것이 곧 개혁의 핵심적 내포다. 말과 명분으로 내세워졌던 사회정의를 실질에 있어 실현시키자는 것, 그래서 명분과 실질 사이의 괴리를 메워나가는 것, 그것이 개혁이다. 따지고 보면 굳이 '개혁'이랄 것도 없는 것이다. 특히 지도급 인사들이 바로 그들의 행동을 통해 그들이 보통사람들을 향해 외쳐왔던 것을 스스로 실천에 옮기는 것이 어찌하여 질서를 '바꾸는' 것이겠는가. 말과 행동의 괴리가 관행화됨으로써 빚어진 이 사회의 이중구조를 부수고 그것을 하나의 구조로 다시 세우는 일, 그것이 곧 오늘 우리가 바라는 개혁이다. 그런 의미에서 오늘의 개혁은 질서를 바꾸는 것이 아니라 '하나의 질서'를 비로소 세우는 것이다.

이를 위해 무슨 위원회니 무슨 법령이니 하는 것을 만드는 것이 필요할지도 모른다. 그러나 저 이중구조 자체가 깨지지 않는 한, 이런 것들은 '개혁'의 이름 아래 새로 생겨나는 장애물이 되기 쉽다. 국정의 최고 책임자가 저 이중구조의 척결을 위해 자신부터 '하나의' 질서만을 지키겠다고 천명함은 이런 점에서 고무적이고, 그래서 우리는 그 귀추를 주목하고 있다.

'정상화'를 통해 '하나의' 질서를 세우는 일은 '무슨무슨 강조주간' 식 행사를 통해 성취될 일이 아니다. 그것은 또 우리 사회의 어떤어떤 부문에 국한해서 이루어질 일도 아니다. 더욱이 그것은 은폐하려 했던 일이 공중에 알려져 '일이 터졌을' 때 이를 수습하는 단속적인 임기응변으로 써는 결코 성취될 일이 아니다. 그것은 온 나라 안에서, 사회 전체에서, 그것도 지속적으로 아주 힘들여 추진되어야 한다. 개혁의 외연은 이렇듯 '전방위적, 전천후적'이어야 한다.

어느덧 국민생활 전반에 만연해 모두의 의식마저 불감증에 걸렸다는 진단이 나오는 부정부패, 이는 곧 비정상이 정상이 되고 정상이 오히려 비정상으로 되었다는 것 아니겠는가. 국민생활의 모든 분야에서 정상적인 것이 정상적인 것으로 그 본래 자리를 되찾게 하는 것, 그것이 오늘 운위되는 '개혁'의 핵심적 내포라면, 부정부패로 이지러져 이중화된 이 사회의 이중구조를 '하나의' 질서로 되돌아가게 하는 일을 전방위적으로 전천후적으로 추진하는 것이 개혁의 외연이라 하겠다. 이 일은 언제가 되면 완료되는 일도 아니다. 우리가 나라를 갖고 공동체 생활을 영위하는 한, 언제까지라도 지속되어야 할 일이다.

〈성대신문, 1992. 3.〉

개혁의 기반: 도덕성

도덕정치의 힘

사람을 움직이는 힘은 진정 무엇인가? 개혁의 물결을 실감하는 요즈음 이를 다시 생각하게 된다. 오늘의 이 개혁의 물줄기가 어디에서 발원(發源)했으며 왜 모두들 이 새로운 변화에 갈채를 보내는가? 무엇이 새 지도자로 하여금 이 봇물의 물꼬를 트게 했으며, 무엇이 모두로 하여금 이를 설레는 마음으로 반기게 하는가?

현실정치의 복잡 미묘하다는 역학(力學)관계나 고도로 치밀하다는 책략에 대해 무지한 필자로서는 새 대통령의 이 개혁정책이 어떤 정치적 역학관계에서 유래했는지 알 수 없고 이 개혁정책을 수행키 위해 어떤 책략을 도모하고 있는지 알 수가 없다. 정권유지 내지 정권연장을 주안점으로 삼아 정책을 세우고 책략을 강구했던 이른바 공작정치라는 것에 대해 익숙했던 많은 사람들은 오늘의 이 개혁의 정치에 대해서도 그러한 시각을 갖고 생각할지 모른다. 그러나 필자는 정치세력 간의 보이지 않는 역학관계나 이해관계를 몰라서가 아니라, 이 새로운 개혁의 정치가 현실정치적 역학관계나 이해관계에서 유래한 것이라고 믿을 수 없기 때문에 저런 이들의 생각에 동참할 수가 없다.

도덕성에 기반한 새 정부의 개혁

정치는 현실이요, 정치는 곧 힘의 대결 또는 힘의 행사라고들 말한다. 필자도 이 주장에 수긍하지 않는 바는 아니다. 그러나 정치가 이렇듯 그저 현실적 힘의 논리에 머무는 것이어서는 참다운 정치일 수 없다고 생각한다. 정치는 현실적 힘의 지반을 갖되, 도덕적 이상을 향해 현실의 논리를 넘어설 수 있어야 참다운 정치가 된다고 생각한다. 그리고 필자는 오늘의 이 개혁의 정치가 바로 이러한 참다운 도덕정치의 힘찬 시동이라고 생각하기에, 현실적 힘의 논리만으로 이 개혁정치를 보려는 이들의 생각에 동참할 수가 없는 것이다.

불행하게도 우리는 참다운 모습의 도덕정치를 경험해 본 적이 별로 없기에 이에 대해 거의 포기하다시피 되었다. 그러나 더 이상 포기해서는 안 된다. 정치의 도덕성에 대해, 도덕성 기반이 건전한 정치에 대해, 도덕적 이상을 좇는 정치에 대해 더 이상 비관만 하고 있어선 안 된다. 정치의 도덕성을 위해 거부와 투쟁밖에는 달리 길이 보이지 않던 암울한 시대는 이제 물러가고 있다. 도덕정치에 대한 신뢰를 회복하여 이에 호응하고 동참할 때가 온 것이다.

필자가 이런 생각을 갖게 된 것은 무엇 때문일까? 아니 필자뿐 아니라 대부분의 사람들이 오늘의 이 개혁정치에 대해 찬동과 지지를 아끼지 않는 것은 무엇 때문일까? 그것은 바로 대통령을 비롯한 새 정부의 개혁의

지가 도덕적 양심과 사회정의의식을 토대로 하여 작동되고 있다고 보기 때문이다.

사회생활의 양상이 극도로 복잡다기하고 그 구성원의 욕구 또한 극도로 분화되어 다양한 모습을 보이는 오늘날, 이러한 사회를 하나의 국가공동체로 통합시키는 일은 고도의 사회공학적 계산과 기술을 필요로 할 것이다. 그래서 그저 소수 엘리트의 선(善)의지나 몇몇 지도급 인사들의 도덕적 인품에 의거해서는 이토록 규모가 크고 성원 간의 관계가 복잡한 국가공동체를 이끌어가는 일이 불가능하다는 것도 사실일 것이다. 그 수많은 법적, 제도적 규정들이 이를 웅변으로 말해 주고 있다.

그러나 과연 국가경영을 위한 사회공학적 기술이나 구성원의 사회적 행동을 통제하는 법제적 장치만으로 국가공동체를 하나의 조화로운 통합적 유기체로 이끌어가는 일이 가능하겠는가.

더 근본적으로 중요한 것은 정치적 기술 이전에 도덕적 건강이다. 국민 대다수가 그들의 도덕의식에 따라 건전한 사회생활을 영위할 수 있을 때, 국가공동체는 튼튼하게 존립하고 번영할 수 있는 것이다. 그리고 국민 대다수가 도덕적 사회생활을 영위할 수 있기 위해서는 바로 지도급 인사들의 도덕적 수범이 절대로 필요한 것이다. 윗물이 흐려도 아랫물은 맑아야 한다는 것은 실현되기 어려운 우리의 소망일 뿐이다. 윗물이 맑아야 아랫물도 맑다는 것은 논란의 여지가 없는 상식이다.

국민의 도덕적 자긍심 회복 절실

우리 사회가 총체적으로, 구조적으로 부패했다는 진단에 우리는 모두 자조(自嘲)와 체념의 한숨을 쉰다. 그러나 다시 생각해 보자. 우리 국민 모두가 각기 도덕적으로 돌이킬 수 없을 만큼 타락했는가. 아니다 사실은 아직도 대다수의 사람들은 건전한 도덕의식을 견지하고 있다. 다만 그들의 도덕의식에 대해 그들 스스로 자긍심과 자신감에 차 있질 못했을 뿐이다. 이제 위로부터의 정치적, 사회적 개혁이 도덕성에 기초해 있고 또 도덕성의 회복을 지향하고 있다는 것만 확인되면, 이 자긍심과 자신감은 곧 되살아난다. 정치인과 고위공직자의 재산공개를 비롯한 여러 방면의 사정작업에 대해 대다수 국민이 찬동과 지지를 아끼지 않는다는 사실 자체가 이제 바야흐로 저 도덕성에 대한 자부심을 회복하려는 내면적 반전(反轉)의 징후다.

사람을 움직이는 힘으로 외적, 물리적 강제가 우선은 눈에 띄는 확실한 것일지 모른다. 그러나 이 물질적 힘은 사람의 깊은 곳에까지 침투해 들지 못한다. 또 지속적인 것도 아니다. 이 힘에는 또한 잠재적으로나마 반작용의 힘을 수반하게 마련이다. 이런 힘으로 국민을 이끌고 국가공동체를 떠받치는 데는 한계가 있다.

진정 사람을 움직이는 힘은 내적, 도덕적 승복에서 나오는 것이요, 이 힘은 도덕적 양심이 보호받고 사회적 정의가 실현되리라는 기대와 신뢰가 우리의 마음속에 자리 잡을 때 작동되기 시작한다. 이 힘은 사람의 깊은 곳에서부터 솟아 나오는 것으로 지속적일 뿐 아니라 반작용도 갖지 않는 것이다.

도덕성에 바탕하는 오늘의 개혁정치가 우리 국민 모두에게서 이러한 힘이 작동하도록 해주는 시동 모터의 역할을 해준다면, 우리의 앞날은 도덕성의 힘이 무력의 힘보다 더 강함을 보여주는 새 역사의 시대가 될 것이다. 부도덕한 치부(致富)나 출세가 오히려 수치가 되는 시대가 될 것이요, 국민이 도덕성으로 무장된 그런 사회에는 국가의 안위가 문제되는 위협 또한 찾아들기 어려울 것이다.

진정 사람을 움직이는 힘은 내적, 도덕적 승복에서 나오는 것이요, 이 힘은 도덕적 양심이 보호받고 사회적 정의가 실현되리라는 기대와 신뢰가 우리의 마음속에 자리 잡을 때 작용한다.

〈새물결, 1993 여름호〉

〉〉국제화 속의 개혁

　1년여 전 새 정부가 들어선 이래, 우리 사회에서 '개혁'이라는 말보다 더 큰 힘과 울림을 갖고 우리에게 다가왔던 말은 아마 없을 것입니다. 대통령을 정점으로 하여 각계의 지도층 인사들이 한결같이 개혁을 주장해 왔고 많은 일반인들이 이에 공감 동조해 왔습니다. 또 실제로 적지 않은 개혁 작업이 이루어졌고 착수되기도 했읍니다. 아직 문제가 없는 것은 아니지만 금융실명제가 실시되었고, 공직자의 재산공개가 이루어져 많은 고위관리 및 정치인이 현직에서 물러나기도 했습니다. 지금 열리고 있는 국회에서는 정치자금, 선거제도 등에 관한 법을 개정함으로써 정치개혁을 위한 골격이 새로 짜일 전망입니다.

　그런데 여기서 우리는 한번 되짚어 보아야 하겠습니다. 이러한 개혁의 목표는 궁극적으로 무엇이며, 그것은 이 시대에 왜 더욱 절실히 요구되는 것인지, 과연 그것은 저러한 제도적 장치의 혁신만으로 달성될 수 있을 것인지요?

금년 들어 이른바 '국제화, 세계화'라는 것이 우리의 국가적 과제로 크게 부각되었습니다. 그러더니 그러는 사이에 사람들의 머릿속에서 '개혁'이라는 말은 슬그머니 그 힘을 잃어가고 있는 듯하기도 합니다. 하지만 진정한 개혁 없이는 어느 부문에서건 국제화, 세계화를 이룰 수 없다는 것을 우리는 분명히 알아야 하겠습니다. 국제화, 세계화란 일차적으로 국제경쟁에 대처하기 위한 체질강화로 이해되어야 합니다. 이 시점에서 국제화가 유난히 강조되는 이유는 국제경쟁이 국가나 이데올로기의 울타리를 제치고 활짝 개방되어 더없이 철저해지고 치열해졌기 때문입니다. 개혁을 통해 부패를 몰아내고 부정, 비리를 바로잡지 않고선, 국민적 에너지를 생산적으로 집결시킬 수 없고 국제경쟁력을 강화시킬 수 없을 것입니다.

이런 개혁 작업이 오늘 더 절실히 요구되는 이유는, 우리가 오늘, 치열한 국제경쟁에서 살아남아 선진세계로 진입하느냐, 그렇지 않고 세계사의 흐름에서 낙오하느냐 하는 기로에 서 있기 때문입니다.

적전 분열은 패배를 자초하는 일입니다. 국제경쟁에서 국민적 단합은 필수요건입니다. 그러나 그 단합이 획일적이고 권위주의적인 강제에 의한 것일 때, 그것은 지속적이지 못하고 생명력이 없습니다. 국민적으로 합의된 사회정의의 공준을 세우는 일, 그래서 국민 각자가 자신의 이익을 추구하되 또한 유기적으로 국가의 공동체적 발전을 할 수 있게 하는 일, 이것이 개혁의 궁극적 목표입니다. 따라서 오늘 개혁의 발걸음을 늦추는 것은 내일 국제경쟁에서 패배하는 것입니다. 개혁이 단지 제도적, 법적 장치의 개선을 통해서만은 완수될 수 없는 이유가 여기서 드러납니다. 자신의 권익을 추구하되 그것이 국가적 공익과 합치할 수 있도록 하는 일은 국민 각자의 의식 속에서 그러한 조화로운 가치관이 정립될 때 만족스럽게 성취될 것이기 때문입니다. 법과 제도가 아무리 완벽하게 정비되어 있다 하더라도 그것을 통해 정의를 실현시키려는 '뜻'이 내 속에 없을 때, 그것은 그저 형식에 지나지 않을 것입니다. 사욕에 사로잡혀 비합리와 편법과 부정 비리까지도 서슴지 않는 부정의에 물든 의식이 우리를 떠날 때, 그리고 그 자리에 정의의 의식이 자리 잡을 때, 개혁은 완수될 것이요, 국제경쟁을 위한 우리의 내부결속은 더없이 튼튼하게 다져질 것입니다.

〈KBS1, 1994. 2. 21.〉

❯ 의식개혁의 의의

늘 우리는 실로 변화와 개혁의 시대를 살고 있다는 느낌을 떨칠 수 없습니다. 우리의 공동체적 삶의 여건이 그 어느 때보다도 급격히 그리고 광범하게 변하고 있으며, 이 도전에 대해 우리 자신은 개혁의 자세로 응답하고 있다고 생각되기 때문입니다. 우리 사회의 개혁에 대한 국민적 기대와 요구는 이제 돌이킬 수 없는 시대정신이 되고 있다고 해도 과언이 아닐 것입니다.

여기서 우리는 이 개혁의 향방에 대해 진지하게 생각하지 않을 수 없습니다. 이 개혁이 국가의 번영, 사회의 발전뿐 아니라 국민 각 개인의 인간적 삶의 질을 높이는 데도 새로운 결정적 전기를 마련해야 하겠기 때문입니다.

하나는 우리 모두에게 분명해졌습니다. 오늘의 개혁은 밝은 내일을 예비하고 설계하기 위한 것이지 그저 어두운 과거를 파헤치는 일에만 매달리자는 것이 아니라는 점입니다. 개혁이 과거를 청산하는 미래지향적인 것이어야 한다는 이 명제는 이제 우리 모두의 합의라 하겠습니다.

그런데 이 개혁의 내용이 우리의 의식 속으로 내면화되어야 한다는 점은 우리 모두에게 아직은 그토록 분명한 것 같지가 않습니다. 부정에 대한 사정, 비리에 대한 응징을 넘어서서, 현실적으로 사회정의가 정착될 수 있도록 제도적 장치를 재정비하는 일이 요구되는 것은 바로 개혁이 미래지향적이어야 하기 때문입니다. 그러나 이에서 한 걸음 더 나아가 개혁은 우리 의식의 내부에서도 진행되어야 합니다. 법적, 제도적 강제를 통해 타율적으로 유지되는 정의는 생명력을 갖고 지속될 수 없습니다.

질서와 정의를 보장해 주는 외적 장치도 꼭 필요하지만, 그보다도 그것을 실현시키고자 하는 저마다의 의지가 또한 선결요건입니다. 그저 외적 강제를 통해서가 아니라 내적 자발성을 통해서 사회정의가 실현될 때, 이는 정의의 실현이 더 완전히 더 지속적으로 이루어진다는 점 외에, 우리 모두가 성숙한 인격체로서 공동체의 주인이 되는 보람과 기쁨을 누릴 수 있다는 점에서, 더 큰 또 다른 의의를 갖게 됩니다. 공동체가 요구하는 정의로운 삶을 내가 나 자신의 내면적 요구에 따라 선택한다면, 나의 개인적인 보람과 기쁨이 공동체의 안정과 번영에 직결될 것은 당연하기 때문입니다. 진정한 개혁은 의식개혁에서 완성된다는 주장의 깊은 뜻이 바로 여기에 있습니다.

부정 비리에 친숙해 있던 나의 의식을 스스로 성찰하여, 눈앞의 사익에 매이지 않고 정의와 대의를 따르는 것이 종국적으로 나의 더 큰 자아를 키워나가는 길임을 깨닫는 일, 의식개혁의 핵심이 되는 이 일은 과연 불가능한 것일까요? 삼일절을 다시 맞는 오늘, 어떤 외적 강제나 생활의 필요 때문에서가 아니라 오직 민족자존의 의식에서 일제에 항거했던 우리의 선열들을 생각하며, 이 물음을 던져봅니다.

〈KBS1, 1994. 2. 28.〉

의식개혁의 가능성

진정한 사회개혁은 의식을 통해 완성된다고들 말합니다. 이 주장을 부인할 사람은 아마 없을 것입니다. 우리의 생각이 바뀌면, 우리의 행동은 이에 따라 자연히 바뀔 것이기 때문입니다.

그러면서도 의식개혁의 가능성을 흔쾌히 믿는 사람은 그리 많은 것 같지가 않습니다. 의식이란 외부의 현실적인 여건에 의존되는 것인 만큼, 의식이 바뀌려면 먼저 그 생활의 여건이 바뀌어야 된다는 것이요, 그러니 따지고 보면 모든 의식개혁이란 공허한 주장일 뿐이라는 것입니다.

사실 현실적 여건을 중시하려는 자세는 그 자체 탓할 바가 아닙니다. 그러나 오직 물질적인 현실적 여건만이 우리의 행동을 결정하는 모든 것이라고 주장하는 사람이 있다면 우리는 이에 동조할 수 없습니다. 인간의 삶에는, 외적 여건에 의존되어 그것의 영향을 받는 측면도 물론 있지만, 그와 더불어, 내적 자발성을 통하여 외적 여건의 지배를 벗어나고 거꾸로 그것을 지배하는 측면도 분명히 있다고 생각되기 때문입니다.

인간은 원초적으로 신체를 갖고 자연 속에 태어나는 자연적 존재이지만, 또한 이에 그치지 않은 정신적 존재이기도 합니다. 신체 없는 정신은 물론 없습니다. 그런 만큼 정신은 신체의 영향을 받습니다. 그러나 그렇다고 해서 정신의 활동이 신체에 의해 완전히 지배받는 것은 아닙니다. 정신은 신체적 작용의 간섭을 받지 않는 나름대로의 독자적인 활동영역을 확보하고 있는 것입니다. 이것이 곧 자유의 영역입니다. 이것이 믿기지 않는 사람이 있다면, 신념이나 주장을 관철시키고자 단식이나 자결을 결행하는 사람의 경우를 생각해 보면 좋을 것입니다. 우리의 신체는 개체보존이라는 자연의 법칙을 지상명령으로 따르지 않을 수 없지만, 우리의 정신은 그것을 거부할 자유를 갖고 있는 것입니다.

정신의 자유, 이것이 바로 인간의 존엄성의 근원입니다. 만일 이 자유가 진실이 아닌 허구라면, 우리는 자연 속의 다른 존재와 다를 바 없는 것이 될 것이요, 인간의 존엄성에 대한 우리의 보편적 신뢰는 자기기만에 불과한 것이 되고 말 것입니다. 자유가 허구라면 인간의 도덕적 삶 또한 허구가 될 것입니다. 자유와 이에 따르는 책임을 전제로 해서만 성립되는 것이 도덕이기 때문입니다. 인간의 존엄성과 도덕성을 부인하고 인간의 행위를 모두 자연법칙적 현상으로만 설명하려는 사람은 아마 없을 것입니다.

의식개혁이란 별다른 것이 아닙니다. 우리가 외적인 여건의 강제나 필요에 얽매이지 않은 채 우리의 생각을 바꾸는 것입니다. 사물을 보는 눈을, 자신의 삶과 공동체적 삶에 대한 생각을 바꿔 갖는 것입니다. 우리에게 정신의 자유가 있는 이상 이는 불가능한 것이 아닙니다. 물론 여기에는 깨우침이 있어야 할 것입니다. 오늘 나의 이득이 우리 모두에게 손실이 된다면, 이는 결국 내일의 더 큰 나를 위해 바람직하지 않다는 깨우침, 오늘 나의 손실이 우리 모두에게 이득이 된다면, 이는 결국 내일의 더 큰 나를 위해 바람직하다는 깨우침, 이런 깨우침이 절실할 때, 정의로운 사회, 살기 좋은 나라에 대한 나의 의식은 자발적으로 바뀔 수 있는 것입니다.

〈KBS1, 1994. 3. 7.〉

≫ 의식개혁의 주체

사회개혁은 의식개혁에서 완성된다고들 말합니다. 그렇습니다. 사회개혁이란 종국적으로 새로운 사회적 행동의 틀을 세우고 이를 움직이게 하는 일입니다. 그리고 이는, 그 새로운 틀을 그저 외부의 법적, 제도적 장치에 규정하는 제도개혁에 그치지 않고, 그것을 우리의 의식 속에 내면화시켜 자리 잡게 하는 의식개혁에로 이어질 때, 비로소 완수될 것입니다.

그렇다면 이 의식개혁은 어디에서 착수되어야 할까요?

그동안 우리는 개혁 작업이라 불릴 수 있는 여러 가지 일들을 지켜보아 왔습니다. 무엇보다도 금융실명제가 실시되었고 이른바 정치개혁 관계법들이 새로이 제정되었으며 또 그 밖에 여러 가지 획기적인 조치들이 내려졌습니다. 그리고 이러한 조치들은 많은 사람들에게 새로운 생각을 갖게 하는 계기가 되기도 했을 것입니다. 그러나 이것들 중 어느 것도 의식개혁 조치라고 했던 것은 없습니다. 그것들은 모두 정치적, 행정적 혹은 경제적 개혁조치였던 것입니다.

그렇다면 대통령 이하 개혁을 추진하는 정치권이나 정부는 국민의 의식개혁에는 관심이 없어서 아직도 아무런 조치를 하지 않은 것일까요? 의식개혁에도 관심을 갖고 대책을 강구하라고 요구하기라도 해야 할까요? 물론 우리는 모두 그것이 그렇지 않다는 것을 잘 알고 있습니다. 국민의 의식개혁은 정치적으로 제도적으로 달성되는 것이 아니라는 것, 아니 정치적, 제도적 강제에 의한 의식개혁의 시도는 실패로 끝날 뿐 아니라 오히려 역효과를 가져올 뿐이라는 것을 우리는 모두 잘 알고 있습니다. 정부로선 이른바 관변단체를 내세워서라도 의식개혁을 위한 무슨 캠페인 같은 것을 벌이고 싶은 유혹에 빠지기도 쉬울 터인데, 아직 그런 계획이 없다는 것은 참으로 다행스러운 일입니다. 아니 이미 있던 그런 성격의 단체들을 정부가 스스로 정비하기 시작했다는 것은 여간 환영할 만한 일이 아닙니다. 일부 예외가 없었던 것은 아니지만, 자유당 시절 이래 타율에 의한 사이비 자율의 억지 춘향이, 우리 국민의식을 얼마나 타율적으로 만들었는지, 우리에게 꼭 필요한 사회적 규범의 내면화에 얼마나 큰 장애물이 되어왔는지, 우리 모두 너무나 잘 알고 있기 때문입니다.

자, 그렇다면 개혁을 추진하는 정치권도, 정부도 정부 주변의 단체들도 손대기 어려운 이 의식개혁이라는 것은 누구의 몫이겠습니까?

우리는 정부가 이 일에 직접 나서서 또다시 우리에게 타율적 자율을 요구해 오지 않는다고 그저 좋아하고만 있을 수가 없습니다. 왜냐하면 새로운 눈, 새로운 생각, 새로운 마음으로 우리 자신의 의식을 바꾸는 이 쉽지 않은 일이 바로 우리 각자 자신의 과제이기 때문입니다. 본래 의식이란 철저히 개인적인 것입니다. 법률이나 제도, 또 도덕적 규범체계나 가치체계는 공공적 성격을 띠는 사회적 공유물입니다. 그러나 이러한 것들을 내면화시켜 나의 구체적인 행동 하나하나에 살아 움직이게 해주는 것은 오직 나에게만 고유한 나 자신의 의식 그것입니다. 이 의식은 공유될 수도 없고 다른 사람의 것으로 대체될 수도 없습니다. 따라서 의식의 개혁은 종국적으로 우리 각자, 즉 나 자신의 과제가 아닐 수 없습니다.

〈KBS1, 1994. 3. 14.〉

의식개혁의 배경

현실적 여건이 우리의 의식을 바꾸어놓기도 하지만, 거꾸로 우리의 의식이 현실적 여건을 바꾸어놓는 것 또한 사실입니다. 현실과 의식의 이 두 가지 관계 중, 앞의 것이 현실에 적응하여 생존을 도모하는 방식이라면, 뒤의 것은 현실을 개조하여 발전을 추구하는 방식이라 하겠습니다. 즉, 이미 있는 것을 잘 지켜 사회적 안정을 유지하려는 소극적, 수동적 자세가 앞의 것과 어울린다면, 이미 있는 것을 바꾸고 고쳐 새로운 것을 지어냄으로써 역사적 발전을 성취하려는 적극적, 능동적 자세는 뒤의 것과 어울린다고 하겠습니다.

변화가 완만하고 생존의 여건이 그리 각박하지 않을 때, 이 두 가지는 똑같이 중요한 것으로 여겨질 것입니다. 아니 우리의 의식을 현실에 적응시키는 일이 더 중요한 것으로 여겨질 수도 있을 것입니다.

그러나 변화가 급격하고 생존경쟁이 치열할 때엔, 우리의 의식이 앞서가며 현실을 새로운 것으로 개혁하는 일이 더 중요한 것으로 여겨질 것입니다. 아니, 이렇게 해야만 생존 자체가 보장될 것이므로 이것이 불가피한 선택이 될 수도 있을 것입니다.

모두들 개혁을 주장하고 있습니다만, 오늘 우리의 상황은 어떤 것일까요?

이데올로기적 유대가 와해되고 그 자리에 오히려 치열한 경쟁관계가 자리 잡는 새로운 모습의 국제정치질서, 상품시장의 무제한적 개방화와 이에 따른 경제활동의 세계화, 정보통신 등 과학기술의 획기적 발달로 인한 새로운 문명의 태동… 나라 밖에서 일어나고 있는 이러한 변화에 비추어 볼 때, 우리의 현실은 지금 어떤 모습일까요?

노동집약적 경제성장이 한계에 다다랐고 그럼에도 첨단기술의 독자적 개발에는 아직 힘이 마치지 못하는 경제, 그간의 균형 잡히지 못한 급속한 경제성장에서 온 부의 편중 현상과 지나친 소비성향, 관념적으로 민주의식은 높으나 아직도 이의 합리적 실천이 결여되어 있는 현실정치, 편법과 비리가 근절되어 있지 않은 공직사회, 이기주의와 쾌락주의에 크게 오염되어 있는 일반 국민의 사회생활, 그리고 무엇보다도 지지부진한 민족통일의 준비작업….

이런 것들을 두루 생각해 보면 대답은 너무나 분명합니다. 밖으로부터 불어오는 급격한 변화에 대처할 수 있는 의식으로 우리 자신을 무장시키고, 이 새로운 의식의 주도 아래 지금의 우리 현실을 개혁해 나가지 않으면 안 된다는 것입니다.

무엇보다도 이기적 생활태도를 극복하여 국민 각자의 노력을 국가적 차원의 큰 힘으로 모을 수 있는 공동체 의식, 공익정신이 최우선으로 요망됩니다. 물론 이 공동체 의식은 건전한 시민의식 및 민족의식과 결합되는 것이어야 하겠습니다. 이 의식이 없이는 국제경쟁에서 싸워 이길 수 있는 정신적 자세 자체가 확고해질 수 없고, 긴 안목으로 볼 때, 통일된 민주국가의 정신적 기초가 굳건히 마련될 수 없을 것이기 때문입니다.

이에 못지않게 중요한 것이 사회생활에서의 합리적 태도요 이에 기초하는 사회정의의 의식입니다. 정의의 기본은 각자에게 합당한 자기 몫이 돌아가게 하는 데 있습니다. 속임수나 억지를 버리고 합리적으로 사유하고 대화할 때, 우리는 우리 모두의 권익을 똑같이 보장해 주는 정의로운 사회 속에서 열심히 일할 수 있을 것입니다.

공동체 의식, 정의의식, 이런 것으로 우리의 정신적 자세를 새롭게 하고 이것이 지금의 현실을 주도적으로 개혁해 나가지 않으면, 우리는 우리의 생존조차도 도모하기 힘든 어려운 상황에 빠지게 될 것입니다.

〈KBS1, 1994. 3. 22.〉

의식개혁의 방향(1): 공동체 의식과 역사의식

국민의식개혁에 대한 욕구가 곳곳에서 일고 있고, 또 그 필요성이 확인되고 있습니다. 나라 안에서 민주적 사회질서가 확립되기 위해서도 그렇지만, 나라 밖에서 더욱 치열해진 국제경쟁에 성공적으로 대처하기 위해서도 역시, 우리 국민의 일반적인 생활태도 내지 가치관이 크게 바뀌어야 된다는 것입니다.

그렇다면 과연 우리의 의식은 어떤 방향으로 바뀌어 나아가야 하겠습니까?

의식개혁을 말할 때 우리가 제일 먼저 생각해야 할 것은 역시 공동체의식과 역사의식의 확립에 관해서일 것입니다.

인간은 사회적 동물입니다. 인간은, 일단 하나의 독립된 개체로 자연속에 태어난 후, 좀 더 잘 살기 위해 추후적으로 사회공동체에 편입해 들어가는, 그런 존재가 아닙니다. 인간은 오직 특정한 사회공동체 안에서 태어나 그 일원으로 성장함으로써만 인간이 되는 그런 존재입니다. 따라서 한 사회공동체의 구성원들이 공동체 의식을 갖고 각기 구성원의 하나로서 살아간다는 것은 그 사회공동체의 존속과 번영을 위해 필수불가결한 전제입니다.

그런데 오늘 우리 사회에는 이 공동체 의식이 결여되어 있거나 아주 미약한 사람이 너무 많은 것 같습니다. 자기만을 생각하고 도무지 주변을 돌아보지 않는 태도, 아니 공공의 질서나 공동의 이익을 희생시켜서라도 자신의 사리사욕을 추구하려는 자세, 우리 사회의 온갖 부정 비리도 따지고 보면 결국 이와 같은 이기주의에서 오는 것이요, 이는 곧 공동체 의식의 결여에 다름 아닌 것입니다. 우리 국민 모두가 다 이렇게 이기적으로 되어, 이기주의가 공동체 의식을 남김 없이 잠식하게 된다면, 우리 사회는 붕괴될 것이요 이 사회의 구성원인 우리 각자도 파멸을 맞을 것입니다.

우리가 모두 균형 잡힌 공동체 의식을 토대로, 자신의 삶의 영역을 이웃에로, 직장과 지역사회에로, 나아가 시민사회에로 넓혀나갈 때, 그리하여 나의 개인적 이익이 우리 모두의 공동이익에 가능한 한 가까이 가도록 노력할 때, 우리 사회는 건강하고도 강력한 공동체가 될 것입니다. 물론, 그 속에서의 우리의 삶도 안정되고 보람 있는 것이 될 것입니다.

이렇듯 자신의 삶을 공동체의 영역에로 확장시키는 것 못지않게 중요한 것이, 이렇게 확장된 삶을 다시 과거와 미래에로 확장시켜 나가는 일입니다. 흔히 과거를 거울삼아 미래를 계획한다고들 말합니다만, 이는 과거나 미래를 현재로부터 단절시키지 않고 현재를 과거와 미래에로 확장시키는 역사의식이 살아 움직일 때 가능한 것입니다. 역사의식이란 다름 아니라 지나간 과거를 현재에 되살리고 다가올 미래를 현재에 앞당기는 의식입니다. 현재를 과거에 비추어 이해하고 그렇게 파악된 현재를 기초로 미래를 기획하는 의식입니다. 이러한 역사의식이 없을 때, 우리는 당장 눈앞의 이해관계에만 사로잡히는 찰라주의, 한탕주의에 빠질 것입니다. 이러한 역사의식이 없을 때 우리는 찬란했던 과거에만 집착하려는 회고주의에 빠지거나, 현실을 무시한 채 그려진 미래상에 자신을 속이는 환상주의에 빠질 것입니다.

그리고 경쟁상대가 긴 안목으로 과거를 돌아보고 미래를 내다보는 국가일 때, 종국적으로 승리는 그 편에로 돌아갈 것입니다.

이렇게 볼 때, 자신의 삶을 자기로부터 공동체에로 확장시키는 공동체 의식과, 이러한 공동체적 삶을 다시 현재로부터 과거와 미래에로 확장시키는 역사의식이야말로 우리 모두가 새로이 강화시켜 지녀야 할 의식 내용이 아닐 수 없습니다.

〈KBS1, 1994. 3. 29.〉

의식개혁의 방향(2): 합리적 규범의식, 합리적 정신의 함양

　의식개혁의 방향에 대해 말씀드리면서 저는 지난주에 공동체 의식과 역사의식의 강화가 무엇보다 필요함을 역설했습니다. 오늘은 그에 이어 합리적 정신의 함양에 대해 말씀드리고자 합니다.

　자연은 자연법칙에 의해 질서가 유지되지만, 인간의 사회도 도덕과 관습과 법 등 그 나름대로의 사회적 규범에 의해 질서가 유지됩니다. 그런데 인간의 사회를 질서지어주는 이 사회적 규범은 자연법칙처럼 절대적 필연성을 갖고 획일적으로 사회를 통제하지는 못합니다. 그것은 역사적 상황에 따라 그 모습을 바꿔가며 오직 상대적으로만 사회를 규제합니다. 규범이란 인간이 스스로 만들어내는 것이기 때문입니다.

　근대 이전 이 규범은 비이성적, 비인간적 권위와 인습과 편견에 물들었었기 때문에 소수의 지배자를 제외하곤 많은 사람들에게 구속과 제약의 사슬로 작용해 오기도 했었습니다. 그러나 근대 이후 인류는 이성의 빛에 의해 계몽되기 시작했고, 이제 사회적 규범은 무엇보다도 이성의 원리에 의해서만 정당화될 수 있게 되었습니다. 이성을 원리로 하는 합리적 규범이 사회규범의 이상이 된 이래, 사회적 규범의 합리성은 사회발전의 척도로 여겨져 오고 있기도 합니다. 천부인권사상, 국민주권사상, 사회계약사상, 자유와 평등의 이념 등 근대 정치사상의 핵심적 내용도 따지고 보면 모두 사회적 규범의 합리성에 대한 신념을 전제로 하는 것이라 하겠습니다.

그런데 우리 사회는, 경제적으로는 근대화 과정이 이제 성숙기에 들어섰으면서도, 국민생활을 주도하는 사회적 규범은 아직도 그에 걸맞을 만큼 충분히 합리적이라고 생각되지 않습니다. 도대체 사회적 규범의 합리성에 대한 의식 자체가 미약하다고 생각됩니다.

각자가 자신의 권익을 도모하되 억지나 감정을 내세우지 않고 이성적으로 순리에 맞게 하는 태도, 그리고 타인의 권익과 충돌했을 때는 대화를 통해 차근차근 그 이해관계를 조정하는, 그런 합리적인 태도가 우리에겐 아직도 미흡하다고 생각됩니다. 감정을 앞세우는 비합리적 규범의식에 혈연, 지연, 학연 등이 강하게 작용하리라는 것은 쉽게 생각할 수 있는 일입니다. 또 경우에 따라 이러한 비합리적 태도는 물리적인 힘에 의해 일방적으로 자신의 뜻을 관철시키려는 야만적인 행동도 불러일으킬 것입니다. 따지고 보면 우리 사회에 만연해 온 부정 비리도 결국은 이 합리성의 원리를 무시함으로써 저질러졌던 것입니다.

정의란 각자에게 자기 몫을 돌려주는 데서 실현되는 것입니다. 그리고 이때 이 각자의 몫을 정하는 절차와 기준이 합리적이어야 함은 두말할 나위도 없습니다. 그 몫이 합리성의 원리에 따르지 않고 지연이나 학연에 따라, 또는 개인적 호오나 완력에 의거하여 정해진다면, 그 몫을 나눠 갖는 사람들은 그 분배에 대해 내면으로부터 승복하지 않을 것입니다. 그리고 종국에 가선 그 분배의 틀 자체가 더 이상 작동되지 않을 것입니다. 합리성의 원리에 서지 못하면 이렇듯 정의의 기초도 마련하지 못합니다.

비합리적 규범 때문에 누군가가 어쩌다 한 번쯤은 더 유리한 대접을 받을 수도 있을 것입니다. 그러나 이것은 우발적인 것이요, 그런 우발적인 경우를 우리 모두가 보편적인 것으로 받아들일 수는 없는 일입니다.

합리적 규범은 우리 모두에게 보편적으로 최소한의 행복을 확보해 주는 정의의 기초입니다. 합리적 규범의식으로 무장될 때 우리는 쓸데없는 끗발의식, 패거리 의식에서 벗어나 모든 사회적 갈등을 극복하고 모두가 다 함께 정의로운 복지사회의 건설에 참여할 수 있을 것입니다. 합리적 정신에 의해 단련된 서구인들과 경쟁해야 하는 새로운 세기에, 합리적 규범의식은 이제 더욱더 우리에게 필수불가결한 의식 내용이 아닐 수 없습니다.

〈KBS1, 1994. 4. 5.〉

의식개혁의 방향(3): 합리정신과 온정의 조화

지난주 이 시간에 저는 합리적 정신을 갖자고, 특히 합리적인 규범의식을 갖자고 말씀드렸습니다. 그래야만 우리가 감정의 굴레에서 벗어나 공정해질 수 있고 이를 기초로 사회정의를 세울 수 있다는 것을 강조했습니다.

그런데 여기서 우리에겐 한 가지 이와 더불어 함께 생각해 봐야 할 문제가 있습니다. 제가 말씀드린 합리적 정신이라는 것이 물론 이해타산에 밝은 이기주의적 태도를 가리키는 것은 결코 아니지만, 그래도 그것은 어디까지나 냉정한 이성적 사고를 존중하는 정신이지 따뜻한 감정이나 의지를 존중하는 정신은 아닙니다. 그런데 과연 우리는 감정이나 의지는 돌보지 않은 채 합리적 정신만으로 바람직한 사회생활을 영위해 나갈 수 있을까요? 사정이 그렇지 않다는 것을 우리는 너무나 잘 알고 있으며, 우리의 문제는 바로 여기에 있는 것입니다.

감정이나 의지는 그 자체가 무조건 나쁜 것은 아닙니다. 사실 감정도

의지도 없다면 우리의 도덕적인 삶 자체가 불가능해질지도 모릅니다. 오늘 우리가 주변에서 보는 많은 부도덕한 일들은 오히려 감정도 없이 합리적으로 손익이나 따지는 메말라진 인심 때문이라고 보아야 할 것입니다. 그러니 문제는 이 정의적인 측면을 바람직한 공동체 생활을 위해 어떻게 잘 살리느냐 하는 데 있을 것입니다.

가는 정이 있어야 오는 정이 있다는 속담이 말해 주듯, 특히 우리 한국인의 전통적인 도덕관념 속에는 온정이나 의리가 훌륭한 도덕적 품성을 이루는 중요한 요소라는 생각이 뿌리 깊이 자리 잡고 있습니다. 사실 그렇습니다. 온정을 베풀고 의리를 지키는 것은 도덕적으로 높이 평가되어 마땅한 일입니다.

그러나 여기에는 하나의 전제조건이 있습니다. 온정을 베풀고 의리를 지키는 일이 공익을 훼손해서는 안 된다는 것이 그것입니다. 온정을 베푼다고 범법행위를 눈감아 준다든지, 의리를 지킨다고 부정행위를 은폐해 준다면, 이때의 이런 온정과 의리는 결코 도덕적 선이 될 수 없을 것이기 때문입니다.

그리고 보면 냉철한 사고에 기초하여 합리적인 규범의식을 갖는 일과 감정이나 의지에 따라 온정을 베풀고 의리를 지키는 일은 각기 때와 장소에 맞게 분별되어 선택되어야 할 일입니다. 그리고 이 두 가지는 그렇게 됨으로써만 서로 상호 보완적으로 작용하여 조화로운 사회윤리를 이루어낼 수 있을 것입니다. 그렇다면 이 두 가지를 분별하여 선택할 기준으로서 우리는 어떤 것을 생각할 수 있을까요?

저는 이렇게 다음의 두 가지를 그 기준으로 제시해 봅니다.

첫째는 지금 처해 있는 상황이 공적인 것인지 사적인 것인지를 생각하자는 것입니다. 그래서, 공공적 연관 속에서라면, 우리는 오직 합리적 규범의식만을 따라야 하고, 사적인 인간관계 속에서라면, 가능한 한 온정과 의리를 존중하는 것이 좋겠다는 것입니다.

둘째는 지금 문제되고 있는 행위가 자신의 권익을 추구하는 성격의 것인지 자신의 의무를 수행하는 성격의 것인지를 생각하자는 것입니다. 그래서, 자신의 권익을 주장하는 경우라면 합리적인 규범이 허용하는 것이상을 요구하지 말 것이며, 다른 사람을 향해 자신의 도덕적 의무를 행하는 경우라면 가능한 한 온정과 의리를 다하여 행동하는 것이 바람직하겠다는 것입니다.

이렇게만 된다면 우리 사회는 합리적인 원칙이 지켜지는 정의로운 사회이면서도 동시에 인정미 넘치는 훈훈한 사회가 될 것입니다. 그야말로 정의와 사랑이 함께 실현되는 사회가 될 것입니다.

〈KBS1, 1994. 4. 12.〉

의식개혁의 방향(4): 관념과 행동의 일치

우리가 모두 냉정한 합리적 규범의식을 강화하되 이와 더불어 따뜻한 온정의 마음씨도 잃지 않아서, 우리 사회가 정의도 바로 서고 사랑도 실천되는 바람직한 사회가 되도록 한다는 것은 누구나 다 품을 수 있는 소망이라고 봅니다. 문제는 합리성과 온정이라는 두 가지 이질적인 요소를 어떻게 우리의 사회생활 가운데서 조화시키느냐 하는 데 있을 것입니다.

저는 지난주 이 시간에 공적인 일이나 권리를 주장할 때에는 철저히 합리성의 원리를 따르고, 사적인 일이나 의무를 행할 때에는 온정과 의리까지도 가능한 한 소중히 하자는 말씀을 드렸습니다. 그렇게 함으로써 우리가 사회생활 가운데서 합리정신과 온정을 조화시킬 수 있다고 본 것입니다.

그런데 여기서 우리에게 특히 문제가 되는 것은 관념과 행동을 일치시키는 일이 이와 맞물려 있다는 것입니다. 다시 말해 관념과 행동을 일치시키는 일이, 합리성과 온정이라는 두 가지 요소를 조화시키는 일과 얽혀 있어, 더욱 어렵다는 것입니다.

관념과 행동을 일치시키는 일은 사회윤리를 확립시킴에 있어 충족되어야 할 대전제라 할 수 있습니다. 아무리 그럴듯한 도덕체계가 확립되어 있다 해도 그것이 그저 관념적으로만 그러할 뿐, 행동이 그에 따라가지 못한다면 그것은 아무 쓸모도 없을 것이기 때문입니다.

그렇다면 우리 사회에서 관념과 행동을 일치시키는 일이 유난히 더 어려운 이유는 무엇일까요?

우리의 도덕적 생활에는 전통적인 온정적인 요소와 서구적인 합리적인 요소가 함께 공존하고 있는 것이 사실입니다. 그리고 이 두 가지 요소는 앞서 말씀드린 대로 우리 사회가 똑같이 함께 필요로 하는 내용들이면서 동시에 서로 상반된 성격을 갖는 것들입니다. 말하자면 우리가 따라야 할 도덕의 원리가 이중적이라는 겁니다. 따라서 관념적으로 합리성의 원리에 따르면서 실제 행동에 있어서는 온정과 의리에 끌린다든지, 거꾸로 관념적으로는 온정과 의리를 내세우면서 실제로는 합리적으로만 행동한다든지 하는 일이 쉽게 일어날 수 있고 또 얼핏 보기에는 있을 수 있는 일로 받아들여진다는 것입니다.

같이 한번 생각해 볼까요? 우리는 혹시 자신의 권익을 추구할 땐 다른 사람에게 최대의 온정까지 베풀 것을 요구하면서, 자신의 의무를 수행할 땐 오직 합리적으로 설명해 반박당하지 않을 최소한의 것만을 수행하고 있지는 않은지요? 즉 권리를 주장할 때는 온정의 원리를 내세우고 의무를 수행할 땐 합리성의 원리를 내세움으로써 관념과 행동이 일치해야 한다는 윤리적 요구를 교묘히 피해 가지는 않는지요?

또 다른 경우를 생각해 볼까요? 집안 친척이나 친구나 이웃에게 말로는 우애와 화목을 주장하면서도 실제로는 각박하게 손익을 따지고 있지는 않는지요? 또 직장에서 말로는 합리적으로 일을 처리해야 한다고 주장은 하면서 막상 자신이 담당하고 있는 업무에서는 합리성의 원리보다는 동창관계나 친척관계 등에 이끌려 감정적으로 일처리를 하지는 않는지요? 즉 공적인 업무에서는 온정의 원리에 따라 행동하고, 사적인 인간관계에서는 합리성의 원리에 따라 행동함으로써, 아무튼 우리 사회에 요구되는 두 가지 원리에 충실히 행동한다고 자신을 정당화시키는 일은 없는지요?

겉으로 보기에는 그럴듯하게 정당화될지 모르겠지만, 만일 우리가 이렇게 행동한다면 실은 우리 각자의 생활도 혼란에 빠질 것이고, 우리들 대부분이 이렇게 행동한다면 전체적으로 우리 사회가 혼란에 빠질 것입니다.

관념과 행동의 일치를 위해서도 우리는 합리성의 원리가 존중되어야 할 영역과 온정의 원리가 존중되어야 할 영역을 구별할 필요가 있는 것입니다. 그리하여 무엇보다도 공적인 영역에서 합리성의 관념에 우리의 행동이 일치하고 사적인 영역에서 온정과 의리의 관념에 우리의 행동이 일치할 때 우리 사회는 정의와 사랑이 함께 실현되는 바람직한 사회가 될 것입니다.

정의의 관념을 행동으로 옮겨 민주혁명의 봇물을 터뜨렸던 4 · 19를 다시 맞으며, 관념과 행동의 일치가 갖는 사회윤리적 가치를 다시 새겨 봅니다.

〈KBS1, 1994. 4. 19.〉

미래의식, 환경의식, 지구의식

그동안 저는 국제화 시대를 맞아 우리나라가 세계 속의 선진사회로 진입할 수 있기 위해서는 의식개혁을 통한 사회개혁의 완성이 절실히 요구된다고 말씀드렸습니다. 공동체 의식과 역사의식을 심화시켜 국민적 결속을 다지자, 합리적인 규범의식을 강화시켜 사회정의의 내면적 기초를 닦자, 그러면서도 온정적인 품성을 잃지 말아 사랑이 실현되는 전통적 인간관계를 유지하자, 그리고 무엇보다도 상황에 맞게 관념과 행동을 일치시키자… 이런 말씀을 드려왔습니다.

그런데 이제 우리는 우리 사회의 민주적 개혁을 넘어서서 또 한 가지 더 심각하게 생각해야 할 것이 있습니다. 이는 우리뿐 아니라 우리 자손의 생존 자체와 연관되는 것이고, 넓게는 미래의 인류문명과 연관되는 것입니다. 저는 이를 미래의식, 환경의식, 지구의식이라는 말로 집약하고 싶습니다.

인간은 역사적 존재입니다. 역사란 과거가 지나가 없어져버리지 않고 현재에 되살아나며, 미래가 아직 오지 않아 없는 것이 아니라 미리 앞당겨져 현재를 형성해 나갈 때 성립되는 것입니다. 과거를 망각해 버리고 미래를 예견하지 못한다면, 개인이건 공동체건 그 생존과 번영을 기약할 수 없습니다. 그런데 21세기를 눈앞에 둔 우리는 미래를 생각해야 합니다. 기술문명의 발전이 현기증이 날 정도로 가속화되었고 문화생활의 형태도 극도로 다양해지고 있기 때문입니다. 미래를 예측한다는 일이 그 어느 때보다도 어려워졌습니다. 그저 태평하게 오늘의 현실에 안주해 있다가는 머지않아 문명의 미아가 될 운명에 처해 있는 것이 현대인인 우리입니다.

우리는 미래를 생각해야 합니다. 미래를 생각하되 그것도 이젠 시야를 넓혀 문명사적 역사의식을 갖고 미래를 생각해야 합니다. 우리는 이제까지 체제의 옹호와 경제발전의 길로 몰아세웠던 가치척도들에 그대로 고착되어 있어서는 안 될 것입니다. 일방적 승리를 위한 투쟁적 자세, 이익 극대화를 위한 무분별한 상업주의적 경쟁, 물질적 생활의 발전에 모든 인간적 가치를 희생시키는 기능적 경제만능주의…. 화해와 평화와 인간적 삶이 가능한 미래를 위해 우리는 이러한 가치태도에 대해 새로운 반성을 해야 할 것입니다.

근자에 와 많이 논의되고 있는 이른바 '환경문제'도 이런 관점에서 생각해야 하겠습니다. 자연에 대한 인간의 지적, 기술적 노력의 결과로 얻어지는 것이 기술문명이긴 합니다만, 이러한 기술문명에 의거한 인류의 경제적 발전은 이제 자연에 큰 빚을 지게 되었습니다. 우리는 그동안 마음 놓고 자연을 활용해 왔습니다. 그러나 이제는 인간을 포용하고 문명의 독소를 정화시키는 자연에 대해 마음을 써야 할 때가 되었습니다. 자연은 스스로 상처를 치유하고 깨어진 균형을 되찾는 자기조정능력을 갖고 있습니다. 그러나 인간의 자연에 대한 공략이 집중적이고 지속적이고 대규모적으로 이루어지면, 자연도 그 한계에 다다르고 마침내는 인간에게 반격을 가해 옵니다. 우리 사회에서처럼 대규모의 산업화가 급속히 이루어지는 경우, 이러한 모습은 더욱 두드러져 보입니다. 이러한 자연의 반격은 미래의 인류문명에 대한 심각한 위협일 수 있습니다. 바야흐로 세계는 하나가 되어 있고, 따라서 인류사도 하나의 역사로 통합되어 있는 오늘날, 세계 곳곳에서 전개되어 온 산업화의 파장은 이제 인류적인 지구적인 차원에서 하나의 운명 아래 놓인 인류의 삶에 영향을 미칩니다.

환경보존의 문제가 지구적 문제가 되었다는 말은 우리에게 너무 멀리 들릴지 모르겠습니다. 그러나 눈을 안으로 돌려 우리의 주변을 돌아보더라도 환경문제는 이제 더 이상 낭만적 취향에서 나오는 여분의 문제가 아님을 실감하게 됩니다. 낙동강 수계의 오염이 영남지방 주민의 식수공급에 얼마나 엄청난 어려움을 가져다주고 있는지, 우리는 바로 얼마 전에 이를 피부로 체험했습니다. 이 정도로는 어쩌면 덜 심각한 사태일지도 모릅니다. 수질오염, 토양오염, 대기오염 등이 저변에서부터 우리의 건강한 삶을 위협해 오고 있다면, 대도시에서의 여러 공해 요인은 매일의 일상에서 우리의 인간다운 생활을 파괴하는 주범이 되고 있습니다.

전문가들은 생태학적 위기라는 말을 쓰고 있습니다만, 이런 위기를 불러온 경제발전과 이런 위기를 극복하려는 환경보존은 본래는 양립할 수 있는 것이어야 합니다. 경제를 가리키는 '이코노미(economy)'도, 생태적 연관을 가리키는 '에콜로지(ecology)'도 본래는 삶의 터전을 가리키는 '오이코스(oikos)'라는 그리스어에 같은 뿌리를 갖고 있습니다. 경제의 발전이 삶을 살찌우기 위한 것이라면 이는 삶의 터전 자체를 파괴하는 정도로까지 극단화되어서는 안 되는 것입니다. 이렇게 말씀드리면 환경문제는 그저 정부의 정책 입안자나 기업가들에게나 해당되는 문제라고 생각할지 모르겠습니다. 그러나 실은 이것은 우리 모두의 문제입니다. 우리는 모두 난지도를 기억합니다. 쓰레기 산으로 변한 난꽃의 섬, 그 흉측한 모습에서 우리는 우리의 도시생활이 배설한 폐기물들이 우리의 삶을 위협할 수 있다는 것을 배워야 합니다. 자원을 낭비하고 그 낭비를 통해 우리와 우리 자손의 생존을 위협하는 독소를 양산해 낸다면, 우리는 우리의 미래에 대해 눈멀고 우리의 환경에 대해 무감각한 무식한 폭군에 지나지 않을 것입니다. 그런 사람은 다가오는 지구시대에 인류의 한 성원이 될 자격이 없고 그에 앞서 우리의 자손이 살아갈 이 좁은 땅 한반도에 묻힐 자격이 없는 사람입니다.

〈KBS1, 1994. 4. 25.〉

``

의식개혁과 삶의 품위

　의식개혁이란 것이 그저 정치인들의 슬로건에 그치는 것이 아니라면, 그것은 그것을 통해 달라진 우리의 일상생활 속에 나타나야 할 것입니다. 다시 말씀드려 진정 의식이 바뀐다면 우리의 사는 모습도 그에 따라 달라지는 것이 당연하다는 말씀입니다. 문민정부가 들어서면서 과연 달라진 것이 많이 있습니다. 신문 방송의 보도를 보면 정치, 경제, 행정, 법제, 교육 등 여러 분야에서 정말 달라지고 바뀐 것이 많습니다. 안가가 헐리고 인왕산 산책길이 열리는 것을 시작으로 해서 우리 공공생활의 주변에도 달라진 것이 많이 눈에 띕니다.

　그렇지만 한번 생각해 볼 일입니다. 우리 각자의 개인적인 일상생활에서도 정말 달라진 것이 많이 있습니까? 물론 우리의 생활세계란 것은 몇 마디 슬로건으로 쉽게 바뀌고 몇몇 가지 공공적 조치로 쉽게 변하는 것이 아닙니다. 수많은 사람들이 오랜 세월 동안 쌓고 다져 만든 것이 바로 바위처럼 든든하고 또 바위처럼 무거운 이 일상의 생활세계일 테니까 말씀입니다. 그러나 우리는 그저 우리끼리 아웅다웅하며 도토리 키재기로 사는 시대를 우리도 모르는 사이에 넘어섰습니다. 우리가 사는 세상이 그저 이 한반도에 그치고 그저 이런 우리 식의 생활방식에 그치는 그런 초기 근대화 시대를 지나쳐버렸다는 말씀입니다. 그동안 우리에게 친숙하고 안전했던 이 너럭바위가 이제 더 이상 그리 믿을 만한 게 못 된다면 어쩌겠습니까? 우리의 일상생활도 말하자면 그 노하우랄까 그 소프트웨어를 이젠 바꿔야 합니다.

　나이 드신 분들은 기억하실는지 모르겠습니다만 1950년대 어느 해 겨울 설 쇠러 고향에 가려던 서울 시민 수십 명이 죽고 수백 명이 다치는 사고가 서울역 승차장 계단에서 일어난 적이 있었습니다. 요즘 신세대 젊은이들에겐 그저 의아한 일이겠지요. 하지만 그때 그 시절의 서민들에게는 개찰구를 빠져나가기가 무섭게 객차를 향해 전속력으로 달려가 앉을 자리를 잡는 것이 말하자면 일상을 살아가는 중요한 노하우였습니다. 그때 그 시절의 의식, 그때 그 시절의 생활태도, 그때 그 시절의 생활 소프트웨어에 따르면 그렇게 아우성치다가 고향길이 황천길로 바뀔 수도 있었더란 말씀입니다. 이 얘기를 들으면서, '참으로 한심했던 그때 그 시절'이라고 가벼이 웃어넘길 수 있겠습니까? 열차도 많고 고속버스도 많고 승용차까지 넘치는 요즈음 그런 사고는 이제 그저 옛일이 되어버렸을지 모르겠지만, 지금 우리가 사는 모습, 그 가운데서 우리가 겪는 불행한 일들이 먼 훗날 우리의 눈에, 아니 바로 이 시대 지구의 저쪽에서 사는 어느 교양 있는 보통사람의 푸른 눈에 불쌍하고도 한심한 일로 비칠 가능성은 정말 없을까요?

　몇 발자국이라도 앞서 가려고 옆 차선으로 내닫다가 틈을 보아 끼어들기를 하는 사람, 어쩔 수 없이 차선을 바꿔야 하는 처지에 있는 것을 눈으로 뻔히 보면서도 절대로 옆 차에게 앞을 내주지 않는 사람, 횡단보도를 앞에 두고도 기어이 정지선을 넘어서서야 차를 세우는 사람, 청신호로 바뀔 때든 적신호로 바뀔 때든 황색 신호를 보며 급질주하는 사람, 그리고 무엇보다도 좌에서 우로 우에서 좌로 움직이는 차량의 물결은 아랑곳하지 않고 눈앞의 청신호만을 구실로 교차로 한복판에다 차를 디밀어 놓는 사람, 이런 사람들이 먼 훗날 우리의 눈에, 아니 지구 저쪽에 사는 어느 교양인의 푸른 눈에 과연 어떻게 비칠까요?

만일 이런 사람들이 그때 그 시절 서울역 승차장 계단에 서 있었더라면, 이들은 옆 사람을 밟아서 다치게만 했을까요? 아니면 스스로도 밟혀서 어쩌면 죽기까지 했을까요?

이제 우리는 생각을 바꿔 가져야 합니다. 마음을 고쳐먹어야 합니다. 솔직히 말해 지금 우리 사회에서 밥 굶는 사람이 어디 그리 있겠습니까? 밥을 굶게 되었다면, 생존 자체가 그토록 위협받는다면, 그런 사람들에게 생존을 걸고 공중도덕과 공공질서를 지키라고 말하기는 어려울 것입니다. 역설적이게도 지금 우리 사회에서는 정직하고 선량한 사람이 오히려 더 생활이 어려운 것 같습니다. 먹고 살 만하고 여유 있는 사람이 거꾸로 더 부도덕하고 더 몰염치한 것 같습니다. 욕심이 목구멍까지 차올라 눈앞의 작은 이익에도 눈에 핏발을 세우고, 직책상 작은 권한만 있어도 이를 이용해 다른 사람을 제치고 올라서려는 사람들은 이제 정말 숨을 좀 돌리고 마음에 여유를 가져야 합니다. 그동안 번영, 발전과 풍요와 승리의 이데올로기들이 우리를 몰아세웠던 것은 사실입니다. 그러나 이젠 우리 자신과 우리의 자손들을 좀 돌아보고 진정 인간답게 사는 것이 무엇인지, 어떤 사회가 좋은 사회인지 진지하게 생각해 봐야 하겠습니다. 그래서 내 마음속에 조금이나마 여유가 생기면 그 공간에 이웃을 담고 나라를 담고 미래를 담는 그런 태도를 가져야 하겠습니다. 조금씩 그러나 실망하지 말고 이런 태도를 가지는 데서 긍지를 느껴야겠습니다.

의식개혁은 바로 여기서 시작된다고 봅니다.

〈KBS1, 1994. 5. 2.〉

우리들의 시간의식

　요즈음은 우리들 중에도 유럽 여행을 다녀오는 사람들이 많아서 그리 희귀한 얘깃거리가 되지 않겠지만, 20여 년 전 제가 처음 독일에 갔을 때, 돌로 포장된 시가지의 도로를 보고 느꼈던 것은 실로 색다른 것이었고 많은 생각을 하게 하는 것이었습니다.

　도로 바닥에 기하학적 형태의 무늬를 넣어 도시의 미관을 살린 것도 색다른 것이었지만, 그보다도 제가 정말 놀란 것은 그 포장도로가 200여 년 전에 만들어진 그대로라는 사실이었습니다. 처음에는 쉽게 믿어지질 않아 이렇게도 생각해 보았습니다. 아무리 검약이 몸에 배어 있고 실질을 중시하는 사람들이라지만, 도로포장 하나 하는데도 정말 200여 년씩이나 써먹을 생각으로 의도적으로 저렇게 튼튼하게 만들었단 말인가. 마땅한 다른 재료도 없던 시절이었으니 돌을 썼을 것이고, 마모가 잘 안 되는 돌로 깔다 보니 200여 년씩이나 간 것이 아니겠는가.

　하지만 결국 제게 남은 것은 일에 임하는 그들의 성실성에 대한 감탄과, 그리고 무엇보다도 호흡이 긴 그들의 시간의식에 비해 너무나 숨이 짧은 우리의 시간의식에 대한 각성이었습니다.

독일에 간 지 얼마 안 되어 저는 도로정비공사를 하는 현장을 보게 되었습니다. 반년 가까이 벌이는 공사였지만 정작 공사현장은 노란 헬멧을 쓴 사람들 네댓이서 뭔가 뚝딱거리는 한가한 모습이었습니다. 그러나 겉보기와는 달리 그들은 한가로이 노는 것이 아니었습니다. 가까이에서 저는 그들이 일을 얼마나 꼼꼼하게 하는지, 누구의 감독이 없어도 자신이 할 수 있는 한 완벽하게 하려고 얼마나 애를 쓰고 있는지 직접 볼 수가 있었습니다. 무엇보다도 제 눈길을 끈 것은 그들이 길 위에 돌을 깔아놓은 것이 아니라 길에 돌을 박아 넣고 있다는 것이었습니다. 널찍한 시멘트판을 쭉 깔아서 인도를 포장하는 모습에 익숙했던 저로서는 벽돌 모양으로 다듬어진 돌을 옆으로 뉘어서가 아니라 모로 곧추세워서 땅 속에 꽂아 넣듯 하나하나 박아나가는 작업방식이 정말 뜻밖이었습니다. 돌의 몸통이 전부 땅속 깊이 박히고 가장 좁은 면이 밖으로 나오게 하는 것이었습니다. 그들은 정말 천천히, 그러나 야무지게 일을 하고 있었습니다.

저는 그때 확실히 알 수 있었습니다. 200여 년 전에 포장했다는 도로가 어떻게 그 당시 모습 그대로 있을 수 있는지, 확실히 알 수 있었습니다. 화강암이 가죽구두나 고무 타이어와 이따금씩 맞닿아 30센티미터쯤 마모되려면 몇 년이나 걸릴지, 광물학적 지식이 없는 저로서는 잘 모르겠습니다. 그러나 그 포장도로가 닳아서 바닥이 드러나려면 아마도 천년 이상의 세월을 기다려도 모자라지 않을까 생각됩니다.

자, 이 모습은 정말이지 한 달이 멀다 하고 포장된 아스팔트길을 파헤치며 수도관 공사 따로, 가스관 공사 따로, 전화선 공사 따로 해대는 우리네 도로공사 모습과는 너무나 대조적입니다. 주택가 주변의 길에서 얼룩덜룩 아스팔트를 때운 모습을 쉽게 보는 것은 저만이 아닐 것입니다. 인도 위에 깔아놓은 보도블록이란 것은 또 어떻습니까? 공사하는 모습을 저도 본 적이 있는데 흙과 모래를 평평하게 다듬어놓고 그 위에 넓직한 그 보도블록을 그저 얹어놓는 것이었습니다. 바로 그 순간에야 깔끔해 보이지만, 사람들이 하루만 지나다니고 나면, 게다가 비라도 오는 날이면, 이것들이 들쭉날쭉 뒤뚝거리는 것이 예삿일입니다. 여자분들 중에는 아마 하이힐 뒷굽이 덜렁거리는 보도블록 사이에 끼어 애먹은 경험을 한 분들도 적지 않을 것입니다.

우리는 왜 이렇습니까? 우리는 왜 이렇게 길게 멀리 보면서 일을 기획하지 못하고, 그저 지금 당장, 오늘 필요한 것만을 생각합니까? 우리 속담에 "언 발에 오줌 싸기"란 말이 있습니다. 언 발에 오줌을 싸면 우선 당장은 따뜻하겠지요, 그러나 그게 얼마나 가겠습니까. 1-2분 후면 그 언 발은 더 꽁꽁 얼어붙을 것입니다. 국가적인 정책의 수립에서부터 우리의 일상생활에 이르기까지 우리는 너무나 흔히, 쉽게 언 발에 오줌을 싸고 있는 게 아닌가 생각됩니다.

무슨 일이든 급히 빨리 해치워 우선 보기에 좋게 하자면, 결코 성의 있게 할 수가 없습니다.

연전에 어느 일본인 친구에게 경복궁을 관람시켜 준 적이 있었습니다. 어지간히 친한 사이인지라 경복궁 전면 한복판에 총독부 건물을 지은 일본인들의 악랄함을 반문화적 야만이라고 비난하기도 했습니다. 자기 잘못은 아니지만 그건 정말 미안한 일이라며 저를 진정시키던 그가 구경을 마치고 나오는 길에 머뭇거리며 한마디 했습니다. 그건 그런데 너희 나

라 사람들 왕궁을 지은 손맵씨가 우리나라 사람들 총독부 건물 지은 손
맵씨보다 오히려 더 거칠고 성기고 엉성한 것 같다. 저는 정말 속이 상해
아무 대꾸도 못했습니다.

일하는 손끝에서 성의가 배어나오지 않는 이유가 무엇입니까? 우선 내
일이 아니고 남의 일이라면 건성 할 것입니다. 그러나 생각해 봅시다. 이
것이 지금 당장은 나와 직접 상관이 없지만 길게 보면 결국 내 자손들과
상관있는 것이고 결국은 나와도 상관있는 것이라고. 우리가 삶의 시간단
위를 하루나 한 달로 잡지 말고 십 년, 백 년으로 잡는다면 우리의 태도
는 달라질 것입니다. 그 숱한 아파트 부실공사, TV에서 보도되는 그 한
심한 작태도 모두 삶의 시간단위를 너무 짧게 잡는 데서 오는 결과입니
다. 건설회사 사장부터 현장감독, 인부에 이르기까지 모두 하루살이 인
생을 살고 있으니까 그런 일이 벌어진다고 생각됩니다.

본래 우리 조상들은 그렇게 조급하게 한탕주의로 살지 않았습니다.
왕조실록의 자료가 되는 사초는 매일매일 작성해서 아무도 열 수 없는
함에 넣어 두었다가 다음다음 왕이 즉위한 뒤에야 함을 깨고 꺼내 정리
했던 겁니다. 우리 조상들의 시간의식은 그렇게 숨이 길었던 겁니다.

이제 우리도 삶의 여유를 가질 만큼 되었습니다. 오늘 조금 손해 보는
듯하더라도 숨을 크게 들이쉬고 내일을 기다릴 줄 알아야 하겠습니다.
'빨리빨리' 조급하게 해서 이루어낼 수 있는 그런 일들은 우리도 이젠
졸업을 한 셈입니다. 세계라는 더 넓은 삶의 터전으로 나아가기 위해서
는 그리고 더 먼 미래에로 뻗어 나가기 위해서는, 이제 우리도 좀 더 호
흡이 긴, 그런 시간의식을 가져야 하겠습니다.

〈KBS1, 1994. 5. 9.〉

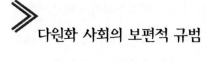

다원화 사회의 보편적 규범

오늘 우리 시대의 삶을 특징짓는 말로 다원성, 다원화라는 말을 많이 씁니다. 삶의 방식이 다원화되었고, 욕구와 관심이 다원화되었고, 각자가 삶의 목표로 설정하는 가치가 다원화되었다고들 말합니다. 사실 그렇습니다. 특히 젊은 세대에 속할수록 이 다원적인 모습은 더 선명하고 더 대담하게 나타납니다. 신세대니 X세대니 하는 표현들이 나올 만큼, 오늘 우리의 젊은이들은 생각과 말과 행동에 있어 정말 다양한 모습을 보이고 있습니다. 격변하는 시대, 세계로 미래로 열려 있는 시대를 살면서 기존의 단선적 삶의 방식을 고수한다는 것은 우매나 무능의 소치일 수밖에 없을 것입니다. 그러기에 우리는 젊은 세대의 다양한 생각과 말과 행동을 새 시대를 위한 창의와 건설의 몸짓으로 받아들이고 또 소중히 여겨 북돋우고 싶어 하는 것입니다. 생존, 입신출세라는 단선적 가치지향이 우리 사회에서 특히 교육과 정치를 어떻게 경직시켜 놓았는지 잘 알고 있기 때문입니다.

우리는 이렇듯 다원성의 원리를 새 시대를 여는 필수적인 중심원리로 받아들여야 합니다. 그러나 우리는 여기서 또한 명심해야 할 것이 있습니다. 이 다원성의 원리가 진정 새 시대의 삶의 원리가 되기 위해서는 통일성의 원리가 다른 한편에서 이것과 균형을 맞춰줘야 한다는 것입니다.

삶의 방식이 다원화되었다 해서 우리 사회의 구성원 각자가 모두 제멋대로 행동해도 된다는 것은 아닙니다. 우리의 욕구와 관심이 다원화되었다고 해서 다른 사람의 욕구와 관심을 훼손하거나 억압해도 된다는 것은 아닙니다. 살의 가치지향이 다원화되었다고 해서 이의 실현을 위해 아무런 방법이나 다 써도 된다는 말은 아닙니다.

저는 여기서 근래에 우리를 놀라게 했던 두 사건을 생각합니다. 얼마전 오락과 유흥 때문에 부모를 살해한 이른바 오렌지족 박군 사건과 최근 우루과이라운드 협정 타결 반대를 위해 열차를 탈취하고 경찰 병력을 감금시켰던 대학생들의 시위 사건이 그것입니다. 물론 이 두 사례는 그 내용에 있어 그 성격과 무게가 다릅니다만, 그 행태와 구조에 있어 유사한 점이 있다고 생각됩니다. 오락과 유흥을 위해 부모를 살해한 아들의 행동이 다원적 삶의 방식으로 이해될 수 없음은 너무나도 당연하지만, 사회적 이념과 정치적 이상을 위해 공공질서를 그토록 심대하게 파괴한 행동도 다원적 가치지향의 이름으로 수용될 수는 없는 일입니다.

다원성이 허용되는 사회에서 이처럼 욕구나 가치지향이 극단적 행동으로 나타나는 것은 그 사회에 규범적 통일성의 원리가 결여되어 있음을 말해 주는 것입니다. (집단이기주의라는 말로 표현되는 많은 사회적 갈등도 근본에 있어서는 바로 이 규범적 통일성의 의식이 결여된 데서 오는 불균형의 모습입니다.) 진부한 말이지만 사회적 규범 없이 사회는 존립할 수 없습니다. 사회적 규범이란 보편성을 갖고 그 사회를 엮어주는 구심적 통일의 원리입니다. 사회가 다원화되었다는 것은 사회적 규범의 내용이 다양하게 되었다는 것이지 그 통일적 성격이 없어졌다는 것은 아닙니다. 역설적으로 들리겠지만, 이 규범적 통일성의 원리가 튼튼하게 확립되어 있어야만 사회적 규범이 다양한 내용을 지닐 수 있는 것입니다.

대학생들의 사회 정치적 운동에 대해서는 우리의 우려가 더욱 큽니다. 우리 사회가 지금 청산해야 할 이념적 대립에서 한 시대의 끝이자 새 시대의 시작에 서 있기 때문입니다. 합리적인 사유, 인간의 인간에 대한 신뢰, 이를 바탕으로 하는 대신, 사회적 규범의 성립을 위해 요구되는 이러한 형식적 요건마저도 배제되는 전제적 사회라면, 바로 이의 회복을 위해서라도 극단적인 행동이 요구될 수도 있을 것입니다. 그러나 이미 다원성의 원리가 허용되는 사회라면 극단적인 행위는 무모한 일탈에 지나지 않을 것입니다.

북한 핵 문제가 한반도에서의 전쟁을 우려할 만큼 뜨거워질 대로 뜨거워진 국제정치적 이슈로 달아올랐을 때, 우리는 남총련이라는 대학생 조직이 열차를 탈취하고 경찰 병력을 감금하는 강도 높은 반정부 시위를 벌였다는 소식을 들었고, 다른 한편에선 정부가 이를 엄단한다는 소식, 또 공안당국에서는 고정 간첩단을 검거했다는 소식을 들었습니다. 돌아보고 싶지 않은 갈등의 공식 같은 것이 연상되는 소식들이었습니다. 우리가 진정 다원화된 시대를 열어가고자 한다면, 우리는 이제 더 이상 획일적이고 전횡적이고 배타적인 이념적 가치지향에서 벗어나야 할 것입니다.

도덕주의만으로 사회적 이상이 달성되진 않을 것입니다. 그러나 도덕적 규범에서의 통일적 토대가 없을 때 다원적 사회는 우리의 이상을 실현하게 되기 전에 그 구심력을 잃고 해체될 것임을 우리의 젊은 세대는 더욱 명심해야 할 것입니다.

〈KBS1, 1994. 6. 20.〉

❱ 세속적 욕구의 과잉과 인간성의 상실

그동안 여러 차례에 걸쳐 저 나름대로는 진지하게 의식개혁에 관해 이 런저런 말씀을 드려왔습니다만, 오늘은 그런 말씀을 드려온 저 자신의 모습이 초라하게 느껴지는 참담한 심정으로 말문을 엽니다. 생부생모를 수십 차례 난자해 살해하고 불태운 그 박모 군의 무덤덤한 표정이 뇌리 에서 사라지질 않기 때문입니다. 우리 사회에 아무리 윤리도덕이 피폐해 졌다 한들, 어찌 이런 일까지 일어나게 되었는지, 실로 알 수 없는 일이 라고 모두들 개탄을 합니다. 하지만 철학자들의 까다로운 논리를 빌리지 않더라도, 이 세상의 모든 일들은 다 그럴 수밖에 없는 필연적인 이유가 있음을 우리는 부인할 수 없습니다. 그 박모 군의 행동을 도저히 있을 수 없는 일이라고 개탄하는 것은, 실은, 우리 모두가 우리도 모르는 사이에 이 엄청나고 끔찍한 일을 조금씩 조금씩 준비해 왔음을 고백하는 것과 다름없습니다.

연전에 제가 오랫동안의 독일 유학 생활을 마치고 막 귀국하여 엄청나게 변한 세태에 어리둥절해하고 있을 때, 저를 아끼는 어느 후배가 자못 시니컬하게 제게 이런 말을 한 적이 있었습니다. "선배님, 두 가지만 단념하십시오. 그러면 서울살이도 해 볼만 합니다. 그 두 가지가 뭔지 아십니까? 하나는 아파트 평수 늘리는 일이고, 다른 하나는 자식들 일류대학 보내려고 애쓰는 일입니다."

차츰 서울생활에 다시 적응해 가면서, 사람들 살림 사는 속내를 들여다볼 수 있게 되면서, 저는 그 후배의 간명한 논리에 내심 찬사를 보내게 되었습니다.

좀 더 넓은 집에서 살며, 자식들이 좋은 대학에 다니는 것이 그 자체로 봐서야 뭐가 나쁜 일이며, 왜 단념해야 될 일이겠습니까? 우리 사회의 거의 모든 가정에서 어머니들이 아버지들이 품고 있는 소망 중 가장 보편적이고 가장 현실적인 것이 있다면 이 두 가지가 아니겠습니까?

문제는 이 소망 자체에 있는 것이 아닙니다. 이 소망이 그저 건전하고 소박한 소망이 아니라 무슨 수를 써서라도 성취해야 하는 지상목표 같은 것이 되어버리고, 이를 위해 다른 많은 소중한 것을 알게 모르게 상실한다는 데 있는 것입니다.

아파트 평수 늘리기란 실은 물질적 풍요를 향한 욕구와 노력을 집약해 주는 단적인 표현입니다. 의식주의 기본적인 물질적 생활 중 먹고 입는 일에서는 빈부의 차가 그리 크지 않게 된 우리 사회에서, 물질적 부에 대한 욕구가 주택문제로 집중되는 것은 당연합니다.

또 자녀에 대한 무분별한 교육열은 자신이 도달하지 못한 사회적 지위와 권세에 대한 욕구의 대리만족을 위한 심리적 전이현상에서 오는 경우가 많을 것입니다. 물질적 부와 사회적 권세에 대한 욕구, 이것이 오늘

우리 사회에서 대부분의 사람들을 뛰게 하는, 아니 날뛰게 하는 핵심적
두 요인이라 하면 지나친 말일까요?

그 후배의 말이 품은 뜻도 바로 이 욕구와 이의 충족을 위해 질주하는
일반인들의 무분별한 세태에 대한 경고가 아니었겠습니까?

부모를 살해한 박군의 경우를 놓고 많은 분들이 참다운 자녀교육에 대
해서 걱정 어린 논의들을 벌이는 것을 보았습니다. 학교에서도 가정에서
도 도덕교육, 인성교육이 제대로 이루어지지 않고 있음을 지적하는 개탄
이 있었고, 더불어 교과내용, 입시제도 등에 관해서도 우려 섞인 비판이
있었습니다. 모두 다 필요한 반성입니다.

그러나 저는 자라나는 세대의 이러한 도덕적 불감증이 다만 교육의 영
역에 국한되는 문제가 아님을 강조하고 싶습니다. 군이 교육의 문제라고
한다면, 교육의 장을 우리의 사회적 삶 전체에로 확장시켜서 생각해야
한다고 봅니다. 인간교육, 특히 도덕교육에 있어서는, 학부모가, 교사가,
그리고 사회 각 부문의 지도자들이 무엇을 생각하고 어떻게 행동하는가
하는 것이 가장 중요하다고 생각됩니다. 그것은 이론이나 말로 되는 것
이 아닙니다. 행동을 통해 내면적인 자발성을 일깨워 움직이게 해야 하
는 것입니다.

진정 자녀를 사랑한다면, 진정 자녀가 잘되기를 바란다면, 먼저 부모
들은 자신을 둘러보아야 할 것입니다. 자신이 어떤 가치관을 갖고 무엇
을 위하여 어떤 행동을 보이며 살아가고 있나 하는 것이 곧 그들의 자녀
가 어떤 사람으로 성장할지를 결정한다는 것을 깨우쳐야 할 것입니다.

자녀에게 유산을 물려주고자 부정축재를 한다면, 그 자녀는 그 물질적
부와 더불어 오염된 정신까지도 물려받을 것입니다. 자녀의 능력과 취향

을 무시한 채 자녀를 더 좋은 대학에 보내려 한다면, 그 자녀는 대학에서 새로운 지식을 배우게 되는 것이 아니라 왜곡된 현실에 적응하기 위해 자신의 자세를 더 왜곡시킬 뿐일 것입니다.

도덕교육의 문제는 그 어떤 교육행정적 조치를 취한다고 해서 곧 대처될 수 있는 문제가 아닐 것입니다. 우리 모두가 물질적 부에만 치우치는 않는 균형 잡힌 가치관을 갖고 참되고 바르게 살려는 각성과 노력이 저 깊은 곳에서부터 천천히 그러나 그치지 않고 번져 올라가야 합니다.

이런 사건이 있고 나서도, 우리 어른들이 각성치 못한다면, 우리의 자녀세대는 우리보다 더 불행한 삶을 살게 될 것입니다.

〈KBS1, 1994. 5. 16.〉

투쟁관계, 협력관계

  잘 알려진 유명한 얘깁니다만 고대 그리스의 철학자 플라톤은 국가의
성원을 세 부류로 나누고 이들이 각각 어떤 덕성을 지녀야만 국가가 전
체적으로 정의로운 사회를 실현시킬 수 있는지에 대해 말한 적이 있습니
다. 그가 분류한 바에 따르면 국가의 성원은 국가를 다스리는 통치자와
외적으로부터 국가를 지키는 무사와 노동을 통해 생산활동에 종사하는
생산자로 나뉩니다. 그리고 이들은 각기 지혜와 용기와 절제의 덕을 지
녀야 합니다. 지혜로운 통치자가 나라를 다스리고 용기 있는 무사가 나
라를 지키고 절제할 줄 아는 일반인이 생산에 종사할 때 국가는 총체적
으로 균형이 잡혀 정의가 실현된다는 것입니다.

  제가 지금 플라톤의 국가론의 일단을 말씀드리는 것은 그와 같은 국가
성원의 구분을 오늘의 사회에 적용시켜 보려고 해서가 아닙니다. 오늘날
처럼 복잡해진 사회에서 국가의 성원을 이렇듯 간단히 셋으로 분류한다
면 이는 유치하리만큼 소박한 것이 되고 말 것입니다.

그러나 우리는 플라톤의 저와 같은 주장에서 적어도 다음의 두 가지 명제를 공동체 구성의 근본원리로 받아들일 수는 있다고 봅니다. 첫째, 국가공동체는 성원들 간의 균형 있는 협력을 필요로 한다는 것이고, 둘째, 국가공동체의 성원들은 공동체 안에서의 그 직책과 직능에 따라 서로 다른 사회적 덕성을 필요로 한다는 것입니다.

그리고 제가 지금 말씀드리고자 하는 것은 바로 이 두 번째 것에 대해서입니다.

오늘날 우리나라처럼 사회적 직능의 분화와 사회 구성원의 다양화가 급격히 이루어진 사회에서는 그저 일률적이고 획일적인 규범적 원리 하나만으로 국가공동체의 원활한 작동을 기대하기는 어려울 것입니다. 물론 모든 국민이 사회의 성원으로서 기본적으로 갖춰야 할 도덕적 자세가 보편적이어야 함은 두말할 나위가 없습니다. 인간의 존엄성에 대한 신뢰, 자유와 평등에 대한 기대 및 염원, 합리적인 사유에 기초한 정의관 등 사회 성원이라면 누구나가 지니고 있어야 할 도덕적 규범이 있을 것입니다.

그러나 이에서 더 나아가, 각 구성원의 사회적 책무와 기능의 성격이 다름에 따라 그 각 구성원이 특별히 더 내면적으로 강화시켜 지녀야 할 규범이 있다고 봅니다. 초등학교 교사가 국군 장교와 똑같은 규범적 품성을 갖는다거나, 해외 세일즈에 종사하는 기업가가 대학교수와 똑같은 규범적 품성을 갖는다면 이는 그리 자연스럽지도 않거니와 또한 바람직하지도 않을 것입니다. 기업에 종사하는 사람, 교육에 종사하는 사람, 국가공무에 종사하는 사람, 군무에 종사하는 사람, 언론에 종사하는 사람, 법무에 종사하는 사람, 성직에 종사하는 사람 그리고 정치에 종사하는 사람, 이들은 물론 현실적으로 인간적 기질도 서로 다르겠지만, 그보다도 서로 다른 규범적 품성을 가질 수 있고 또 가지는 것이 바람직하다는 것입니다.

군인이 용감하듯이 그렇게 신부나 스님이 용감해야 한다면 이는 좀 문제가 있고, 판사가 신중하듯이 그렇게 기업가가 신중해야 한다면 이도 좀 문제가 있을 것입니다. 교수가 학문적으로 엄격하듯이 정치인이 그 활동에서 엄격성을 지켜야 한다 해도 문제일 것이고 언론인이 교사처럼 훈도적이려고 한다면 이것도 문제일 것입니다.

그런데 지금 우리 사회에서 심각하게 문제가 되고 있는 것은 이렇듯 다양해야 할 행위의 규범적 내용이 언제부터인지 하나로 획일화되어 있다는 것입니다.

어떤 부문에서든지 어떤 사안에서든지 의견과 이해관계가 다른 상대에 대해 '싸워 이기려는' 자세가 바로 그것입니다. 불굴의 투쟁은 그 자체 필수적인 행위의 규범이고, 승리는 그것에서 얻는 고귀한 성과일 수 있습니다. 이를테면 전쟁에서 투쟁과 승리는 우리가 끝까지 버려선 안 될 규범이고 가치일 것입니다. 육군사관학교의 교훈탑에 새겨져 있는 "싸워서 이기자"는 말은 "배워서 익히자", "나라를 빛내자"는 말과 더불어 유사시 전쟁을 수행해야 할 전사들의 행동규범을 웅변으로 말해 주고 있는 빛나는 경구입니다.

그러나 이러한 '싸워서 이겨야만 하는' 것이 우리 사회의 모든 부문으로 확대될 수는 없는 노릇입니다. 개인적으로 혹은 집단적으로 이해관계를 달리한다 해서 꼭 상대방과 싸워 이기려고만 한다면 우리 사회는 총성 없는 내전으로 돌입할 것이고 그 결과는 모두의 패배로 끝날 것입니다. 왜냐하면 그 관계란 처음부터 싸워 이겨야 하는 투쟁의 관계가 아니었기 때문입니다. 상대를 제압하고 타도해야만 자신이 생존할 수 있는 전투적 관계란 부정, 불의와의 대결 외에는 오늘의 우리 사회 안에 더 이상 있어서는 안 됩니다.

여당과 야당의 관계도, 노동자와 기업가의 관계도, 의견차가 아무리 크다 해도 그것은 투쟁적 관계가 아닙니다. 상대 없이 자신이 있을 수 없는 점을 보면 그것은 오히려 긴장된 협력관계여야 할 것입니다. 국민 일반의 공익을 담당하는 공무원과 정부의 관계는 더더욱 투쟁관계일 수가 없습니다. 공무원이나 이에 준하는 공공단체에 종사하는 사람들이 긍지와 보람을 갖고 일하게 해야 할 책무는 정부에 있습니다. 그러나 그것이 미흡하다 해서 일반 국민의 공익을 볼모로 하여 정부와 힘의 대결을 편다면, 이는 싸워 이기려는 자세가 엉뚱한 곳에서 그 무모함을 드러내는 미숙함에 지나지 않습니다.

우리의 가까운 현대사를 돌아볼 때 우리는 민주와 민족을 위해 투쟁하는 것이 도덕적으로도 사회적으로도 선이요 정의였던 시기가 너무나 길었습니다. 자칫 투쟁하는 것은 모두 정의를 위한 것인 양 착각될 정도로 그 혼미의 시간이 길었습니다. 이제 우리는 그 악몽의 터널에서 빠져나올 때가 되었습니다. 다원화된 사회, 다양한 삶을 위해, 세계로 미래로 열려 나가는 우리의 공동체를 위해, 우리는 우리에게 남아 있는 싸움꾼의 독소를 빨리 털어내야 하겠습니다.

〈KBS1, 1994. 6. 28.〉

"

Ⅱ. 버리고 갈 것들

숨지 않는 사회

따르르르릉… 전화벨이 울린다. 아내가 수화기를 든다.

“여보세요, 서초동입니다.”

“여보세요, 거기 손동현 선생님 댁이지요?”

“네, 그렇습니다만…”

“선생님 계세요?”

“네… 실례지만, 누구시지요?”

아내의 낯색이 좀 안 좋아진다.

“네, 저 학생인데요, 선생님 좀 바꿔주시겠어요.”

“글쎄, 학생 누구신가요?”

말은 곱지만 좀 언짢은 대꾸다.

“그냥, 선생님 강의 듣는 학생인데요.”

“그래요…”

좀 어처구니가 없다는 표정으로 수화기를 내게 건넨다.

"전화 받아 보세요. 또 이름 없는 학생이네요."

내가 수화기를 든다.

"손동현입니다."

"네, 선생님 죄송합니다. 저 윤리학 강의 듣는 학생인데요, 중간시험 어떻게 되나 해서 전화 드렸습니다."

"중간시험이 어떻게 되다니…"

내가 좀 심드렁하게 대답한다.

"네, 제가 강의를 계속 빠져서, 중간시험이 어떻게 되나 모르고 있어서…"

"자넨 누군데?"

내 대꾸에 나무라는 듯한 뉘앙스가 실린다. 학생은 다소 의기가 죽어 대답한다.

"저… 국문과 학생입니다."

"국문과 학생, 누구?"

내 언성이 다소 높아진다.

"…"

대꾸가 없다. 내가 다그치듯 말한다.

"내가 누구하고 얘기하고 있는지 알아야 될 것 아닌가?"

"… 죄송합니다…"

어렵게 겨우 하는 대답이다. 내가 좀 성을 내며 꾸짖듯 타이른다.

"전화를 걸었으면, 자기가 누구라는 걸 먼저 밝히고 용건을 말하는 것이 당연한 일 아닌가. 전화하는 기본예절도 모르고 있다면, 윤리학은 배워서 무엇에 쓰겠나, 안 그런가? … 그래, 자네 누군가?"

"… 죄송합니다… 잘 알겠습니다…"

이 국문과 학생은 자기가 누군지 끝내 밝히지 않은 채, 내게서 알고자 했던 것을 알지도 못하고 우물우물 전화를 끊는다.

내가 좀 심한 경우를 예로 들었나 모르겠다. 하지만 나와 개인적인 친분이 없고 또 그런 것을 원치 않는 사람이 내게 전화를 걸어올 경우, 그가 학생이든 누구든 통화 스타일은 대략 이런 모습이다. 내가 집에 없어 전화를 아내가 받고 말 경우엔 특히, 자기가 누구라고 말하는 사람이 거의 없다 한다.

"알겠습니다", "다시 연락하지요"라는 말로, "누구한테서 전화가 왔었다고 전할까요?"라고 되물을 틈도 없이 전화를 끊어버린다 한다. 목소리만 들어도 누구인지 금방 알 수 있는 가까운 나의 친구나 친지는 오히려 이름 석자를 꼬박꼬박 대는데 말이다.

왜 이렇듯 자기가 누구라는 것을 밝히기를 꺼리는가? 위의 예에서 그 학생은 아마 나의 다그침이나 꾸짖음 때문에 더욱더 자기 이름을 밝힐 수 없다고 생각했을지 모른다. 중간시험이 문제가 아니라 이렇게 '찍혀' 가지고선 학기말에 학점을 받을 수 있을지 그것조차 의심스럽다고 속단했는지 모른다. 정말 답답하고 안타까운 일이다. 익명의 베일 뒤로 숨어듦으로써 혹시라도 당하게 될지 모를 불이익을 피해야겠다는 생각이었을 것이다. 교수에게 당당하게 맞서 대화를 나누는 일과 공부해서 학점을 취득하는 일이 서로 무슨 상관이 있다는 건지….

관공서 등 공공기관이나 회사 또는 어떤 단체 등에 전화를 걸었을 때, 자기가 누구라고 밝히는 예를 본 사람은 거의 없을 것이다. 대개의 경우 전화를 거는 사람도 자기가 누구라고 밝히지 않은 채 통화를 할 것이니,

그것을 크게 탓하지도 못할 것이다. 아니, 이러한 '익명' 간의 통화가 실은 건전한 공공생활이 요구하는 기본요건에 어긋난다는 사실 자체를 별로 의식조차 아니 할지 모른다.

나는 이를 두 가지 측면에서 생각해 본다. 하나는 공적인 책임과 권리의 문제를 일으키는 측면이고, 다른 하나는 사회생활 속에서 인간이 비인간화되는 이른바 '소외'의 문제를 일으키는 측면이다.

전화통화에서 뿐 아니라 공공적 성격을 띠는 어느 상황이든 어떤 행위의 당사자가 자신을 드러내지 않으려는 것은 그 자연적 경향에서 볼 때 이해할 수 있는 일이다. 공공적 성격을 띠는 상황이란 인간적으로 개인적으로 친숙한 사람들 사이에 국한될 수 없는 것이요, 따라서 대개는 낯선 사람들 사이에서 벌어지게 마련이다. 그러니 이런 상황에서는 사랑으로 감싸고 아량으로 양보하는 태도를 먼저 기대할 수는 없다. 이 상황을 말하자면 일종의 싸움의 관계 속에서 전개되는 것이다. 낯선 사람들과 싸움을 벌인다고 할 때, 그리고 내가 그 싸움에서 이겨야 한다고 할 때, 나는 나를 감춤으로써 상대로부터의 공격을 피하고, 숨어서 상대를 살핌으로써 상대를 공격할 유리한 기회를 잡을 수 있을 것이다. 싸움에서 나를 숨기려 하는 것은, 말하자면 전투수칙 제1조에 해당한다고 하겠다. 그러니 공공적 전화통화에서 자신을 밝히지 않으려는 경향은 이런 맥락에서 이해될 수 있는 것이다.

그렇다면, 이는 그대로 용허될 수 있는 것인가? 그렇지 않다면 그 이유는 무엇인가? 공공생활이 친숙한 사인(私人)끼리의 관계가 아니라 해서, 정말 전적으로 투쟁의 관계로만 이루어지는가? 그렇지는 않은 것이다. 싸우더라도 질서 있게 규칙을 정해 놓고 싸워야 하며, 이를 통해 상호 협력이 이루어져야 하는 것이, 비록 낯선 사람들끼리 영위하는 것이긴 하지만 , 공공생활의 핵심이기 때문이다. 그렇기에 여기에 필요한 것이 바로 대등한 입장에서 서로에게 권리와 의무를 명백히 하는 일이다. 그러나 누군가가 자신을 드러내지 않고자 한다면, 이는 바로 이러한 공공생활의 기본전제를 파기하는 것이라 아니 할 수 없다. 자신을 밝히지 않는 사람은 자신의 의무를 지지 않으려는 잠재의식을 아직 합리적 사려로 깨뜨리지 못한 사람이다. 나를 나로서 뚜렷이 밝힐 때, 나는 나의 권리와 의무를 남과 대등하게 나누어 가질 준비를 하는 것이다. 사회 구성원 각자에게 이러한 자세가 갖추어져 있지 않을 때, 사회정의는 기대하기 어려울 것이다. 책임질 사람이 없는 곳에서 권리주장을 누구에게 한단 말인가?

공공생활에서 자신을 숨기는 일은 또 다른 점에서도 바람직하지 않다. 즉 그것이 사람과 사람사이를 삭막하고 건조하게 격리시킨다는 점에서 그렇다. 사람은 없고 대중 집단만이 있는 산업사회라고들 한다. 그 많은 사람들과 부딪치면서도, 서로 사람으로서 관계하지 않고 그저 익명적인 조직 기능적 부속물로서만 관계한다면, 그건 분명 사람 사는 세상이 아닐 것이다. 우리 인간이 겪는 고통 중 정말 참기 어려운 고통은 사물 아닌 다른 '사람'으로부터 오는 것이요 기쁨 중 큰 기쁨도 다른 '사람'으로부터 오는 것이다. 우리가 '사람'을 그리워하는 것은, 아무리 거대하고 복잡한 산업사회, 도시사회 속에 살고 있더라도 인간은 역시 인간일 수밖에 없기 때문이다.

물론 한 개인이 인격적으로 관계 맺을 수 있는 사람은 그 수에 있어서나 그 경우에 있어서나 제한될 수밖에 없을 것이다. 그러나 그렇다고 해서 '사람'을 만날 수 있는 가능성을 미리부터 철저히 폐쇄해 버리는 것은 소심한 열등아의 자세다. 인간에 대한 믿음을 갖고 다른 사람에게 자신을 내보이는 사람만이 사랑을 받아도 받고 존경을 받아도 받을 것이다. 그런 사람은 필경 기능적 업무의 면에서도 그렇지 못한 은닉 성향의 사람보다 더 훌륭할 것이다.

기회의 균등과 정정당당한 경쟁이 보장되어 낯선 사람들 사이의 공공적 관계가 전체적으로 보아 협력의 모습을 띠게 될 수 있기 위해서도 우리는 모두 자신을 감추지 말고 떳떳이 드러내야 한다. 또 그뿐만 아니라 이 복잡 거대한 산업사회에서 조직과 기능의 익명성에 치여 '사람'끼리의 호흡과 교감이 차단되지 않게 하기 위해서도 우리는 나 자신을 폐쇄시키지 말아야 한다. 전화통화에서건 어느 상황에서건 나는 아무개라고 거리낌 없이 말할 수 있는 사람, 그가 곧 건전한 민주시민이다.

〈무역, 1992. 4.〉

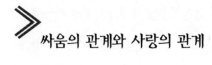

싸움의 관계와 사랑의 관계

동훈아, 내가 나이 들어가며 바로 네 또래의 젊음을 소중히 여기는 마음이 점점 더해 가는 걸 넌 이해할 수 있겠느냐. 심리적인 전이성 보상작용이라고나 할까, 그런 심정으로 네게 이 글을 쓴다.

지난여름 우리 모두는 네 또래의 젊음이 어떤 어려운 일을 해낼 수 있는지 다시 한 번 눈여겨볼 수 있었다. 사실 그건 한판의 큰 싸움이었다. 그 뒤 지금 이 땅에서는 민주화라는 말이 유행어가 되다시피 곳곳에서 들려오고, 그걸 기어이 성취하고야 말겠노라고 벼르는 사람들의 부산한 움직임 또한 여기저기서 눈에 띈다. 누구누구 이를 것 없이 네가 또한 바로 그런 사람들 중의 하나가 아니겠느냐.

민주화라니. '민주'라는 자명하다시피 당연하던 이 말이 그럼에도 가슴에선 새삼 새로운 감동을 일으키고 있는 걸 보면, 그간 우리가 말 따로 행동 따로, 머리 따로 가슴 따로, 제각기 돌아가는, 꽤나 혼미스러운 억지 춘향 속에서 살아왔던 게 분명하다.

그러나 네가 태어나기도 훨씬 전부터 강요되었던 이 억지 춘향의 괴이한 몸짓에 사람들이 이제는 너무나도 익숙해 있다는 걸 넌 아느냐. 사람 갑갑하게 하는 이 억지 춤판을 마침내 걷어치우게 하겠다고 힘찬 주먹을 쥐는 너 자신도, 반대의 방향으로지만, 바로 저 괴이한 춤사위에 적잖이 익숙해 있다는 걸 넌 자각하느냐.

너는 그동안 실로 치열하게 싸워왔다. 반민주에 대한 항거와 투쟁에 있어 넌 실로 엄격하여서, 그 엄격성에 너를 걸 정도였으니까, 넌 정말 이념적 투사였던 셈이다. 그러나 그 엄격성이 네 싸움을 지탱해 오는 동안, 자유롭고 자율적이어야 할 네 자아마저도 그 엄격성에 예속돼 버린 건 혹시 아니냐? 시어머니의 핍박 아래 시집살이를 해온 며느리가 마침내는 더 혹독한 시어머니로 늙어간다는 옛말이, 난 뜻깊다고 생각한다. 이렇게 말한다 해서 내가 너의 민주의식이나 민주화에의 열망을 조금이라도 의심하거나, 그간의 네 '싸움'을 평가절하하려는 건 결코 아니다.

내가 염려하는 건, 성급히 말하자면, 혹시라도 너의 생각과 말과 행동에서 오직 '싸움의 방식'만이 남게 되고 '사랑의 방식'은 자취를 감추면 어쩌나 하는 것이다.

사람이 사회생활을 하면서 다른 사람과 맺게 되는 관계에는 근본적으로 '싸움의 관계'와 '사랑의 관계' 두 가지가 있다고 나는 생각한다. 그리고 사람이 동물만도 아니요, 또 신이 될 수도 없는 이상, 이 두 가지 중 어느 하나만을 고집할 수도 없다고 생각한다. 그렇긴 하지만, 우리가 둘 중 어느 것을 지향해야 할지는 생각해 볼 수 있는 문제가 아니겠느냐.

'싸움의 관계'가 지배하는 사회는 '닫힌사회'다. 싸움이 벌어지면 자신을 굳게 닫아 방어를 튼튼히 해야 한다. 이렇게 닫힌사회에서는 우리 모두 위장과 기만 속에서 고독해질 수밖에 없다. 그런데 이는 자신과 이웃과 나아가 세계와 하나가 되려는 인간의 형이상학적 본성에 역행하는 것이다.

동훈아, 민주적인 삶이란 모두가 각기 자신의 주인이 되고 주인인 서로를 존중하는 자율의 삶이 아니겠느냐. 그리고 이는 서로가 문을 열고 교통함으로써만 가능해질 '사랑의 관계'에 대한 신뢰가 설 때 약속되는 것 아니겠느냐. 그런 '열린사회'가 아니고선, 억지 춘향의 몸짓으로 경화됐던 '싸움의 관계'가 내면으로부터 용해되지 않고선, 민주주의적인 제도나 법률로써만은 민주적인 삶이 기약되기 어려울 것이다.

반민주에 대한 싸움이 지난여름으로 끝났다고는 보지 않는다. 그 싸움은 사실 언제까지나 계속되어야 할 것이다. 그러나 싸움에 지친 나머지 거기서 이겨 얻어낸 자율과 자유의 공간에 '사랑의 관계'를 재건할 여력이 없게 된다면, 그래서 열린사회를 열려 있는 채로 지탱해 갈 만한 힘이 고갈된다면, 민주를 위한 힘겨운 싸움의 값은 어디서 찾아지겠느냐.

아직 뜨거운 네 또래의 젊음이 '싸움의 방식'으로만 길들여지지 않길 나는 바란다. 만일 네가 앞으로 이웃에 대해, 아니 너 자신에 대해 '사랑의 관계'를 회복할 수 없을 만큼 싸움의 독소에 마음이 황폐해진다면, 요란한 승리의 팡파르가 울린다 해도 나는 못내 씁쓸할 것이다.

동훈아, 가벼워진 바람, 높아진 푸른 하늘이 가을을 알리고 있다. 여름 동안 뜨거웠던 가슴을 차가운 머리로 추슬러봄직한 때다.

〈성대신문, 1987. 9.〉

❯❯ 횡설수설(橫說竪說)

우리나라의 신문에는 어느 신문이고 거의 예외 없이 특이한 성격의 난
(欄)이 한두 개씩 있다. 내가 특이하다고 말은 하지만, 나 자신을 비롯한
모든 신문독자들이 평소 이를 정말 특이한 것으로 여기느냐 하면, 실은
그렇지도 않다. 신문을 통해 우리 사회의 움직임을 좀 더 깊이 들여다보
고 싶어 하는 독자들에게 사실 이 난들은 그 어떤 다른 기사보다도 더욱
친숙한 것이리라. 주먹만 한 활자로 눈을 때리는 기사에서보다 흔히 이
난에 실린 진지하지 않은 듯한 짤막한 글에서 사건의 핵심을, 또는 사건
들 간의 연관을 찾아 읽어낼 수 있기 때문이다.

이쯤 말해 놓으면 내가 지금 특이한 난이라고 일컫는 것이 무엇을 가
리키는지 대개들 짐작을 할 것이다. 그렇다. '문외문(門外門)'이니, '지
평선(地平線)'이니, '여록(餘錄)'이니 '횡설수설(橫說竪說)'이니 하는 것
들이 바로 그것이다.

그러면 나는 왜 이들을 '특이한' 난이라고 말하는가? 그저 구미 선진

국의 신문에는 없고 우리나라의 신문에만 있다 해서 특이하다고 하는 건가? 글쎄, 우선 피상적으로 그렇게 생각할 수도 있겠다. 그러나 내가 품고 있는 생각은 그런 피상적 대조에서 유래하는 것만은 아니다. 미리 말해 두지만 나는 이 '특이성'을 좋은 의미로, 이를테면 창의적 개성이라는 의미로 쓰고 있지 않다. 실은 그 반대다. 나는 자못 부정적인 시각으로, 이 난들이 모호성, 은폐성, 기만성, 무책임성 등을 풍기고 있다는 점에서, 신문을 구성하고 있는 한 요소로 볼 때 정말 '특이하다'고 보는 것이다.

이 특이한 난들도 유심히 보면 두 가지 유형으로 구분된다. 생각나는 대로 몇몇 신문들의 그것을 열거해 보자면 '중앙탑(中央塔)', '문외문(門外門)', '사랑방', '정국주래(政局住來)', '여록(餘錄)' 등이 그 한 유형이고 '분수대(噴水臺)', '만물상(萬物相)', '지평선(地平線)', '횡설수설(橫說竪說)' 등이 또 다른 한 유형이다. 전자는 대체로 사실 전달의 성격을 띠는 것들이고 후자는 대개 논평, 비평의 성격을 띠는 것들이다.

먼저 전자부터 생각해 보자. 이 난을 설치하고 글을 쓰는 신문인들의 의도를 다음과 같은 것으로 생각할 수도 있다. (1) '문외문'이니 '여록'이니 하는 제목이 암시하듯이 이 난의 내용은 기자로서 들어도 그만 안 들어도 그만이었던 여분의 것으로, 사실 신문에 내도 그만 안 내도 그만일 만큼 중요치 않은 사건들이다. (2) 그리고 또 사실 이 난에 실리는 것은 그렇게 떳떳이 공개하기에는 좀 꺼려지는, 어딘지 좀 공공성이 떨어지는 사건들이어서 신문에도 당당한 공식기사로 내기에는 좀 망설여지는 것이다.

신문 편집인이나 기자의 생각이 정말 이러하다면 이 생각은 크게 잘못된 것이리라. 그 값진 지면을 독자의 호기심이나 충족시킬 그런 글로 메꿀 수 있단 말인가. 그래서 나는 이렇게 달리 생각해 본다. 편집인이나 기자나 짐짓 이제 말한 그런 생각을 가지고 있는 듯 풍기면서 실은 은밀히 무엇인가 더 핵심적인 것을 독자에게 전하고자 이 난을 운영하는 것 아니겠냐고. 그래서 중요치 않으니 읽지 않아도 좋다는 식으로 제목도 걸어놓고, 문체도 사담(私談)하듯이 좀 느슨하게 쓰면서, 실은 '물밑 대화'니 '문감(交感)'이니 하는 것의 막후를 엿보게 하려는 것이 아니겠냐고.

후자의 경우는 어떠한가. 여기서도 사람들은 피상적으로 편집진이나 논설자들이 이런 생각을 갖고 있는 것으로 볼지 모른다. 즉 (1) 이 난에서는 '지평선' 위에 떠오르는 것이면 무엇이든지 '만물상'을 다 주제로 하여 쓸 수 있으며, (2) 그 논조도 빈틈없는 것이라기보다는 그저 생각나는 대로 쓰는, 그야말로 '횡설수설'에 가까운 것이니, (3) 읽지 않아도 좋은 잡담에 지나지 않는다.

그러나 정말 그럴까? 독자가 늘 긴장하고 진지하게만 신문을 대하란 법은 물론 없다. 그러니 좀 풀어진 마음으로 풀어진 논평을 읽게 된다 해서 안 될 일도 없으리라. 하지만 정말 이 정도의 생각만으로 운영되는 것이 이 '지평선', '만물상', '횡설수설' 등일까? 정색을 하고 다부진 자세로 맞대면하면서는 찌를 수 없는 정곡을 짐짓 웃음 지으며 농담하듯 지나치면서 찌르자는 의도는 없는가. 그리하여 눈치 빠른 독자라면 이 허허실실(虛虛實實)의 전법 앞에 실없이 무너지는 허구를 함께 직시할 수 있게 하자는 의도는 없는가.

그렇다. 나는 두 경우에서 모두 그렇다고 본다. 그러나 나는 또한 바로 이것이 불만이다. 공식적인 정규 기사 외에 비공식적인 비정규 기사를 실음으로써, 신문은 독자에게 사태의 핵심을 모호하게 흐릴 수 있다. 폭로시키려거든 명백히 폭로시켜야지, 그저 눈치채게 하는 정도로 머물러서는 안 된다. 중요한 핵심과 중요치 않은 표피를 혼동하게 해서는 안 된다. 그저 호기심이나 자극할 것이면 과감히 지면 밖으로 밀어내 버리고, 진정 독자에게 알리고 싶은 것이면 당당한 필치로 정규의 틀에 넣어 기사화하고 논설화해야 한다. 이렇게 더블 플레이를 해서는 사태의 핵심을 은폐시키고 독자를 기만할 수도 있다. 이는 신문이 책임을 덜 지려는 숨은 의도의 표출일 수도 있다.

내가 이렇게 신문을 비판해 보지만 사실 잘못이 신문에만 있다고 할 수는 없다. 아니 신문에 이런 특이한 성격의 난이 있고 또 이것이 끊임없이 독자의 눈길을 끄는 원천적인 이유는 다른 데 있다. 바로 우리 사회의 이중적 구조가 그 심층적 이유다.

우리 사회의 이중적 구조라니, 이렇게 말하면 무슨 대단한 이론이라도 뒤에 있는 것같이 생각될지 모르지만, 그런 것도 아니다. 예를 하나 들어 보자. 어지간한 시내 중고등학교에서는 대개 육성회비라는 것이 걷히고 있다. 학생 누구나가 납부하는 소액의 공식적인 육성회비 말고, 한 학급에서 네댓 명의 학생에게만 할당되는(?) 꽤 큰 액수의 비공식 육성회비 말이다. 이 돈은 얼마가 걷혀서 어디에 어떻게 쓰이는지 돈을 내는 학부모 자신도 잘 모른다. 그저 자기 자식이 학교에서 혹시 불이익을 당할지 몰라 (아니면 특별대우를 기대하여) 마지못해 내고는, 그것으로 끝이다. 교육위원회나 교육부에 문의해 보라. 그런 것은 없다고 단정할 것이다. 어쩌다 재수 없는(?) 학교에서 이것이 외부에 새어 말썽이 나면, 그것은 그저 우발적인 특별 케이스로 취급받을 뿐이다. 문제는 여기에 있다. 사태 자체와 공표되는 사태 사이에 괴리가 너무 크다는 것이다. 이는 우리 사회의 골조에 균열을 일으키는 근본적인 문제가 아닐 수 없다.

신문이나 방송을 통해 일반인이 접하게 되는 사건은 항상 공표된 것으로서의 사건이지 사건 자체가 아니다. 그러니 일반인은 우리 사회의 움직임을 공식적으로 공표된 대로 알고 지나간다.

사태 자체와 공표된 사태 사이에 큰 괴리가 있을 때, 그러면서도 그 괴리가 인지되지 않을 때, 사태 자체는 은폐되고 일반인은 기만당하게 된다. 실제로 우리 사회를 움직이는 힘이나 동기나 요인은 일반인에게 은폐되고 그 대신 날조된 허위의 명분이나 논리가 사회를 움직이는 것으로 오인된다면, 그 실제적인 힘과 요인들은 일반인의 눈길을 피해 음험한 그늘에서 감시와 통제를 받지 않은 채 독버섯처럼 번식할 것이요, 그것이 사회적 구조의 건강을 해칠 것임은 쉽게 생각할 수 있는 것이다.

위에서 하나의 예를 들어보았지만, 우리 사회의 공공영역에서 이러한 괴리된 이중구조가 없는 부문이 과연 얼마나 있을지 나는 심히 의심스럽다. 우리 사회는 말하자면 두 개의 원리가 작용하고 있는 사회다. 힘 있는 지도 계층은 명분이라는 원리로 자신의 행동을 합리화하며 공중을 기만하여 나간다. 그러나 다른 한편 그들은 바로 그 힘이라는 실질적 원리에 따라 사회를 움직여 나간다. 그러자니 이 지도 계층은 스스로 자기네들끼리 서로 봐주기도 하며 은폐의 공동전선을 펴기도 한다.

신문 방송이 국민에 대해 해야 할 과제가 있다면 바로 이 이중구조를 밝혀주는 일이다. 그것을 알면서도 선명하게 알리지 않고 그저 암시 정도나 한다면 이는 자기 책임을 다하지 않는 것이다. 그 이중구조의 폭로를 무기로 하여 사회를 움직이는 지도층에게 자신도 그 세력권 안에 끼어주도록 압력을 가하려는 의도를 품고 있다면, 신문 방송은 더 부도덕하고 추악한 존재다.

우리 사회가 실제로 어떤 사람들의 어떤 생각에 의해 어떤 모습으로 움직여 나가고 있는지, 사실 그대로를 신문 방송은 국민에게 알려야 한다. 그러기 위해서는 지금 만연돼 있는 이 이중구조를 철저히 밝혀야 한다. 신문마다 있는 저 특이한 성격의 난들을 없애고 거기에서 변죽만 울리고 마는 사건들을 더 깊이 파헤쳐 정식 기사로 써야 한다. 비평도 마찬가지다. 운을 떼고 말 것이 아니다. 힘 있는 자의 눈치도 독자의 눈치도 볼 필요가 없다. 이성과 양심의 목소리로 정정당당히 외쳐야 한다. 그래야만 우리 사회가 하나의 원리로 움직여지는 정직한 사회가 된다.

〈필로소피아, 제6호, 1992〉

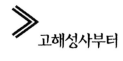

고해성사부터

이젠 다 함께 고해성사라도 해야 될 모양이다. 죄인은 바로 나요, 부패하고 부정한 사람은 바로 나요, 내 죄를 사하여 주옵소서… 너 나 할 것 없이 이렇게 '내탓'을 외쳐야 할 모양이다.

어떤 짓궂은 독설가의 해학인지는 모르지만, 하여튼, 뇌물 받고 세금을 면해 주거나 감해 준 세무 공무원을 다 내쫓고 났더니 세무서에 수위와 청소부 아주머니만 남더란다. 또, 뇌물 주고 별단 장군들을 다 쫓아냈더니 군대에 연대장 이상 지휘관이 아무도 없더란다. 또 있다. 학부모로부터 돈 봉투 받은 교사들을 다 내쫓고 났더니 학교에 학생들만 남더란다. 꺾기 하고 대출 커미션 받는 지점장 다 그만두게 했더니 은행에서 지점장 노릇하는 것은 지점장이 비워놓고 간 지점장 책상뿐이더란다.

자, 이쯤 되고 보면 분노하고 화낼 일이 아니다. 슬퍼하고 부끄러워해야 할 일이다. 모두가 바르지 못했고 모두가 썩었으니 결국은 나 자신이 나 자신에게 분노하고 화내야 하는 마당 아닌가. 그러니 그건 차라리 슬퍼하고 부끄러워하는 것이 되고 마는 셈 아닌가. 개혁이니 사정이니 하는 말이 무슨 시대의 표어인 양 되어 버린 요즈음, 시정에 나도는 말들도 많은 모양이다. 총체적, 구조적 부패라는 진단이 확실한 것으로 내려진 마당에, 부정부패의 늪에 발 한쪽이라도 빠져보지 않았던 사람이 어디 있겠나, 그러니 누가 누구를 탓하고 누가 누구를 사정하겠다는 말이냐. 털어서 먼지 안 나는 사람 어디 있더냐는 말이, 찔러서 고름 안 나올 사람 어디 있더냐는 말로 바뀔 지경이다.

정말 그렇다면, 이젠 각자가 스스로를 사정하는 수밖에 없다. 회개와 고해의 방식으로 자신을 이제까지의 자신과 단절시키는 수밖에 없다. 그리하여 앞으로는 결코 각자의 삶에 그런 불미스러운 부정의가 끼어들지 않도록 스스로 고해성사의 정신으로 결의하는 수밖에 없다. 그리고 이 어제로부터의 단절을 스스로에게 약속하는 결의를 바탕으로 내일을 향하는 새 사람이 되도록 모두들 스스로 자기쇄신을 하는 수밖에 없다.

사실이지 법률적으로 정치적으로 부정의를 바로잡는 일도 이런 도덕적 의식의 전환이 없이 그저 외적 강제에 수동적으로 끌려가는 방식으로만 이루어진다면, 바로잡는 편에 서는 사람도 그 반대편에 서는 사람도 참된 의미에서 변혁을 통한 새로운 공동체의 건설에 참여하는 일은 어려울 것이다. 그저 직책을 맡았던 사람이 갑에서 을로 바뀌는 그런 교체에 불과하다면, 새로운 풍토와 새로운 질서의 도래를 기대하기 어려울 것이다.

우리는 이제 어떤 행위를 법률적 규정이나 관행에 합치하게끔 하느냐 그렇지 않게 하느냐를 가리는 데서 한 걸음 더 우리의 내면에로 물러서야 한다. 문제는 우리의 내적 태도에 있어서의 도덕적 전환에 있다. 이런 도덕적 전환이 눈에 보이는 것이 아니고 서로 확인시켜 주고 확인받고 하는 일이 어려운 것이기 때문에, 막연하고 경우에 따라선 공허한 것으로 생각되기도 할 것이다. 그러나 바로 이러한 내면적 의식에서의 도덕적 태도의 전환이 이루어지지 않는다면, 사회적 부정의는 어떤 모습으로 언제 또 어떻게 재생산되어 나올지 모르는 것이다.

사람을 움직이는 힘에는 두 가지가 있다. 외적, 물리적 강제는 눈에 얼른 띄는 것이고 객관적으로 확인하기가 쉬운 것이어서 사람을 움직이는 가장 큰 힘으로 생각되기 쉽지만 실은 그렇지 않다. 이 힘은 사람의 내면 깊은 곳까지 이르지 못한다. 그래서 지속적으로 작용하지 못한다. 이 힘에는 또 반발하려는 반작용이 따르기 때문에 힘의 발휘가 완벽할 수도 없다.

그러나 또 다른 힘, 내적, 도덕적 승복에서 나오는 힘은 우리를 가장 깊은 곳에서부터 움직이게 한다. 눈에 띄지 않고 객관적으로 확인되지 않기에, 또 직접적이고 신속한 결과를 기대하기 어렵기에 이를 소홀히 하는 경향이 있는 것은 사실이지만, 이 힘이야말로 지속적으로 자발적으로 작용하는 것이어서, 일단 작동되기 시작하면 이 힘은 확실하게, 반작용 없이 우리를 움직인다.

자, 이제 우리는 모두 우리의 내면에로 눈을 돌릴 때다. 우리의 내면에서 도덕적 전환이 이루어지도록 먼저 고해성사부터 할 일이다. 이를 통해 나를 움직이게 하는 힘이 속 깊은 곳에서부터 참되고 바른 나의 사회적 행위를 주도하도록 해야 할 일이다. 자발적이고 능동적으로.

〈성대신문, 1992. 5.〉

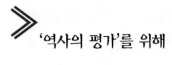

'역사의 평가'를 위해

얼마 전 우연한 기회에 알게 된 일이지만, 지금 성균관에는 책이고 서류고 간에 이른바 역사적 기록이 될 만한 물건이라곤 남아 있는 것이 하나도 없다고 한다. 정말 믿어지지 않는 일이다. 과연 이럴 수가 있나, 성균관이 어떤 곳이었는데.

조선시대 유일의 '국립대학'으로 이 나라 최고의 교육기관이자 고급관리 및 정치인의 양성소요, 더 나아가 이 나라의 정신적 이념을 창출하고 이를 견지했던 학문연구기관이 아니었던가. 한마디로 말해 조선이라는 국가의 존립과 운영에 필요한 고급 소프트웨어의 산실이 이곳 아니었던가. 그런데 이제 그 소프트웨어를 창출하고 관리했던 최상급 국가적 활동의 기록이 흔적도 없이 사라지고 없다는 것이다.

실용적 관점에서 보면 이는 별로 큰 문제가 아닐 것이다. 그러나 이것이 실용성의 문제가 아님은 조금만 더 생각해 보면 알 일이다. 성균관의 운명, 나아가 근대화 과정에서 이 민족의 정신사가 겪었던 운명이 이와 무관치 않다고 말하면 지나친 과장일까?

일제에 의해 성균관의 지위가 땅에 떨어졌음은 어쩔 수 없는 일이었다 치자. 그러나 나라를 되찾은 해방 후에는 어떠했는가? 성균관의 전통과 역사에는 눈길 한 번 돌리지 못한 채, 식민지 대학, 식민지 전문학교를 통합해 국립서울대학을 만든 것이 바로 우리가 아니었던가. 나라의 국체와 정체가 달라지고 시대가 새로이 열린 마당에 옛 성균관이 그대로 복원될 수는 물론 없는 일이었다. 그러나 정신사의 연원을 잃지 않는다는 뜻에서, 전통에서 단절된 역사의 고아가 되어선 안 된다는 뜻에서 성균관이 그 상징적 지위를 회복하는 일은 필요했었다.

국립서울대학을 만든 당대의 위정자나 식자들의 역사의식을 생각하면 차라리 조선시대 선인들에게 부끄럽기까지 하다. 사관(史官)이 없이는 왕이 누구와도 상대(相對)를 하지 못하게 하고, 선왕(先王)의 선왕(先王)이 퇴위하고 나서야 비로소 사초함(史草函)을 깨어 사초(史草)를 정리케 한 것이 조선시대 우리의 선인(先人)들의 역사의식이었다.

그런데 오늘의 우리는 어떠한가?

우여곡절의 정치적 변혁 속에서 민족사에 대한 의식이 근자에 와 차츰 회복되고 있는 것은 정말 다행스러운 일이다. 임시정부 요인들의 유해를 봉안해 온 일, 총독부 건물을 철거키로 결정한 일등은 참으로 반가운 일이다. 그런데 아직도 우리의 역사의식에는 미망이 끼어 있는 것 같다. 한편으로 역사의식의 발로인 양 역사의 평가를 말하면서도, 다른 한편으론 그것을 위해 꼭 필요한 역사적 자료를 정비함에 있어 역사의 뒤편으로 숨으려는 태도를 버리지 못하고 있는 것이 그것이다.

요즈음 전직 대통령들의 재임 중 활동에 대해 논란이 일고 있다. 단순히 그들의 정치적 공과(功過)에 머물지 않고 그들의 도덕적, 법적 정당성까지가 문제되고 있다. 한편에선 역사의 평가에 맡겨야 한다고 주장하고 다른 한편에선 당대에 판정받아야 된다고 맞서고 있는 형편이다.

역사의 평가가 권위를 갖는 것은, 그것이 시간적 거리를 취함으로써 당대의 이해관계에서 벗어나 객관적이 될 수 있고, 또 당대에는 불가능했던 예견의 적합성을 검증할 수 있기 때문이다.

그런데 이들이 가능하기 위해서는 왜곡되지 않은 사료의 보존 및 전수가 필수적이다. 우리의 후손이 우리의 행적을 역사적으로 올바르게 평가할 수 있기 위해서는 우리가 우리의 행적을 은폐, 왜곡, 말소하지 말고 있는 그대로 명백히 보이도록 물려주어야 한다. 그러기 위해 사실을 밝히는 것, 밝혀진 사실 속에 나타날 도덕적, 법적 정당성 여부에 대해 판단을 내리는 것은 필요한 일이다. 그것이 정치적 영향력이 막강했던 전임 대통령에 관계되는 일이라면 더더욱 그렇다. 잊지 말아야 할 것은 우리의 후손이 오늘의 우리의 판단까지도 역사적 평가의 대상으로 삼을 것이라는 점이다.

〈성대신문, 1992. 8.〉

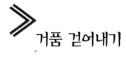

거품 걷어내기

이청준이 쓴 오래전의 중편 가운데 쥐꼬리 장사로 희비가 엇갈리는 풍자적인 내용의 작품이 하나 있다. 쥐꼬리라는 게 본래 쓸모가 있기는커녕 혐오의 대상이 되는 쓰레기만도 못한 것이건만, 어느 날 봉이 김선달 같은 사나이가 하나 나타나 이를 돈을 주고 사들이는 바람에 쥐꼬리가 값이 자꾸 뛰더니 급기야는 품귀현상에까지 이르게 되는 기이한 일이 벌어진다는 이야기로 시작되는데, 물론 소설의 말미에 가서는 쥐꼬리 투매 현상 끝에 많은 헛물켰던 사람들이 돈을 잃고 마는 것으로 사태가 반전된다.

이른바 개발 독재 시절 땅 투기 바람이 일었을 때, 이를 희화화시켜 꾸며낸 얘기다. 땅이란 농사를 짓든 그 위에 공장을 세워 제품을 생산하든 하여튼 경제활동에 활용을 해야 값어치가 있는 것이지, 그저 그대로 놓고서도 지도 위에 금긋기에 따라 하루아침에 그 값어치가 뛰어오를 수는 없는 일이다. 이 너무나도 지당한 진실을 무참히 짓밟는 논리가 있었으니, 그것이 바로 저 땅 투기라는 것이었다. 이런 작태로부터 연유하여 '거품경제'라는 말이 생겨난 지도 꽤 오래 되었다. 좀 문자를 써 표현하자면, 경제적 가치의 실질적 창출에 기여하지 못하고 그저 그것에 대한 약속이나 기대만으로 여러 가지 경제지표를 부풀려놓는 그런 현상을 일컬어 붙여진 말로 이해된다.

그런데 우리 사회를 둘러보면 이런 '거품'현상이 경제에만 있는 것이 아니다. 정치에도 사회운동에도 종교에도, 심지어는 예술이나 학문 활동에까지도 '거품 일으켜 부풀리기'가 횡행한다. 도대체 있는 그대로의 실질 가치와 그럴듯해 보이는 포장 가치의 구별조차 힘들어질 만큼 이 거품현상이 만연해 있다. 그리고 아주 현실적으로 보면 이를 조장하거나 나아가 이에 편승하여 또 다른 거품을 일으키는 것이 바로 대중매체로서의 신문 방송이다. 이미 오래전에 맥루한이라는 미디어 이론가가 '미디어가 곧 메시지'라고 갈파한 바도 있지만, 대중매체의 힘은 단순히 그의 도구적 효용성을 넘어서서 문화내용의 형성에도 실질적인 영향을 주는 막강한 것이다. 막말로 얘기해 신문에 났다는 사실 하나만으로 그 내용의 진실성이 확보되는 듯하고, 텔레비전에 등장했다는 것 하나만으로 그 인물이나 사안이 중요하고 의미 있고 가치 있는 것으로 인준받는 듯하다. 그러니 언론의 역할이 얼마나 중요한지는 되풀이해 말할 필요가 없다.

그런데 특히 금년 들어 우리나라의 정치에 관한 언론의 행태를 보면 자못 실망스럽다. 대통령 뽑는 일이 중요한 일이긴 하다. 그걸 부인하는 사람은 없을 것이다. 그러나 오늘의 언론을 보면 이건 너무 지나치다는 생각이 든다. 실제로 대통령 선거는 금년 말에나 가야 있는데, 신문 방송들은 벌써 지난봄부터 이 문제를 거의 매일같이 보도거리, 해설거리로 다루고 있으니 말이다. 그토록 오랜 기간을 대통령 선출에 매달릴 필요가 있을까? 정치인들 자신이 그러는 것은 이해가 간다. 오직 대통령이 되겠다는 일념으로 평생을 살아온 사람도 있고 직간접으로 그와 연관된 활동을 펴는 것을 자신의 정치활동의 핵심으로 여기는 정치인들도 수두룩할 것이다. 그래서 '거품정치'를 양산하는 데 앞장서는 정치인들도 많을 것이다. 하지만 정치인들이 그런다고 신문 방송마저도 그들을 뒤따라다니며 같은 모습을 보여서야 되겠는가. 그렇게 하는 것이 그 거품 양산에 얼마나 큰 증폭효과를 가져오는지 좀 생각해 봐야 할 것 아닌가. 그러니까 오히려 정치인들이 '언론 플레이'라는 걸 하는 게 아닌가. 정치인들이 이합집산을 어떻게 하고 계파를 어떻게 형성하고 세를 어떻게 부리든 그런 걸 언론에서 통 다루어주질 않는다면 어떨까? 독자의 알 권리를 박탈하는 것이라고 비난해야 할까? 그런 비난을 받아가면서라도 그렇게 하는 것이 오히려 우리의 정치를 발전시키는 데 더 도움이 되지는 않을까? 아무려면 그렇게까지야 할 수 있겠는가. 하지만 지금처럼 해서는 안 될 것 같다. 대통령 뽑기 위해 정치가 있는 게 아니라, 정치를 잘하려니까 대통령 뽑는 일도 필요하다는 교과서적인 인식을 언론도 다시 한 번 해봐야 할 때다.

대중매체란 그렇지 않아도 그 자체 거품 같은 성격을 갖는 것이어서 이에 의존하는 언론은 끊임없는 자기비판을 통해서만 사회를 비판할 수 있는 권능을 얻게 되는 것인데, 그 거품 속에 휘말려서야 누가 그의 비판의 목소리에 귀를 기울이겠는가.

〈성대신문, 1997. 10.〉

"

Ⅲ. 그래도 희망을

분화만큼의 통합

— 1990년대의 출발에 부쳐 —

　'1990년대'의 첫 해, 경오년(庚午年) 새 날이 밝았다. 10년을 한 단위로 묶어 '데커드(decade)'라 부르고 또 100년을 한 묶음으로 하여 '세기(century)'라고 이름 하는 서양식 역법(曆法)으로 표현하자면, 새해는 20세기를 마감하는 마지막 '데커드'의 첫 한 해다.

　세력(歲曆)을 헤아리는 숫자적 특징만을 들어 새해의 의미를 생각해 보자는 것은 아니다. 캘린더 위에 인위적으로 구획지어 놓은 시간의 단위가 그 자체 중요한 의미를 가진다고 볼 순 없기 때문이다.

　공교로운 것은 우리 역사에서 20세기를 마감하고 2000년대를 여는 바로 이 '1990년대'가, 그 치러내야 할 변화와 변혁의 내용을 놓고 보더라도, 중차대한 의미를 갖는다는 것이다. 2000년대는 우리가 모든 전근대적 요소를 털고 일어나 '현대사회'의 중심에 자리 잡아야 하는 실로 중요한 '새로운 사회'요, 따라서 10년 후, 서기 2000년 1월 1일 아침에 우리가 이 '세기의 전환'을 어떻게 맞게 될 것인지는 새해로 시작되는 이

1990년대를 어떻게 '살아내느냐' 하는 데 달리게 된다. 올바른 역사 감각을 갖고 역사의 흐름을 올바르게 잘 파악하는 가운데 새로운 시대를 준비한다면, 2000년대의 첫 새 아침은 우리에게 밝게 찾아오겠지만, 그렇게 하지 못한다면 2000년대의 새 아침은 우리에게 어두운 그림자를 먼저 드리울 것이다.

그렇다면, 새해로 시작되는 앞으로의 10년 동안 '새로운 시대'를 밝게 맞기 위해 우리가 치러내야 할 변화, 이룩해 내야 할 변혁이란 무엇인가? '현대사회'의 중심에 자리 잡기 위해 우리가 벗어 내던져야 할 전근대적 잔재란 무엇인가?

독일 철학자 헤겔은 일찍이, 역사의 발전이란 "자유의식에 있어서의 진보"라고 역설한 바 있다. 역사의 주체는 인간의 정신이요, 정신의 본질은 스스로가 스스로를 규정하는 자유에 있는 이상, 인간 정신이 점점 더 자유를 의식하고 또 사회적 현실 속에서 자유를 누림으로써 자신을 남김없이 발현하는 것이 역사의 진로라는 것이다. 더 넓은 자유의 영역을 지니게 되는 것이 역사의 발전이요, 자유의 영역이 축소 제한되고 또 소수의 사람에게만 허용된다면 이는 역사의 퇴보라는 말이다.

꼭 헤겔의 역사관을 고집하지 않는다 하더라도 생각하기에 따라선 자유를 인간적 삶의 최고의 이상으로 볼 수도 있다. 신체적 유한성과 사회적 제약성 때문에 완전한 자유의 획득이란 불가능하다고 보아야겠지만, 인류의 역사적 노력, 특히 근대 이후의 시민사회가 기울인 역사적 많은 노력은 전반적으로 인류의 더 큰 자유의 확보에 기울여져 온 것이라고 보아 타당할 것이다. 자유의 실현을 기준으로 해서 볼 때, 사실 전근대적 사회란 한 사람의 전제군주나 소수의 귀족집단, 또는 특정한 혈족, 신분,

계층의 사람들만이 자유를 누리고, 그 밖의 사람들은 그렇지 못했던 사회라고 볼 수 있다.

근대사회에 와서도 만인이 모두 자유를 누리기 시작했다고 보기는 어렵다. 그러나 중요한 것은 누구나가 다 자유로운 존재여야 한다는, 보편적 자유에 대한 의식이 만인에게 확산되고 있었느냐 하는 점이다. 전근대적 사회에서 자유를 누리지 못하던 사람들은 자유에 대한 의식마저 갖지 못했던 것이 사실이다. 그리고 보면 자유의 진보의 역사에 있어, 만인의 보편적 자유는 우선 그 실현에 앞서 그것의 당위성에 대한 의식이 선행되어야 하는 것이다. 사실 인간의 '보편이성'에 대한 신뢰를 바탕으로 인간의 '보편적 자유'에 대한 요구가 정당한 것으로 받아들여졌을 때, 인류의 역사는 근대적 시민사회에로 이행되었던 것이다.

자유의 실현뿐 아니라 자유의식 자체마저도 제약하던 종교적, 신분적, 종족적, 성적 차별이 철폐되고, 이를 통해 유지되던 낡은 사회질서가 합리성의 원리를 바탕으로 하는 새로운 사회질서로 대치될 때, 우리는 진정한 의미에서 근대적 시민사회의 건설을 기약할 수 있는 것이다. 돌이켜보면 우여곡절이 있긴 했으나 해방 이후 우리나라의 정치 사회적 격동도 실은 불평등한 자유를 더 이상 용납하지 않고 평등한 자유를 보편적 당위로서 요청하는 민중적 자유의식이 정착되어 온 과정이라고 할 수 있다. 1980년대에 들어와 우리는 바로 이러한 민중적 요구가 마지막으로 경제적 자유의 영역에서 분출되었던 것을 체험했던 것이다.

'누구나 평등하게' 자유를 누려야 한다는 생각을 '모두가' 갖는 단계, 이 보편적 자유의식의 단계는, 그러나, 비록 제약된 것으로서이긴 하지만 누구에게나 평등한 자유가 실제로 실현되는 보편적 자유실현의 단계

로 이행되어야 한다. 보편적 자유의식 자체가 바로 이 보편적 자유실현
을 요구하는 것이므로, 이 역사적 이행은 불가피한 것이다. 그리고 불가
피한 것이긴 하나 또한 고통스러운 노력이 없이는 불가능한 것이기도 하
다.

보편적 자유의식의 단계에서 보편적 자유실현의 단계로 옮아가야 하
는 험난한 과정 — 1990년대를 시작함에 있어 우리가 근본적으로 생각
해야 할 것은, 바로 이 과정 속에 우리가 처해 있다는 사실이다.

보편적 자유의식의 단계에서는 누구나가 각기 자신의 자립성, 사율성
을 신뢰하기만 하면 된다. 아니 이것을 확보하기에 급급하다. 그것이 곧
자아의식, 개인의식의 내용이며, 사회적 행동으로 표출될 때 그것은 개
인주의의 모습을 띠게 된다. 사회 구성원 모두가 각자 자신의 자유를 주
장하고 또 이를 확보하기 위해 노력할 때, 사회 전체는 바로 이들의 자발
성에 힘입어 활력을 갖게 되고, 이들의 개별성, 다양성으로 인해 다원화
된 모습을 띠게 된다. 저마다 다른 욕구를 저마다 다른 영역에서 저마다
다른 방식으로 충족시킬 것을 주장할 때, 이렇게 함으로써 각자 자신의
자유를 요구할 때, 우리는 거기서 사회적 분화(分化)의 모습을 보게 된
다. 다원화되고 분화된 사회가 아니고선, 사회 구성원 모두의 획일화될
수 없는 다양한 자유에의 욕구가 충족될 수 없을 것이다. 그러나 이 분화
의 사회상에서 우리는 또한 만인의 자유실현이 위협당하는 것을 보게 된
다. 각자가 그저 자신의 욕구충족만을 위해 각축한다 해도 '보이지 않는
손'이 전체적인 조화와 균형을 도모해 준다는 소박한 자유주의 이념은
오늘날 그대로 받아들여지기 어려운 것이다. 바로 여기에 요구되는 것이
사회적 통합의 노력이다.

보편적 자유의식이 일방적인 사회적 분화를 야기했다면, 보편적 자유
실현은 사회적 통합을 토대로 하는 사회적 분화 속에서만 가능하다는 것
을 알아야 한다. 보편적 자유의식을 가로막았던 종교적, 신분적, 종족적,
성적 차별의 자리에, 보편적 자유의식에서 나온 계층적, 지역적, 세대적,
이념적 대립 및 갈등이 들어선다면, 이는 보편적 자유실현을 가로막는
장애가 될 뿐이다. 사회적 분화는 사회적 통합을 동반하지 않을 때 분열
과 해체로 치달을 위험을 안게 된다. 분열되고 해체된 사회 속에서 보편
적 자유실현을 기대한다는 것은 불가능하다.

제약되긴 하지만 평등하게 제약되는 자유가 모두에게 실현될 수 있는
2000년대를 위해, 우리 앞의 이 1990년대를 맞이함에 있어 명심해야 할
것은 바로 이 점이다. 우리 사회는 이제 분화되는 그만큼 또한 통합되어
야 한다는 것이다.

〈보령, 1990. 1.〉

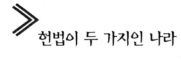

> 헌법이 두 가지인 나라

1.

흔히들 헌법이란 한 국가의 공공적 질서의 기초요 따라서 모든 국민의
사회생활을 규제하는 원리가 되는 것이라고 한다. 그렇게 본다면 우리나
라에는 그동안 헌법이 두 가지 있었다고 해야 할 것이다. 하나는 모든 국
민이 알고 있는, 법전에 실려 있는 그 헌법이고, 다른 하나는 일반 국민
들은 잘 모르는, 그러나 '알 만한 사람'은 다 잘 아는, 그러면서도 모르는
척하는, 법전에는 단 한 줄도 쓰여 있지 않지만 결정적인 순간에는 이 법
전 전체를 능가하는 힘을 갖는 그런 헌법이다. 그런데 대개의 경우, 앞의
것은 낮에 대로상에서 공식적으로 통용되고, 뒤의 것은 어둠이 내린 뒷
골목에서 음험하게 비공식적으로 힘을 행사한다. 더욱 특이한 것은, 많
은 '보통' 사람들은 저 공식적인 헌법밖에 모르고 그래서 그것에 맞춰
사느라 힘들어 하는 반면에, 금력으로 보나 권력으로 보나 더 힘세고 강
한 일부 '특수층' 사람들은 이 비공식적인 헌법에도 능숙해서 그때그때

유리한 대로 두 가지 헌법을 적절히 잘 구사한다는 것이다. 이들은 대개 다른 사람, 특히 무력한 보통 국민들에게 의무를 요구하고 자신의 권리를 주장하고자 할 때는 공식 헌법에 의거하지만, 일반 국민의 권리를 보호하고 자신들의 의무를 이행해야 할 장면에 가서는 저 비공식 헌법에로 도망간다.

자, 이 정도 말하고 나면 이 음험한 비공식적 헌법의 정체가 무엇인지 짐작이 가지 않을까? 이런 작태가 가장 심하다고 생각되는 이른바 정치인들, 특히 권력을 잡은 집권세력에 속해 있던 정치인들을 살펴보자. 이들에게 있어 행위의 준거가 되는 '비공식 헌법'은 무엇인가? 뇌물 먹고 불법행위 봐주기 또는 도와주기, 커미션 먹고 이권 챙겨주기, 이렇게 먹은 돈으로 졸개들 끌어모아 패거리 만들기, 이 패거리에 끼어 들어오고 싶어 하는 자에게서 다시 권리금 받기, 그리고 최종적으로는 제 자신 호의호식하며 탐욕적으로 살기 위해 이리저리 동산, 부동산 챙겨두기, 또 더 나아가서는 대대손손 잘살아보겠다고 자식에게까지 이를 물려주려고 꾀부리기… 이런 것들이 바로 '정치를 한다'는 그들의 행동을 이끌었던 원리가 아니었던가.

2.

김 대통령이 2년 반 전 새로 대통령에 취임하자마자 자신은 돈을 한푼도 받지 않을 테니 자기에게 돈 갖다줄 생각은 하지 말라고 공언을 했을 때, 그 공언은 암암리에, 그 당시 떠돌던, 대통령이 돈을 받아 챙겨왔다는 소문을 뒷받침해 주는 것이기도 했다. 착하고 평범한 보통 사람들은 그때도 그렇게 생각했다. 아무렴 대통령까지 돼가지고 뭐가 아쉽다고 제 자신을 위해 치부를 하겠는가. 또 대통령으로서 직책을 수행하는 데에 금전적인 결핍이 있을 수 있겠는가. 아마도 집권당을 끌어나감에 있어 비현실적인 법적 제약 때문에 절차상 불가피하게 이른바 정치자금을 조성했을 수는 있겠지만 그걸 사적으로 횡령이야 했겠는가.

그런데 요즈음 신문과 방송을 보면 이 보통 사람들의 소박한 추측은 사정없이 빗나가고 말았다. '위대한 보통 사람들의 시대'를 열겠다던 그 전임 대통령은 역시 권력의 정상에 서 있었기 때문에 그 막강한 정치권력을 행사함에 있어 자유자재로 음험한 비공식적인 헌법을 선택하기도 했던 것이다. 국정의 최고책임자가 그렇게 부도덕하고 반사회적이고 정치적으로도 역기능적인 행동을 하면서 다른 정치인들이나 공무원들에게 공익을 우선시하는 도덕적 자세를 견지하라고 촉구할 수 있었겠는가. 물론 그는 기회 있을 때마다 이를 강조했을 것이다. 그것이 정의사회 구현의 길인 것만은 확실하니까. 그러나 가까이에서 그의 그런 이중성을 감지한 사람이라면 어느 바보가 그의 말을 말 그대로 진지하게 받아들였겠는가. 그와 함께, 그를 도와, 그가 선택하는 대로 어둠의 부도덕한 헌법을 따라 움직였을 것이 너무나 분명하다. 중간 결론을 내려보건대, 권력을 가진 자들은 저 위에서부터 아래에 이르기까지, 몇몇 예외를 제외하고는 모조리, 그 권력의 크기에 비례하여 그 크기만큼, 떳떳한 공공의 헌법 배후로 숨어 들어가, 음험한 어둠의 공간을 키워갔을 것이라고 할 수 있을 것이다.

3.

작년 이맘때, 어느 날 아침 출근길에 성수대교가 무너져 내렸을 때, 나

는 나도 모르게 속으로 이렇게 되뇌고 있었다. "이래도 나라인가!" 젊은
날 헤겔은 "독일은 이제 더 이상 국가가 아니다."라고 외친 적이 있다.
여전히 300여 제후국으로 분열되어 있으면서, 이미 근대국가의 면모를
갖추기 시작한 이웃의 통일국가 프랑스의 침략으로부터 국민의 재산과
생명을 지켜주지도 못하는 조국의 현실에 대한 통탄이었다. 그러나 그것
은 지금으로부터 200년 전쯤의 이야기다. 그런데 나는 21세기를 내일
모레로 내다보는 이른바 '세계화'의 '지구시대'에 이 말을 뱉고 있었다.
"이것도 나라인가! 이래도 나라라고 할 수 있는가!" 1인당 국민소득이 곧
1만 달러를 넘어선다. 대한민국 제품이 오대양 육대주 안 가는 곳이 없고
그 교역량은 이미 세계 13위에 올라 있다. 그런 나라에서 강 위를 가로지
르는 멀쩡한 다리가 저절로 무너져 내리다니! 이건 우리 사회가 총체적
으로 볼 때 어딘가 기강이 풀렸고 어딘가 단단히 허점이 있음을 말해 주
는 것이다.

그때 사람들은 많은 진단과 점검을 했다. 건축업계의 하청방식이 지적
됐고 무엇보다도 성급히 앞질러 가려는 국가정책의 졸속성이 비판받았
다. 또, 관청의 감독 소홀 등 다른 많은 문제점들이 들추어졌다. 여러 가
지 사후대책이 논의되었고 관련되었던 사람이 책임을 추궁받아 법정에
서기도 하였다. 그러더니 지난여름에는 수입 상품을 주로 파는 호화 백
화점이 일순에 무너져 내리는 일도 일어났다. 더 많은 사람이 죽고 다치
고 실종되었다. 이번에도 사고 원인에 대한 분석이 다각도로 행해졌다.
뇌물을 매개로 한 기업가와 관료의 결탁이 파헤쳐졌고, 우리 모두의 안
전의식도 문제시되었다.

그러나 이제 생각해 보니 한 가지 더, 아주 결정적인 사고원인으로 정

치권력의 부패, 그것도 거슬러 올라가면 최고 국정책임자의 부정을 들었어야 했다. 헌법 앞에서 온 국민을 향하여 "헌법을 준수하고 국민의 생명과 재산을 보호"하겠다고 맹세한 그 대통령이 결국은 전 국민 한 사람 한 사람에게서부터 일금 만 원씩을 거둔 만큼의 돈을 음험한 곳에서 음험하게 모아 음험한 정치활동에 쓰고, 거기서 또 한 3분의 1쯤은 퇴임 후 지금까지 음험하게 숨겨 가지고 있었다니, 이것이 원천이 되어 여기서부터 흘러나온 썩은 물이 성수대교, 삼풍백화점 같은 곳을 찾아 온 나라에 흘러들고 있는 것 아닌가. 부도덕한 부정의의 헌법으로 도덕적인 정의의 헌법을 파괴시키는 일 아닌가. 어쩌다 우리는 이런 대통령을 가졌었나. 그러고 보니, "이래도 나라인가!"라는 의구와 탄식은 새삼스레 다시 나온다.

4.

그러나 생각해 볼 일이다. 이 기회에 정말 근원에서부터 전체적으로 일대 반성을 해봐야 한다. 전임 대통령의 부정 비리를 규탄하는 많은 정치인들, 그들은 과연 그의 저 국치적(國恥的) 과오를 향해 자신 있게 돌을 던질 수 있겠는가? 정치인뿐만이 아니라 공무원들, 사업가들, 법조인들, 언론인들… 이 사회에서 중추적 역할을 하는 이 모든 사람들은 그의 부정 비리에 전혀 관여한 바 없다고 발을 뺄 수 있을 것인가? 그의 과오에 간접적으로나마 우회적으로나마 일조한 바 과연 아무것도 없을까? 우리 모두에게 사회생활을 함에 있어 정의로운 대낮의 헌법 아닌 부도덕한 어둠의 헌법을 따르려는 경향은 없는 것인가? 그리고 그것이 이 나라의 정치행태를 어떤 방식으로든 왜곡시켰던 것은 아닌가?

공공적 활동이 더 많은 사람들일수록 공공사회에서 합당하고 정당한 것으로 통하는 법규나 규범을 더 많이 의식하는 것은 당연하다. 그러나 이들이 그러한 도덕적 규범이나 법규를 진정 그들의 행위를 통해 실현하는 것보다는, 다만 그런 것을 존중하고 실현시키는 사람으로 일반인들에게 비치는 데에만 마음을 쓸 뿐이라면, 그래서 그런 의롭고 도덕적인 사람으로 비치는 데 성공한다면, 여기에 바로 반사회적인 부정 비리가 자리를 잡고 움틀 수 있는 소지가 생기는 것이다. 왜냐하면 바로 그 겉치레에 성공하면 이는 곧 그 배후의 부도덕과 부정의의 세계로 잠입할 수 있는 일종의 안전장치의 역할을 한다고 생각되기 쉽기 때문이다. 공적인 사회생활에서 두 가지의 헌법을 가지고 상황에 따라 이중적으로 행동할 수 있게 된다는 말이다. 겉과 속이 다른 이 이중성, 그러면서도 속내의 실질적 행동원리는 언제나 은폐되고 표면적인 행동의 원리만이 집단적으로 다 함께 담합을 통해 공인되는 현상… 이것이 곧 저러한 부정 비리의 구조적인 병리현상이 아니겠는가.

5.

'혼란스러운 질서'의 나라. 3년째 서울생활을 하면서 한국을 어느 만큼은 알게 됐다고 자부하는 한 독일인 친구가 한국을 두고 하는 말이다. 한편으로는 약간 비아냥거리는 투로 그러면서도 다른 한편으로는 여전히 신기하다는 표정을 지으며 던지는 말이다. 혼란이면 혼란이고 질서면 질서지, 대체 어떻게 이 두 가지 말이 저렇듯 사이좋게 결합될 수 있는 걸까? 적당히 혼란스럽고 적당히 질서 잡혀 있는 어중간한 상태를 가리키는 말일까? 아니다. 그의 부연 설명에 따르면, 사정은 이보다 훨씬 더 복잡하다. 질서에서 둘째가라면 서러워할 독일인인 그의 눈으로 볼 때 한국은 일단 무질서한 혼란의 나라다. 적어도 외양에 있어서는 그렇다. 그러나 한국인들은 기묘하게도 이 혼란에 친숙해 있으면서 이 혼란을 헤쳐나가는 , 이 혼란과 대결하는 독특한 질서를 터득하고 있다는 것이 그의 관찰내용이다. 이 질서는 말하자면 무질서의 질서요 비합리적인 합리성으로서, 외국인으로선 파악하기 어려운 숨어 있는 문맥이요 특히 고지식한 독일인인 그로서는 해독하기 어려운 암호체계라는 것이다. 그로서는 터득하기 어렵지만 어떻든 한국인들은 이 질서 아닌 질서에 따라 살아가고 있으니, 한국은 그냥 혼란스러운 나라라기보다는 '혼란스러운 질서'의 나라라고 해야 온당하다는 것이다.

그저 혼란스러운 나라라거나 아니면 혼란과 질서가 뒤섞인 나라라고 하는 것이 아니라 혼란스러운 질서의 나라라고 하니, 그가 엿본 우리의 사회생활의 실상은 과연 무엇일까? 혼란스러운 것을 질서지음으로써 혼란을 없애는 것이 아니라 그것을 그대로 놓아둔 채 그것을 헤쳐 나가고 다루어 나가는 것으로 한국인의 공동체적 삶의 방식을 파악한 것은 그런대로 이해가 가는데, 그 삶의 방식에 모종의 비합리적 질서가 있다고 하는 것은 무엇인가? 대체 이 비합리적인, 질서 아닌 질서란 과연 무엇일까?

그가 감지한 것은 다른 것이 아니다. 우선 우리 사회를 지배하고 움직여 나가는 원리가 두 가지 있는데, 이 두 가지가 뒤섞여 있다는 사실이 곧 우리 사회의 혼란을 말해 주는 것이다. 다른 한편, 문제는 상황상황마다 정의의 헌법과 부정의의 헌법 가운데 어느 것을 택해야 하느냐 하는 것인데, 기묘하게도 한국인들에게는 이때 적절한 선택을 가능케 하는 어떤 감각이 갖추어져 있는 것 같다는 것이 그의 통찰인 것이다. 그러기에 전체적으로 보면 한국인들의 사회적 행동은 '혼란스러운 질서'를 보여주고 있다는 것이다.

우리는 실로 되는 일도 없고 안 되는 일도 없다는 말을 많이 듣는다. 되면 되고 안 되면 안 된다고 분명히 말하지 않고 어물거릴 때, 우리는 그 사람을 지금 움직이고 있는 것은 그 어떤 움직이지 않는 척도가 아니라 이럴 수도 있고 저럴 수도 있는 그의 임의요 자의(恣意)라는 것을 직감하게 된다. 그러면 우리는, 내게 불리하더라도 공공적 정의를 저버리지 않겠다는 확고한 자세를 견지하지 않는 이상, 그와 더불어 저 정의의 헌법과 부정의의 헌법 사이를 임의로 넘나들려 하게 된다. 한편으론, 명시적으로든 묵시적으로든 그와 입을 맞추어, 그와 함께한 행동을 은폐하든 위장하든, 적어도 겉으로는 정의의 헌법에 어긋나지 않게 행동한 것으로 합리화시켜 놓으면서.

6.

우리의 사회생활을 지배하는 헌법이 이렇게 두 가지가 있고 그것이 그때그때 뒤섞이고 있으니, 부정의가 부정의로 명백히 드러나지도 않거니와, 심지어는 부정의와 정의가 의식 속에서 구별조차 되지 않는 사람들도 많아지는 경향이다. 척도가 하나 있어 대부분의 사람들이 이 척도에 맞추어 행동할 때, 우리는 우리의 행동의 결과에 대해 예측도 할 수 있고 이에 따라 행동을 함에 있어서도 책임감을 분명히 가질 수가 있을 것이다. 그러나 이제까지 말한 것처럼 행동의 원리가 두 가지이고 또 이 두 가지가 무원칙하게 사람들의 행동 속에서 뒤섞인다면, 우리는 그들의 행동의 결과를 예측하기도 쉽지 않고 그들로 하여금 행동에 앞서 책임감을 갖게 하기도 쉽지 않게 된다. 일이 이렇게까지 되리라고 미리 조금이라도 예측할 수 있었더라면, 전임 대통령도 그런 무모한 과오를 범하려고 작정하지는 않았을 것이다. 심은 대로 거두는 게 아니라, 안 심어도 많이 거둘 수 있고 많이 심어도 전혀 거둘 수 없는 '혼란스러운 질서'에 익숙했던 것이다.

하지만 앞으로는 그럴 수 없다. 심은 대로 거둘 수밖에 없다는 원칙이, 오직 이 하나의 정의의 헌법이, 모든 국민에게, 많이 가신 사람에게나 적게 가진 사람에게나, 높은 곳에 앉은 사람에게나 낮은 곳에 앉은 사람에게나, 차별 없이 두루 통해야 한다. 그래야 국가를 대표한다는 사람이 국가를 수치스럽게 만드는 일도 없어질 것이고, 멀쩡한 건축물들이 느닷없이 무너져 내릴 만큼 사회의 기강이 내부로부터 붕괴되는 일도 없을 것이다. 죄인을 향해 돌을 던지되 그 돌이 내게도 날아올 수 있음을 알고 모든 지도자를 자처하는 사람들은 대오 각성하여 '하나의 헌법'을 세우는 일에 몸과 마음을 바칠 일이다.

〈철학과 현실, 1995〉

⟩ 우리 사회의 양도논법

논리학에 보면 양도논법(兩刀論法)이라는 추론의 형식이 있다. 그런데 이 양도논법은 그 유형도 여러 가지려니와 그 구성도 꽤 복잡하여, 형식 상으로는 결함이 없지만 실제로 이 형식을 빌려 추론을 해나가자면 내용 적으로 자칫 오류를 범하기 쉬운 논법이기도 하다. 오류를 범하기 쉬운 만큼 저질러진 오류를 찾아내기도 쉽지 않아, 예부터 많은 궤변(詭辯)이 이 양도논법으로 이루어져 있음을 본다. "날아가는 화살은 움직이지 않 는다"고 논증(?)한 제논의 궤변은 그 대표적인 예라 하겠다. 그에 따르 면, 만일 물체가 움직인다면 그것은 그것이 머물러 있는 장소에서 움직 이든지, 그것이 없는 장소에서 움직이든지 해야 한다. 그런데 물체는 그 것이 머물러 있는 장소에서는 그것이 머물러 있으니 움직일 수가 없고, 그것이 없는 장소에서는 그것이 없으니 물론 움직일 수가 없다. 그러므 로 날아가는 화살은 움직이지 않는다. 얼핏 듣기엔 그럴듯한 논변 같지 만, "물체는 그것이 있는 장소에서 없는 장소로 움직인다"는 제3의 가능성, 즉 선언지(選言肢)를 보지 못한 오류추론이다.

나는 바로 오늘 우리 사회에 이런 식의 잘못된 양도논법이 소모적인 대결을 벌이게 하고 있지 않나 자문해 본다. 양비론(兩非論)이니 양시론(兩是論)이니 하는 속수무책의 자조적 판정 아래 평행선을 달리는 많은 논쟁에 저런 오류가 감추어져 있는 것은 아닌가. 우리 사회가 보이는 혼란의 근본구조에 저와 같은 그릇된 양도논법에 의거한 궤변이 깃들어 있는 것은 아닌가.

인간의 삶이란 본래 사회적인 삶이다. 인간은 먼저 개인으로 태어나서 부차적으로 나중에 사회에 편입되는 존재가 아니다. 인간은 처음부터 사회 속에 태어나며 오히려 그 사회생활을 통해서만 개인으로 성장하는 존재다. 그렇다고 인간의 주체적 자아란 것이 사회생활의 부산물이요 무시되어도 좋은 것이란 말은 결코 아니다. 우리는 모두 개인으로서의 자신의 삶을 더 중요하고 더 직접적인 것으로 여기며 살아간다.

한마디로 말해, 인간의 삶은 언제 어디서나 개인적이며 동시에 사회적인 삶이다. 개인적인 삶과 사회적인 삶이 각기 독자적으로 있으며 서로 관계 맺는 것이 아니다. 있는 것은 오직 하나의 삶이요, 다만 그것의 '안쪽'을 일컬어 '나'로서 사는 개인적-사적 삶이라 한다면, 그 '바깥쪽'은 '우리'로서 사는 사회적-공적 삶이 되는 것이다. 진부한 말이지만, 바로 그러하기에 우리 사회가 바람직한 사회가 되어 모두가 사람답게 잘 살 수 있기 위해서는 개인의 인격적 성숙과 사회제도의 합리적 개혁이 동시에 요구되는 것이다. 개인적-사적 삶의 원리가 되는 도덕적 규범과 사회적-공적 삶의 원리가 되는 제도적 질서는 서로 뗄 수 없는 것으로 함께 추구되어야 하는 것이다.

　그런데 오늘 우리 사회에도 지도원리를 말하는 많은 '목소리'들은 이 문제에 있어 혼선을 빚고 있는 것은 아닌가. 그들은 삶의 안쪽만을 보고 '개인도덕'만을 호소하거나, 혹은 삶의 바깥쪽만을 보고 '사회공학'을 관철시키려고만 하는 것은 아닌가. 그들 가운데서도 특히 삶의 안쪽을 보살펴야 할 사람이 삶의 바깥쪽으로 뛰어나가고, 삶의 바깥쪽을 다스려야 할 사람이 삶의 안쪽에 대고 목소리를 높이고 있는 것은 아닌가.

　종교인, 교육자, 학자, 예술가들도 제도적 개혁의 필요성을 알고 이에 관심을 가져야 한다. 그러나 그들이 이 '바깥일'에 뛰어들 때에는 그에 앞서, 개개인의 건전한 도덕적 규범을 성숙시키는 그들 본래의 과제에 스스로 얼마나 충실했는지를 먼저 생각해야 한다. 정치인, 관료, 경제인, 법률가들도 국민 각자의 도덕적 성숙에 관심을 가져야 한다. 그러나 그들이 이를 탓하고 이에 호소하기 위해서는 먼저 법과 제도를 개혁하여 민주적 사회질서를 확립하는 그들 스스로의 직무에 더욱 충실해야 한다.

　개개인의 도덕적 성숙을 선도키 위해 스스로 도덕적 귀감을 보여야 할 사람이 사회적 제도의 미비를 탓함으로써 자신의 부도덕을 감추려 한다면, 이는 이중적 범죄다. 사회적 제도의 개혁에 진력해야 할 사람이 개개인의 도덕적 미숙을 탓함으로써 자신의 직무유기를 은폐하려 한다면, 이 또한 마찬가지의 이중적 범죄다.

　성자의 흉내를 내는 정치가, 정치적 투쟁에 앞장서는 성직자, 폭력에 호소하는 승려, 강의를 외면하는 교수, 교수를 꾸짖는 학생, 혁명사업에 열중하는 예술가, 일하기를 거부하는 노동자, 투자를 기피하는 기업인…

삶의 안팎을 뒤집어놓는 이들의 말과 생각을 다음과 같은 양도논법으로 일반화시킨다면 지나친 억지일까?

- 대전제
(정치인 등) 나라가 잘되려면 개개인이 도덕적으로 성숙해야 한다.
(종교인 등) 나라가 잘되려면 제도가 합리적으로 개혁되어야 한다.
- 소전제
(정치인 등) 그런데 종교인 등이 이를 위해 노력하지 않고 있다.
(종교인 등) 그런데 정치인 등이 이를 거부하고 있다.
- 결론
(정치인 등) 그러니 나라꼴이 이 모양이다.
(종교인 등) 그러니 나라꼴이 이 모양이다.

정말 우리나라는 이러나저러나 잘되기가 어렵단 말인가. 저 대전제에 "나라가 잘되려면 개개인이 도덕적으로 성숙해져야 할 뿐 아니라 사회제도도 합리적으로 개혁되어야 한다"라는 제3의 선언지(選言肢)를 놓고, 또 소전제에서도 각기 그 주장을 스스로에게 돌릴 수는 없을까? 그리하여 저 양도논법을 이렇게 바로잡을 수는 없을까?

- 대전제
(정치인 및 종교인 등 함께) 나라가 잘되려면 개개인의 도덕적 성숙과 사회제도의 합리적 개혁이 함께 이루어져야 한다.

- 소전제

(정치인 등) 그런데 나는 사회제도의 개혁을 위해 노력한다.

(종교인 등) 그런데 나는 개개인의 도덕적 성숙을 위해 노력한다.

- 결론

(정치인 및 종교인 등 함께) 그러니 우리나라는 잘될 것이다.

자, 우리는 앞으로도 "날아가는 화살은 움직이지 않는다"고 강변하고 있을 것인가, 아니면 "그러니 나라꼴이 이 모양"이라는 자조(自嘲) 대신 "그러니 우리나라는 잘될 것"이라는 희망을 품을 것인가.

〈한국논단, 1990. 7.〉

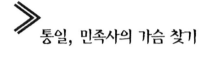

통일, 민족사의 가슴 찾기

가분적(可分的) 가치와 불가분적(不可分的) 가치

세상에는 가분적 가치가 있고 불가분적 가치가 있다. 대개 물질적 가치는 가분적이고 정신적 가치는 불가분적이다. 한 개의 떡은 둘로 나눈다 해도 떡으로서의 가치가 줄어들거나 없어지거나 하지 않는다. 떡 한개가 100원이라면 그것을 둘로 나눈 반쪽들은 각각 50원어치가 될 것이다. 물질적 가치란 이렇게 분할 가능한 것이다.

그러나 정신적 가치의 경우엔 그렇지가 않다. 한 폭의 명화는 오직 온전한 한 폭으로서만 예술적 가치를 갖지, 두세 쪽으로 잘리고 나면 그 가치는 없어지고 만다. 그 명화를 두 쪽으로 잘라 나누었다고 해보자. 그 반쪽을 본래 명화 값의 반값을 주고 살 사람이 있겠는가.

그런데 분할이 가능한 물질적 가치는 공유가 불가능한데 분할이 불가능한 정신적 가치는 공유가 가능하다. 한 개의 떡을 네가 먹든지 내가 먹든지 할 수 있을 뿐이지 우리 둘이 동시에 함께 먹을 수는 없다. 둘이 함께 먹겠거든 그 떡을 둘로 나누어야 한다.

물질적 가치의 향유는 이렇듯 배타적이고, 따라서 이를 추구하는 우리의 노력은 자연히 경쟁적이게 된다. 그러나 정신적 가치는 여럿이 얼마든지 공유할 수가 있다. 배타적인 것이 아니라 상호 수용적인 것이다. 한 폭의 명화는 미술관에 걸어놓으면 얼마든지 많은 사람이 감상할 수 있다. 감상하는 사람이 많아진다고 해서 그 예술적 가치가 닳아 없어지는 것이 아니다. 오히려 그 가치가 그만큼 더 많이 실현되는 것이라 할 수 있다.

그리고 내가 그 명화의 예술적 가치를 향유하기 위해선 나의 심미안을 기르면 되는 것이지 다른 사람이 그것을 감상할 수 없도록 막아서 되는 일이 아니다. 예술적 가치의 향유는 경쟁적이지 않다.

철학적으로 심오한 가치론을 펼쳐보겠다는 것이 아니다. 가분적 가치만을 갖는 물질적 사물과 불가분적 가치를 갖는 유기적 생명체를 구별해보자는 것이다. 한 폭의 명화도 물론 분할 가능한 물질적 사물로 이루어져 있음은 사실이다. 그러나 우리가 그것을 단순히 종이나 천 위에 물감이 얹힌 사물로만 보는 한, 그것은 미적(美的) 가치를 갖는 그림이 아니다. 우리가 그것을 예술작품으로 보는 것은 그 사물이 자아내는 생명성을 거기서 발견하기 때문이며, 그것이 살아 움직이는 생물은 아니라 하더라도, 적어도 그 부분과 전체의 유기적 관계를 보지 않는다면 그것은 예술작품이 될 수 없는 것이다.

유기적 생명체란 온전히 하나의 전체로서만 존립하는 것이요, 그 각 부분들도 오직 이 전체 속에서만 그 의미를 갖는 것이다. 한 폭의 그림이 두 쪽으로 나누어져서는 그 반쪽들마저 아무런 가치도 갖지 못함은 바로 이런 이유에서다.

모든 생명체가 불가분적 가치를 갖는 존재임을 우리는 너무나 자명한 것으로 알고 있다. 생명이 고귀한 이유는 그것이 분할될 수 없고 대체될 수 없는 유일무이(唯一無二)한 일회적인 존재이기 때문이다.

민족국가의 유기적 통일성

우리는 각기 개인으로서 살아가고 있는 것도 사실이지만, 동시에 항상 직간접적으로 공동체의 다른 구성원과 관계를 맺고 살아가고 있으니, 이것이 곧 사회적 존재로서의 인간의 모습이다. 개인의 사회성은 여기서 멈추는 것이 아니다. 개인이라는 것도 따지고 보면 바로 사회공동체적 삶, 그 속에서 형성된 것이다. 공동체적 삶의 세계를 떠나 개인이 개인으로서 완성될 만한 독자적 영역이라는 것은 있을 수가 없다.

그러고 보면 개인이 먼저 있고 이 개인들을 구성원으로 하여 사회공동체가 형성되는 것이 아니라, 사회공동체가 먼저 있고 그 속에서 각 개인도 태어나고 또 하나의 단독적이고 주체적인 인격체로 성장한다고 보는 것이 더 타당할 것이다. 사실 언제 어떤 방식으로 사회공동체가 형성되었는지, 그것을 시간적으로 추적해 따져나간다면 우리는 끝내는 오리무중에 빠질 것이다. 다만 확실한 것은 우리가 이미 역사 속에 살고 있다는 것이요, 이 역사세계에서 우리의 삶은 이미 태어나면서부터 본질적으로 사회적이라는 사실이다.

자, 이러한 사회공동체가 유기적 생명을 갖는 전체성의 존재인지, 아니면 그저 개인이라는 부분들로 분할되어 버리고 말아도 좋은 물질적 사물의 성격을 갖는 존재인지, 이에 답하기는 이제 어렵지 않을 것이다. 사회공동체는 하나의 생명을 갖는 유기적 존재다. 그리고 그것이 민족국가의 형태를 갖출 때 그 유기체적 생명성은 더욱 강하다. 구체적인 생물학적 연관, 즉 혈연이라는 연관이 이 사회공동체의 토대를 이루고 있기 때문이다.

그런데 우리나라처럼 민족국가로서의 성격이 뚜렷한 나라도 드물 것이다. 우리에게는 국가라는 말과 민족이라는 말이 거의 동의어로 들릴 만큼, 그 외연(外延)이 합치한다. 다민족(多民族) 일국가(一國家)나 일민족(一民族) 다국가(多國家)의 경우에서와는 달리, 우리나라에선 국민 각자가 법적인 국가의 성원으로서 자신을 인식하는 것과 인종적, 종족적 성원으로서의 자신을 인식하는 것이 전혀 별개의 것이 아니다. '한국인'이라고 하면 그것은 곧 한민족의 한 후예라는 의미도 되고 한국이라는 국가의 국적을 지닌 성원이라는 의미도 되는 것이다. 우리나라와 같은 민족국가야말로 가장 원초적인 유기적 생명성을 갖는 사회공동체요, 이러한 유기적 통일성을 갖는 것은 존재의 원리상 당연한 것이다.

통일성이란 무엇인가? 그것은 획일성과는 다른 것이다. 획일성이란 전체를 이루는 부분들이 모두 같은 모양, 같은 성격의 것일 때, 즉 동일한 것일 때, 그 전체가 갖는 자기동일성이다. 얼핏 보기에는 획일성이 갖는 이때의 이 자기동일성이 더 강하고 견고한 듯이 보인다. 그러나 이러한 자기동일성을 갖는 획일적 전체는 유연성이 없고 지속력이 없어 깨어지기 쉬운 것이다.

이에 반해, 부분들이 서로 달라 다양함에도 불구하고 그 다양한 것들이 서로 어울리고 길항(拮抗)작용을 하는 가운데 전체가 자기동일성을 유지하는, 이 다양성 속의 통일성이야말로 유연성과 지속성을 갖는 더 차원 높은 자기동일성의 형태다.

민족국가라는 사회공동체는 바로 이런 것이다. 민족이라는 생물학적 토대 위에 세워진 국가공동체인 만큼, 그 유기적 통일성은 그 어떤 유형의 다른 국가공동체에서보다도 더 유연하고 지속적으로 역사세계를 이끌어가는 원동력으로 작용하는 것이다.

통일, 민족사의 가슴 찾기

역사의 주체는 사회공동체가 갖는 공동정신이다. 영웅과 같은 역사적 개인이 없는 것은 아니지만, 역사적 개인이 역사적 활동을 하는 것도 사회공동체의 성원 대다수가 공유하는 가치관, 세계관 그리고 이를 실현하려는 공동의 의지 등에 힘입어 가능한 것이다.

역사를 주도하고 움직여가는 이 정신적 실체에 철학자들은 '객관정신'이라는 이름을 붙여주기도 한다. 이 객관정신이야말로 사회공동체가 갖는 유기적 통일성의 중심이자 주체다. 이 객관정신은 한 시대를 주도한다는 뜻에서 '시대정신'이기도 하고, 한 민족의 역사를 끌어간다는 뜻에서 '민족정신'이기도 하다. 여러 민족들 간의 갈등과 협력이 결국 하나의 세계라는 보편적 사회공동체를 형성해 낸다고 낙관한다면, 우리는 하나의 보편적인 '세계정신'에 대해서도 말할 수 있을 것이다.

하나의 세계국가가 갖는 보편적인 인류사를 우리는 아직도 우리가 보아온 역사적 현실 속에서 찾지 못한다. 그러나 한 민족에 민족정신이라는 것이 있어 그것이 그 민족의 사회공동체가 갖는 통일성의 주체로서 그 민족사를 움직여나간다는 것을 부인하기는 어려울 것이다. 우리 한민족의 역사는 단순히 몇몇 정치적 지도자의 주도로 이어져온 과정이 아니요, 어느 개개인들로 환원시킬 수 없는 민족의 '얼'이 주관해 온 것이라고 봄이 타당할 것이다.

이 얼은 단순한 감정과 정서의 복합만이 아니다. 그렇다고 이 얼은 이지적 사유의 기능만을 갖는 것도 아니다. 오히려 이 얼은 감정과 이성을 하나로 묶어 그것에 힘을 부여하는 의지적 실체다. 굳이 비유적으로 말하자면, 이 민족의 얼은 민족의 머리에 있는 것도 아니고 민족의 팔다리에 있는 것도 아니다. 이 얼은 민족의 머리와 팔다리를 함께 묶어 유기적 통일성을 이룩해 생명을 낳게 해주는 민족의 가슴에 있다.

반세기 가까이 분단되어 있는 한국이라는 민족국가는 바로 이 민족사의 가슴이 이지러져 있는 것이다. 이 민족국가의 통일은 이 민족사의 '가슴'을 복원시키는 일이다. 단순한 혈족적 감정의 한을 풀기 위함도 아니요, 단순한 경제적 유익을 도모하기 위함도 아닌 것이 우리의 통일과제다.

통일은 민족의 역사를 그 이지러진 상태에서 온전한 모습으로 복원하는 일이다. 민족은 유기적 통일체다. 그것은 분할될 수 없는 가치다. 이 민족에 그의 역사의 주체가 될 '가슴'을 온전히 복원시키는 일은 원리상 당연한 것이요, 그렇기에 반드시 실현되고 말 일이다.

〈통일, 1997. 7.〉

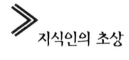

지식인의 초상

양면으로부터의 공격

이 땅의 지식인들은 대체 무엇을 하고 있는가? 지식인들이란 본래 뭣 하는 자들인가? 오늘 우리 사회에선 이러한 힐문이 이른바 '지식인'을 향해 끊임없이 던져지고 있다. 그런데 좀 주의 깊게 들어보면, 이러한 힐문은 실망과 비난이 담겼다는 점에서는 같지만 실은 서로 대립되는 두 입장 또는 진영에서, 서로 반대되는 방향으로 던져지고 있음을 알 수 있다.

그 한 목소리는 현실의 부정과 개혁에 참여하라는 촉구의 외침이요, 다른 한 목소리는 현실의 긍정과 그 유지에 참여하라는 요망의 외침이다. 둘 다 지식인의 실천을 요청하는 외침이지만, 그 내용과 방향은 이렇게 다른 것이다.

후자가 정치 경제적인 주도권을 갖고 오늘의 우리 사회를 현실적으로 끌어가고 있는, 그래서 그것을 통해 사회적인 권익을 스스로 확보하고 있는 진영의 주장이라면, 전자는 이 주도적 세력으로부터 소외된, 그래서 사회적 권익을 보장받지 못하고 있다고 생각하는 진영의 주장이라 하겠다.

오늘 우리 사회에선 실제로 전자의 외침이 더 큰 소리로 들려오고 있다. 그리고 이 사실은 우리 사회의 불균형을 말해 주는 것으로, 나아가 이 불균형의 교정 작업에 지식인이 더 진력해야 마땅하다는 요청을 정당화시켜 주는 근거가 되기도 한다. 아무튼 이 양면으로부터의 힐난과 공격에서 우리는 역설적으로 지식인의 존재의의가 강한 현실적인 인준을 얻고 있다는 사실을 확인할 수 있다. 왜냐하면 저 힐난의 배후에는 어느 진영이든 실은 지식인의 지지를 얻고자 하는 강한 욕구가 숨어 있다고 생각되기 때문이다.

지식인의 평결(評決)을 영향력 있는 것으로 생각하여, 그것이 자기 진영에 유리하게끔 내려지기를 원한다는 것이다. 어느 사회든 지식인이 주목되는 것은 바로 이러한 맥락에서인데 우리 사회에선 저 두 진영의 대립이 유달리 심각하기 때문에, 지식인에 대한 그들의 자세 또한 그만큼 더 지식인의 의미가 역설적으로 드러나는 것이다. 사실, 지식인에 대한 양편으로부터의 비난은 지식인이 그 역할을 잘 수행하고 있는지 그 여부와 상관없이 지식인이 감수해야 할 비난이라 생각된다. 왜냐하면 그러한 비난은 지식인 자체에 대한 비판이라기보다도 대립적 두 진영이 펼치는 상호 공격의 산물로 여겨지기 때문이다. 하여튼 지식인에 대한 억압도, 지식인에 대한 매도도 모두 지식인의 지지를 얻는 데 실패한 데서 오는 반작용이라 볼 수 있을 것이다.

지식인의 길, 지식인의 짐

그렇다면 지식인이란 어떤 존재인가? 그는 과연 어떤 존재이기에 이 사회의 현실적인 '힘'들이 실제로는 냉대하고 비난하면서도, 그 이면으로는 '힘없는' 그의 평결을 중시하고 그의 지지를 구하려 한단 말인가? 이 물음을 놓고 우리는 오늘 우리 사회에 있는 지식인들을 구체적으로 문제 삼으려 하지는 않는다. 첫째는 오늘의 지식인들이 그 본래의 사명을 다하고 있다고 생각되지 않기 때문이고, 둘째는 누가 지식인인지 그것을 가름하는 기준이 현실 속에서 찾아지기 어렵기 때문이다. 지식인을 특정의 현실적인 집단이나 계층 또는 직업에 속하는 사람으로 고정화시킬 수는 없는 일이다.

우리는 오히려, 참된 지식인이라면 마땅히 이래야 되겠다는 우리의 요청을 분명히 함으로써 이 문제에 답하고자 한다. 이런 뜻에서 '지식인'이란 사실 개념이 아니라 요청 개념이다. 그럼, 지식인이란 어떤 존재이어야 하겠는가?

'지식인'이란 지식을 가진 사람이다. 그러나, 이때 '지식'을 '전문적인 지식'으로 이해하든, '특정한 전문지식'으로 이해하든, 아니 '광범한 지식'으로 이해하든, 지식인이 어떤 존재인지 이로써만은 드러나지 않는다. 어떤 전문지식을 얼마만큼이나 가져야 '지식인'이 된다고 할 수 있겠는가. 자동차 공학에 관한 전문지식을 가졌다 해서 정비사가 (1급이든 2급이든) '지식인'이 될 수 없듯이, 형사소송에 관한 해박한 지식을 가진 형사가 (그가 경사든 경정이든) 바로 그 지식 때문에 '지식인'이 되긴 어렵다. '지식인'이란 사실적 지식의 유무나 그 양에 의해 그 여부가 판정될 수 있는 것이 아니다.

사람들은 흔히 대학교수, 언론인, 법조인, 성직자 등을 '지식인'이라 생각하는데, 이는 저들이 일반인보다 깊고 넓은 전문지식도 가졌지만 그 것 외에 어떤 다른 지성적 능력 내지 특성을 갖고 있다고 믿기 때문이다. 그렇다면 그것은 무엇인가?

우리는 지식인을 지식인이게끔 해주는 그 지성적 특성을 다음의 네 가 지에서 찾아보고자 한다.

그 첫째가 자유정신이다. 지식인은 자유인이어야 한다. 지성적 활동은 그것이 자유로운 때에만 성과를 가져온다. 자유가 박탈되거나 제한된 억 압상태에선 사유활동이 생명을 잃기 때문이다. 지식인은 외부적인 억압 이나 제약으로부터 자유로울 때 참된 지식인이 될 수 있는 기본여건을 확보한다. 지식인의 자유정신은 물론 책임을 외면하지 않는다. 자유로운 지식인은 자유라는 바로 그 이유 때문에 자신의 지성적 활동에 대해 전 적으로 그리고 혼자서 그 책임을 진다. 이것이 곧 자유인의 고독이다. 고 독한 책임이라는 부담을 무릅쓰면서도 지식인이 자유의 길을 가려 함은 그것이 지성적 사유활동을 가능케 하는 제1의 전제이기 때문이다.

둘째는 비판정신이다. 자유로운 지성이 찾는 것은 사물의 참모습이다. 아집과 독단과 욕망에 의해 굴절되지 않은, 있는 그대로의 참모습을 인 간과 세계 속에서 찾으려는 것이 지성의 본성이다. 그 본래적인 모습을 알게 된 지성은 현실 속에서 왜곡된 비본래적인 인간과 세계를 그 비본 래성에 있어 인식한다. 그래서 비본래적인 허위를 본래적인 진상에 비추 어 구별해 냄은 자유로운 지성이 하게 되는 당연한 일이거니와 비판이란 바로 이에 다름 아니다.

그런데 욕망의 체계로 이루어진 사회적 현실에 대한 지식인의 비판은 불가피하게 적대세력을 만나게 된다. 사회 속의 다양한 실제적 권익들은 세계의 본래적인 모습에 좇아 질서지어져 있지 않다. 그것이 인간의 현실이다. 따라서 누군가는 비판의 대상이 되게 마련이다. 비판을 받아들임으로써 자신의 권익의 기초가 부정된다면, 그것이 비록 비본래적인 기초였다 하더라도 그 비판을 배척할 것이다. 아니 그 기초가 정당치 못한 경우일수록 그 배척은 더욱 완강할 것이다. 지식인의 현실비판이 어떤 부담을 안게 될지는 이로써 명맥하다. 자유로운 지성이 안은 '고독'의 부담은 내면적으로 승화될 수 있는 것이지만 비판적인 지성이 안은 이 '투쟁'의 부담은 반드시 희생을 치러야 하는 것이다.

셋째는 창의정신이다. 비판하는 정신은 현실의 비본래적 허위를 인식함에 멈추지 않는다. 비판정신은 인간과 세계의 본래적인 참모습을 회복할 길을 모색하게 한다. 그 길은 물론 이제까지의 현실 속에서 발견될 수 없는 것이다. 이제까지의 현실에 비추어 볼 때 전혀 새로운 어떤 길을 밝힘으로써 현실이 그 본래의 모습에로 가까이 갈 수 있도록 함이 곧 지성의 창의적 활동이다. 인간사회에 있어 창의란 무에서 유를 창조해 내는 길의 발견이 아니라, 사회현실이 마땅히 그래야 할 본래의 모습을 되찾게 해주는 길의 발견이다.

창의적인 지성은 '불안'을 그 담보로서 회피할 수가 없다. 창의에 의해 열린 새로운 길은 바로 새로운 길이기 때문에 앞에 올 것을 보장해 주지 못한다는 모험의 불확실성을 갖게 된다. 그리고 이 '불안'은 창의적 지식인의 사회에 대한 책임이라는 부담으로 그에게 다가온다.

마지막으로 윤리성이다. 이 윤리성은 지식인의 지식인다움에 있어 앞의 세 특성을 완결시키는 계기라고 보아야 할 최고의 특성이다. 인간과 세계의 참모습을 파악코자 하는 지적 탐구 자체도 어떤 의미에서는 이미 윤리적인 의미를 갖는다고 하겠다. 그러나 지식인의 적극적인 윤리성은 자신의 지적 활동을 사회성원 모두의 삶에 연관시키고 이를 통해 더 나은 삶의 실현에 기여하려는 실천적 지성에 있다. '있는' 사실에 대한 지식을 갖는 데 그치지 않고 '마땅히 있어야 할' 인간과 세계의 참모습에 대해 통찰을 갖고 있으며, 그 가치와 당위, 사회적 지평에서 말하자면 공동선의 실현을 위해 지성적으로 노력하는 실천적 의지를 가진 사람이 바로 참된 지식인이라는 것이다. 이 점이 결여된다면 박사학위를 몇 개씩 갖고 있는 대학교수라도 '지식인'이라 부를 수 없을 것이다.

우리 사회의 정치적인 세력들이 역설적으로나마 지식인의 존재의의를 진정 인준하고 그 지지를 요망하고 있다면, 이는 곧 지식인의 윤리성에 대한 국민의 기대를 고려한 때문이라고 생각된다.

지식인이 설 자리

지식인은 마땅히 있어야 할 본래적 세계, 즉 실현되어야 할 가치 내지 공동선을 통찰하고 이의 실현을 위해 지적 노력을 기울이는 사람이라 했다. 그런데 문제는 이 본래적 세계, 가치, 공동선이 자연처럼 인간의 삶과 무관하게 독자적으로 존립하는 '사실'이 아니라는 점에 있다. 그것은 기성제품으로서 그저 발견되는 것이 아니라 인간의 삶 속에서 사회적, 역사적으로 형성되어 나가는 '가치'다. 따라서 여기엔 절대적 확실성도 영원한 불변성도 없다.

바로 이 때문에 우리는 보편적인 윤리적 가치로서의 공동선과 특정의 계층이나 집단의 권익을 대변하는 이념을 구분해 내야 하는 어려운 문제를 갖는다. 복잡다기한 사회적 욕구들의 충돌과 대립 속에서 하나의 공동선을 수립해 내기란 쉬운 일이 아니다. 대립적 양상이 극단화, 양극화되려는 경향을 보이는 우리의 현실에 있어선 그 어려움이 그만큼 더할 것이다. 그러나 최후까지 이 윤리적 지향을 포기하지 않는 것이 지식인이다.

불편부당(不偏不黨)하게 그저 산술적 중간치를 찾음으로써만은 저 공동선의 수립에 실패한다는 또 다른 사실이 지식인의 처지를 더욱 어렵게 만든다. 국민의 절대다수가 합의한 공동의 이념이 그 국민 모두에게 비극적 운명을 안겨다주는 수가 있기 때문이다. 히틀러를 구심점으로 하는 나치 치하의 독일인이 한 몸짓으로 추구했던 '독일정신의 승리'라는 공동선은 실은 공동악(共同惡)이었던 것이다.

바로 여기서 우리는 지식인의 윤리성이 사회의식만으로는 수행되기 어렵다는 사실을 본다. 사회의식과 더불어 함께 요구되는 것이 역사의식이다. 사회의식을 사회적 삶의 현재적 구조에 대한 의식이라 한다면, 역사의식이란 그것의 시간적 흐름에 대한 의식이라 하겠다.

과거는 지나갔고 미래는 아직 오지 않았지만, 전수(傳受)와 예기(豫期)를 통해 이들이 각기 현재 속에 생생히 살아 있을 때 역사는 성립한다. 한 사회의 현실을 그 과거와 미래의 연계 속에서 바라보려는 역사의식을 가질 때 그 사회 속에 깃들어 숨쉬는 '민족의 얼', '시대의 얼'이 파악될 수 있다. 그리고 바로 이 '얼'에 비추어 봄으로써 한 시대의 사회성원이 합의하는 공동선이 과연 역사적 오류를 범하지 않는 진정한 보편가치가 될 수 있을 것인지를 확인할 수 있다. 루소의 '일반의지'나 헤겔의 '객관정신'이 모두 공동체의 역사적 주체인 이 '얼'에 다름 아닐 것이다. 지식인은 바로 이 '얼'의 인식을 통해 역사의 파수꾼이 되어야 한다.

어느 특정 계층이나 진영의 권익을 옹호하는 이념이 공동선의 자리를 찬탈하려 할 때, 지식인은 그 진영의 위협을 무릅쓰고서라도 소리 높여 이를 경고해야 한다. 왜냐하면 그런 일은 결국 사회의 통일성을 파괴하여 멸망의 길로 접어드는 것이기 때문이다. 어느 한 계층이나 진영의 권익과 야합함으로써 경보기능이 제거된 지식인이 있다면, 그런 사람이 곧 반윤리적인 사이비 지식인이다.

한 사회의 현실적 요청 전체가 '시대의 얼'이 제시하는 길에서 벗어난다고 생각될 때, 지식인은 또한 사회 전체로부터 소외되는 희생을 무릅쓰면서라도 예언자적 경고를 발해야 한다. '국민', '민족'의 이름 아래 하나의 이념이 전횡적으로 지배적인 힘을 가질 때, 흔히 이는 '시대의 얼'에 역행하는 파멸의 길이 되었음을 우리는 역사를 통해 드물지 않게 알고 있기 때문이다.

참다운 지식인은 이렇듯 공동체의 얼에 부합하는 공동선이라는 이상을 대변하고 수호하는 파수꾼이다. 그래서 그는 현실사회에서 특정의 계층이나 진영에 속할 수 없으며, 또 그들의 권익을 대변하는 이념에 동조할 수도 없다. 그가 살고 있는 현실이 공동선이라는 이상에서 멀면 멀수록, 그리하여 공동선이 수립되지 않은 채 현실 속에서의 대립이 심각하면 심각할수록 현실 속에서 그가 설 자리는 없다.

어느 쪽으로부터도 그는 경원시되거나 소외된다. 그럴수록 물론 그의 사명은 무거워지지만, 이런 뜻에서 지식인은 '동네북'이다. 그는 누구에게나 두들겨 맞게 돼 있다. 그러나 그가 두들겨 맞고 북소리를 울릴 때 사회는 그것을 경보로 삼을 수 있다. 이것이 곧 지식인의 역할이다. 지식인은 이렇듯 그의 사명을 충실히 수행하여 불행해져야 하는 비극적 존재다.

　지식인이 행복해졌을 때, 그리하여 두들겨도 두들겨도 북소리가 울리지 않을 때, 그 사회는 아직은 거친 숨소리가 드높다 해도 곧 숨을 거둘 사회다. 경보장치가 작동되는 우리 사회는 따라서 희망 있는 사회다.

〈덕성여대신문, 1987. 2.〉

하수도 정비의 도덕

    도덕이 땅에 떨어졌다고, 특히 성도덕이 문란해졌다고 모두들 개탄한다. 만삭이 된 여중학생이 교실에서 출산을 하게 되고, 동네 청소년들한테서 여러 차례 윤간을 당하던 끝에 어린 소녀가 뒷산에 올라가 스스로 목숨을 끊는 판국이 되었으니, 열 명의 선지자가 나와 땅을 치고 통곡을 한들, 그게 어디 과한 일이겠는가. 우리 모두 통탄 끝에 말을 잃고 분노 끝에 넋을 잃을 지경이다.

    그러나 생각해 볼 일이다. 저 청소년들은 우리가 사는 세상과는 전혀 다른 딴 세상에서 온 사람들일까? 그토록 부도덕한 저들의 행동은 우리네 보통 사람의 삶의 논리와는 과연 아무 상관도 없는 것일까? 우리가 대부분 찬동하고 따라가는 삶의 방식이 바로 저들의 저런 행동을 불러오기 쉬운 그런 위험 요소를 내부에 갖고 있는 것은 아닌가? 아니, 여건만 조금 악화되면 바로 우리의 삶의 방식에서 저런 행동이 나올 수도 있는 것은 혹 아닐까? 개인의 도덕적 책임을 막연히 익명적인 전체 사회에 돌림으로써 현실을 외면하거나 호도(糊塗)하려는 발상에서 꺼내는 말이 아니다. 오히려, 개인에게 혹독하게 책임을 물을 수 있기 위해서는 개인이 책임져야 할 부분을 명료히 해야 하며, 또 개인의 책임 영역을 명료히 할 수 있기 위해서는 개인이 몸담고 살고 있는 사회생활의 기본 틀과 여건을 검토해야 한다는 생각을 할 뿐이다.

우리가 모두 지당한 것으로 받아들이는 자본주의와 자유주의라는 것은 어떤 원리인가? 이 원리들은 깊이 들여다보면 실은 인간을 썩 훌륭한 도덕적 존재로 보고 출발하는 것들이 아니다. 인간은 기본적으로 신체적 욕구와 이로부터 당연히 연장되어 나오는 물질적 욕구를 갖는 존재요 그 욕구는 많이 충족될수록 좋다고 생각하는 것이 자본주의요, 인간이 그 욕구를 충족시킴에 있어 기본적으로 다른 사람으로부터 방해받지 않고 자유로워야 한다는 것이 자유주의 아닌가. 사실 우리 모두 보통은 이렇게 생각하며 살고 있지 않은가. 산업화를 통해 풍요로운 생활을 영위하게 된 것도, 민주화를 통해 억압받지 않는 자유로운 생활을 누리게 된 것도, 우리 모두가 이러한 믿음을 갖고 이를 각자의 삶 가운데서 크게 작게 구현시킨 결과가 아닌가.

오늘 우리가 개탄하는 도덕적 타락은 어디에서 연유하는가? 근본적으로 신체적, 물질적 욕구를 자유롭게 충족시키려 하는 데서부터 유래하는 것 아닌가. 그렇다면, 아이러니하게도 도덕적 타락의 근원은 우리 사회의 발전의 근원과 다를 것이 없지 않은가. 그렇다. 사실이 그러하다. 우리 사회를 근대화시켜 우리를 풍요롭고 자유롭게 해준 공동체적 삶의 원리 바로 그것이 보이지 않는 곳에서, 아니 우리가 굳이 보려고 애쓰지 않은 곳에서, 우리를, 좀 더 정확히 말하자면, 우리들 중 좀 허약한 사람들을 무너져 내리게 했던 것이다. 우리는 자본주의와 자유주의의 이념이 우리에게 약속해 주는 멋진 신세계만을 올려다보며 매진해 왔지, 그것이 동시에 우리에게 가져다줄 추악한 지하세계를 미쳐 돌아보지 못했던 것이다.

도덕이 바뀌어야 한다. 타락한 청소년들을 타락치 않은 것으로 볼 새로운 도덕적 규범을 만들자는 어불성설(語不成說)의 궤변을 말하는 것이 아니다. 도덕적 태도가 바뀌어야 한다는 것이다. 우리의 도덕적 관심이 그 눈길을 바꾸어야 한다는 말이다. 화려하고 멋진 삶의 이념을 제시해 주기에 앞서 그것이 실현되어야 할 삶의 현장에 바로 그것의 독소로 인해 스며 나오는 삶의 오수(汚水)에 이제 도덕은 눈길을 주어야 한다. 이 오수를 하수관로를 통해 잘 빼내지 않으면, 그래서 그 고인 오수가 그 독성에 약한 청소년의 삶을 오염시킨다면, 결국 화려한 삶의 이념도 공염불이 되고 말 것이다. 풍요와 자유는 어디에선가는 우리에게 그 대가를 요구한다. 청소년들의 도덕적 타락으로 그 대가를 치르지 않으려거든, 우리는 그 대가를 치를 다른 방도를 서둘러 찾아내야 한다. 대대적으로 정화(淨化)장치를 설비하고, 하수도를 크게 확충 정비하는 데에 자금과 노력을 아끼지 말아야 한다. 도덕을 말하는 사람들은 무엇보다도, 더 이상 이 냄새나는 추악한 지하를 외면하지 말고, 아니 이 속에 몸소 팔을 걷고 들어가, 이 하수 처리 설비가 튼튼하고도 넉넉하게 잘 갖추어지도록 공사에 앞장서야 할 것이다.

환경문제가 대대적으로 지대한 관심거리가 되는 가운데, 생활하수와 쓰레기의 처리가 곳곳에서 큰 문제가 되고 있음을 우리는 잘 알고 있다. 그러나 눈에 보이는 하수나 쓰레기만이 문제가 아니라, 사실 더 큰 문제는 이 눈에 보이지 않는 하수와 쓰레기에 있다는 것을 알아야 한다. 공동체적 삶의 이념적 청사진만을 보고 거기에 뒤따를 정신적, 도덕적 타락을 보지 못한다면, 이는 하수도 없이 상수도만으로 도시를 건설하려는 것과 다를 바 없는 것이다. 생활하수는 생기게 마련이다. 하수도가 없으면 그 하수는 어떤 경로로든 마침내는 상수도를 타고 우리의 식탁에까지 오고야 말 것이다.

이젠 도덕도 현실을 직시해야 한다. 전래의 관념에 사로잡혀 있어서는 격변하는 삶의 현장에서 도덕의 이상을 실현시킬 수 없다. 이른바 성도덕에 관해서도 그렇다. 성 풍속도랄까, 성 문화랄까, 오늘의 세태가 어제의 그것과 얼마나 달라졌는지, 이 산업사회의 실상을 직시하고 그것을 현실로 받아들여야만, 그 안에서 우리가 아직 미숙하고 취약한 청소년을 어떻게 보호할 수 있고 불상사가 일어났을 때 어떻게 대처할 수 있을지 실질적인 방책을 강구할 수 있을 것이다. 성을 매체로 하는 각종의 상업활동을 허용하고 있는 것이 오늘의 현실이라면, 여기서 흘러나오는 오수의 독성에 대해, 그것으로부터 자신을 보호할 방법에 대해 청소년에게 정색을 하고 가르쳐주어야 할 것이다. 물론 그 독소가 청소년에게 가까이 가지 않도록 이를 하수 처리하는 일에 주력해야 함은 말할 나위 없다.

프랑스의 현대 철학자 베르그송에 따르면, 닫힌도덕은 사회성원 각자에게 사회적 의무를 부과함으로써 그 사회를 유지 존속케 한다고 한다. 닫힌도덕은 그래서 꼭 필요하다. 그러나 그러한 닫힌도덕만으로는 사회가 역동적으로 진화하지 못한다. 닫힌사회가 열리고 발전하려면 의무 아닌 사랑을 원리로 하는 열린도덕이 있어야 한다. 기독교는 본질상 어떤 종교인가? 격변하고 있는 우리 사회에서 기독교는 과연 사랑으로 마음을 열고 몸을 낮추어 우리 삶의 하수구 속으로 들어가고 있는가? 아니면 전래의 숭고한 도덕적 덕목을 전파하기 위해 오늘도 목청을 돋우고 있는가? 한 아파트 단지 안에서만도 밤이면 네댓 개씩 번쩍이는 붉은빛 네온 십자가는 도대체 우리에게 무슨 메시지를 전하고 있는지 자문하게 된다.

<크리스천헤럴드, 2007. 5.>

"

Ⅳ. 특히 정치에 대해

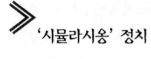

'시뮬라시옹' 정치

연전에 대전에서 세계무역박람회가 개최되었을 때, 그 개막식에서 이른바 '홀로그래피'라는 초현대식 영상기법에 의해 밤하늘에 온갖 형상이 실제처럼 펼쳐지는 것을 보고 사람들은 그 신기함에 찬탄을 아끼지 않았었다. 오늘의 첨단 전자영상기술은 이처럼 실제의 현실 못지않게 '리얼리티'를 갖는, 아니 어떤 점에서는 현실보다 더 현실적인 허구를 지어낼 수 있는 데까지 발전된 것이다. 최근에는, 컴퓨터 단말기 같은 기기 앞에 앉아 촉각까지를 포함한 다섯 가지 감각내용을 우리가 원하는 대로 제공받음으로써 이른바 '가상현실'을 체험케 하는 시스템이 실용화 단계에 들어섰다고 한다. 이 시스템 안에 일단 들어서면 원하는 곳으로 마음대로 여행을 할 수도 있고 심지어는 원하는 상대와 섹스도 할 수 있다고 한다.

극단적인 경우를 생각해 본 것이지만, 지어낸 가상이 현실보다 더 현실적인 것으로 우리에게 다가오게 하는 이러한 과정을 보드리야르라는 프랑스 철학자는 '시뮬라시옹'이라고 이름 하여, 이를 바야흐로 우리가 발을 들여놓기 시작한 이른바 '포스트모던' 시대의 특징적인 현상으로 파악하고 있다. 경우에 따라 허구가 현실적인 것으로 정착하게 되고, 또 다른 경우에는 현실이 오히려 진실성을 상실하고 묻혀버리는 현상, 근본적으로 가상과 실재가 구별되지 않는 이런 현상을 우리는 어떤 눈으로 바라보아야 할 것인가.

생각해 보면 '시뮬라시옹'은 꼭 홀로그래피나 그보다 더 첨단적인 영상기술에서만 이루어지는 것이 아니다. 우리는 매일같이 신문과 방송을 접하고 살지만, 거기서도 우리는 저와 같은 '시뮬라시옹'에 말려들고 있는 일이 많다. '사건이란 편집하기 나름'이란 말도 있지만, 특히 텔레비전 방송에 있어선 영상에 비친 모습이 얼마든지 실제의 참모습을 돋보이게도 할 수 있고 왜곡, 은폐시킬 수 있을 뿐 아니라, 현실을 가공해 낼 수도 있다. 사건의 전말은 보도된 그대로가 아닐 수 있으며 기사화된 프로필이나 스케치가 해당 인물의 실제 인격이 아닌 경우가 많다.

매스미디어, 특히 영상매체가 지니는 이 놀랄 만큼 광범하고 결정적인 '시뮬라시옹'의 힘을 가장 잘 알고 그래서 가장 두려워하는 사람들이 정치인이 아닌가 싶다. '언론 플레이'라는 말이 있지만 이는 정치인의 체통을 살리려는 점잖은 표현일 뿐 그 내실은 매스미디어가 갖는 저 놀라운 '시뮬라시옹'의 힘에 아부하는 것 이상이 아니다. 근자에 우리의 정치지도자들은 이 아부를 아주 대놓고 국민이 보는 앞에서 노골적으로 하는 모습이다. 아예 '시뮬라시옹'의 전문가인 '배우'들을, 영화배우든 토크쇼 배우든, 또는 다른 어떤 배우든, '배우'들을 정치인으로 출연시켜 자신들의 정치적 영향력을 강화시키려 하는 것이 그것이다. 배우란 말 그대로 허구 속에서 허구를 실제인 양 몸으로 보여주는 일을 전문적으로 하는 사람들이다. 그들이 얻고 있는 대중적 인기를 어떤 의미에서든 그들의 정치적 역량으로 환산하려 한다면 이는 기만행위일 수밖에 없다.

국리민복을 도모해야 할 정치 지도자가 겨우 이따위 발상을 하면서 스스로 현대적 시대감각을 가진 양 자부한다면, 이처럼 한심한 일이 또 없다. 어떤 정치인이 청와대는 노인정 같은 곳이 아니라고 말했듯, 정치는 취향이나 오락이 아니다. '시뮬라시옹'이 기여할 수 있는 영역이 있다면 그것은 이러한 삶의 여분의 영역이지, 국제경쟁의 거친 격랑을 헤쳐 나가 국민의 인간다운 삶을 지켜야 하는 치열한 정치의 영역은 결코 아니다. '시뮬라시옹'은 결코 정치의 기법이 될 수 없다.

〈성대신문, 1995. 10.〉

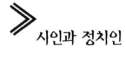

시인과 정치인

3공화국 시절 국회 의장까지 지낸 이(李) 아무개란 분이 있었다.

본래 정치와는 무관한 문학자요, 대학교수이던 그가 3공화국의 출범과 때를 같이하여 갑자기 정치무대에 선 것은 그에 대한 박 대통령의 존경과 신뢰 때문이었다는 소문도 있었다. 그런 소문이란 대개 확인키가 어려운 것이지만, 그래도 이 소문만큼은 일반에게 그럴듯하게 여겨졌다. 나 자신만 해도 그가 번역한 『전후 독일 문제 작품집』 속의 소설 하나를 본 적이 있어, 그렇듯 문학에 뜻을 두고 오랫동안 학구(學究)와 교수(敎授)에 종사해 온 사람이 무슨 정치적인 사욕이 있었으랴 하고 믿던 터였다. 지난날 대통령과의 사제관계가 좋게 발전한 예가 아닐까 하고 생각하기도 했다.

과연 그는 정치적인 권모술수에 전혀 익숙하지 않아 보였고, 이따금씩 정치인의 감각에 비추어 볼 때 좀 엉뚱하고 주책없는 발언을 하며 말썽(?)을 일으키기도 했다. 어떤 이는 그가 마침내 자신을 존경해 온 옛 제자인 대통령을 이제는 그 스스로가 존경하기에 이르러, 온갖 악역을 다 도맡아 해내는 것이라고 해석하기도 하였다.

그러던 그가 하루는, 적어도 내게는 아주 의미심장한 발언을 했다. 정치에 더욱 정진할 수 있기 위해 이제는 시를 더 읽지 않겠다는 말이 바로 그것이었다. 글쎄, 다른 사람들에게는 이 말이 별 뜻 없는 것으로 들렸을지 모르겠다. 어쩌면 정치한다면서 시 나부랭이(?)를 읽을 마음의 여유가 어디 있냐고 비난할 사람도 있었을지 모르겠다. 그러나 나는 이 말에 적이 실망했다. 그의 인간적 고충을 알 것도 같았지만, 다른 한편으로는 그가 어쩐지 품위를 잃고 지저분한 곳으로 휩쓸려 들어가는 것 같아 몹시 언짢았다. 그것은 그저 스쳐 지나가는 단순한 감정이 아니었고, 실은 정치에 대한 나 자신의 불신과 혐오를 확인하는 불쾌한 체험이었다.

시는 정신의 내면에서 이상을 추구하는 지적, 정서적 노력

그 자신이 시를 쓰기도 했고 외국 시를 번역하기도 하던 문인으로서 그의 정신적 삶의 중요한 일부였을 시의 세계를 아주 부정한다는 것이 얼마나 엄청난 일이었을까. 시 정신과 정치활동은 정말 병존할 수 없는 것인가. 과연 시인과 정치인은 한 사람에게서 공존할 수 없단 말인가.

나는 문학에 종사하는 사람도 아니고 더구나 시 이론가 따위는 더욱 아니다. 그저 시에 대해 평소 애호하는 마음을 갖고 있는 정도다. 다른 한편, 내가 정치에 대해 불신과 혐오의 감정을 갖고 있다고는 했지만, 정치가 얼마나 위대한 것일 수 있는지 그 엄청난 역사적 가능성에 대해 이해가 없는 사람도 아니다. 나는 말하자면 깊은 시적 정신을 소유하고 있는 위대한 정치인을 보고 싶어 하는 것이다. 위대한 정치인에게 요구되는 역사의식, 결단, 용기, 도덕성 등이 시 정신과 배치되지 않을 뿐 아니라 오히려 이를 필요로 한다고 생각하기 때문이다.

사회생활에서 우리 각자가 다른 사람과 맺는 관계는 크게 두 가지 유형으로 구분될 수 있다고 본다. 하나는 '싸움의 관계'요, 다른 하나는 '사랑의 관계'다.

인간이 물질적, 신체적 존재로서 시공적으로 제한된 삶을 살아가는 자연의 일부라는 엄연한 사실은 우리가 생존과 번영을 위해 왜 서로 경쟁 내지 투쟁의 관계를 갖지 않을 수 없게 되는지 이해할 수 있게 해준다. 생존과 번영을 위해 필요한 여러 가지 가치 있는 것들이 무한하지 않고 우리의 생 또한 무한한 것이 아닐진대, 여기에 싸움이 일어나는 것은 당연한 일이다. 크고 작은 공동체 생활 속에서 갈등과 투쟁이 끊이지 않고, 역사를 돌아볼 때 전쟁이 없던 시대가 없었던 것이 이를 잘 말해 준다. 우리의 삶이 물질적, 생명적 차원에 머무는 한 인간과 세계의 유한성에서 연유하는 이 '싸움의 관계'는 불가피한 것이리라.

그러나 눈을 돌려 우리 삶의 다른 측면을 보자. 인간은 유한한 존재지만, 언제나 무한을 지향한다. 생겨났다 없어지는 무상한 것이 아닌 영원한 가치, 여럿이 나누어 가져도 줄어들거나 훼손되지 않는 무한한 가치, 이런 가치를 추구하는 내면을 가진 것이 또한 인간이다. 이러한 가치를 추구하고자 할 때 우리는 다른 사람과의 싸움을 멈추고 '사랑의 관계'를 갖고자 한다. 인간은 물론 자연적 존재로서 유한한 생을 살게 마련이지만, 그러한 자연적 삶을 넘어서서 문화를 창출하고 역사를 이룩해 나가는 정신적 존재이기도 하다. 정신이란 그 본성이 공동체적 삶에서 유래하는 것이요, 그것도 공동체 속에서 각 개인이 분열, 해체되는 모습이 아닌 통합, 조화되는 모습의 표현이다. 하나의 전체 속에서 각 개인이 자신의 고유한 삶을 견지할 수 있기 위해 필요한 것은 '사랑의 관계'다. 사랑의 관계는 물론 생명적인 차원에서부터 발원하지만 마침내는 정신의 삶 가운데서 성숙하는 것이다.

싸움의 관계 속에 머물 때, 우리는 모두 자신을 숨기고 상대의 약점을 노린다. 싸움에서 이길 수 있기 위해서는 자신은 은폐하여 보호하고 상대는 노출시켜야 한다. 여기선 모두들 긴장하고 마음을 놓지 않는다. 상대의 언행을 그대로 받아들이지 않고 그것이 무엇을 은폐하고 있는지 파헤치려 한다. 싸움의 관계가 지배할 때 그 공동체 생활이 살벌해져서 이른바 '폐쇄된 사회'로 경직되어 생명력을 잃는 것은 당연한 귀결이다. 각자가 자기의 성(城) 안에 자신을 가두는 이런 사회는 사실 더 이상 삶의 공동체가 아니다.

정치는 국가와 역사의 총체적 운영을 근본과제로 삼아야

사랑의 관계란 근본적으로 자신을 내보이는 관계다. 자신을 활짝 열지 않고서는 상대를 맞을 수 없는 일이요, 서로가 서로를 맞아들이지 않고 하나 됨을 기대하기란 어려운 일이기 때문이다. 사랑의 관계 속에서 우리는 서로에게서 가치 있는 것을 빼앗는 것이 아니라 가치 있는 것을 베풂으로써 그것의 유한성을 극복하고자 한다. 그렇게 해서 더욱더 넓어지는 공동의 정신적 지평 속에서 우리는 서로 합일하게 되고, 이를 통해 우리 자신의 유한성을 뛰어넘게 된다.

시란 무엇인가? 여기서 정교한 시론을 펴 보일 수는 없는 일이지만, 시란 이렇게 사랑의 관계를 통해 인간이 여러 자연적인 제약을 극복하고 무한과 영원의 세계로 나가고자 하는 지적, 정서적 노력의 표현이라고 생각한다. 이 노력이란 눈에 보이는 물질적, 자연적 가치를 빼앗거나 나누어 갖는 전략이나 계량을 뛰어 넘어서는 것이다. 그것은 정신의 내면에서 조화와 평화와 화합을 추구하는 노력이고, 그 점에서 인간의 삶에 있어 그 정수(精髓)를 지키고자 하는 노력이다. 반드시 시적으로 혹은 예술적으로 표현되지 않는다 하더라도 이런 노력은 누구의 삶에서나 꼭 필요한 것이다. 다만 그것이 겉으로 드러나 눈에 보이지 않는다 해서, 그것이 있으면 좋고 없어도 그만인 삶의 장식과 같은 것으로 본다면 이는 큰 잘못이다.

정치인은 싸움을 말리고 사랑의 관계를 강화하는 역할 다해야

정치란 국가공동체의 삶과 역사 전체를 총체적으로 운영하는 것을 그 근본자세로 갖는다. 공동체적 삶의 구조와 방식이 극도로 복잡 다양해진 오늘날 정치의 역할이 그 무엇보다도 중요하고 결정적인 것은 바로 그 과제의 총체성 때문이다. 사회 전체에 대한 공시적, 구조적 통찰뿐 아니라 통시적, 역사적 이해가 동시에 필요한 것이 정치활동이다.

그런데 바로 정치의 이러한 거시적 본성 때문에 사람들은 흔히 그것이 개인적 삶의 내면과는 무관하다고 생각한다. 그러나 생각해 보자. 정치활동을 수행하는 것은 무엇인가? 법률과 제도와 기구인가? 아니다. 그런 것을 운용하는 정치인이 바로 정치의 주체다. 이 정치인들이 싸움의 관계만을 일삼는 싸움꾼이어서는 안 된다. 그럴 수도 없거니와, 싸움의 관계에만 길들여진 정치인이 있다면 그는 전선(戰線)으로 나가야 한다. 정치가 총체적 국가운영이란 말은 곧 정치인이 사람들의 싸움을 말리고 그들을 사랑의 관계로 이끌어주는 역할을 해야 한다는 뜻도 포함한다. 모두가 모두에게 늑대가 되는 싸움 일변도의 사회를 지양하고, 완화되고 조정된 경쟁 속에서 가능한 한 사랑의 관계가 자리 잡을 수 있도록 하기 위해선 정치인 자신이 이 '사랑의 관계'에 대한 신뢰를 가져야 한다. 사랑의 관계를 통해 인간의 정신적 고양을 추구하는 조화와 화합의 정신이 시 속에서 발견된다면, 무릇 모든 정치인이 동시에 시인이 되는 것을 바라는 것은 헛된 기대가 아니다.

〈한국인, 1992. 11.〉

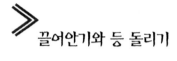

끌어안기와 등 돌리기

이젠 거의 정설이 된 줄로 알고 있지만, 태초에 생명체는 바닷속에서 출현했다고 한다. 생명현상이 유지되기 위해서는 서로 다른 물질들 사이에서 화학적인 교류작용이 있어야 하는데, 이때 꼭 필요한 것이 이들을 매개해 주는 용매(溶媒)인 물이기 때문이라 한다. 그래서, 바다에서 출현한 생명체가 육지로 상륙하기 위해서는 어떻게든 체내에 이 물을 끌어 담았어야 했다 한다. 그것도 그저 물을 담고 있는 것이 아니라 자꾸만 물갈이를 해서 새 물을 공급해 줄 수 있을 만큼 정련(精練)된 시스템을 체내에 구축했어야 했다 한다. 우리 인간의 몸에도 체중의 70퍼센트에 해당하는 물이 담겨 있다 하지 않는가. 우리 몸이란 것이 이렇게 따지고 보면 가히 '물주머니'라고 해도 크게 틀리지 않을 성싶다. 생물학도가 들으면 너무도 유치한 초보적인 이야기로 들릴지 모르겠으나, 나는 여기서 의미 깊은 세상 이치 하나를 다시 확인하게 된다. 자신과 다른 외부의 것을 끌어안아 자신 속에서 동화(同化)시키는 주체는 생명성을 강화, 확장시킬 수 있으며, 자신과 다른 외부의 것을 자신과 다르다는 이유로 그저 배제하는 주체는 그 생명성이 약화, 위축될 수밖에 없다는 이 명제가 그 저 생명현상에 대해서만 타당한 것이 아니라는 것이다. 이때의 '주체'를 인간적 공동체로 놓는다면 인간의 사회생활에 대해서도 이 명제는 타당 하리라는 것이다.

우리는 언제 사람을 끌어안고 언제 사람에게 등을 돌리는가? 아니, 누굴 끌어안고 누구에게 등을 돌리는가? 사랑하는 사람은 끌어안고 미워하는 사람에겐 등을 돌린다. 사랑스러운 사람을 사랑하고 미운 사람을 미워하는 것이야말로 동어반복이나 다를 바 없는 자명한 인지상정(人之常情)이요, 끌어안는 것이 사랑의 몸짓이고 등 돌리는 것이 적대(敵對)의 몸짓임은 동물의 세계에 보편적인 행태의 기본이다. 그리고 보면, 이는 실로 싱거운 얘기가 아닐 수 없다. 동물적 본능의 세계에서, 그리고 인간에서도 개인적인 정감(情感)의 영역에서는, 이보다 더 자연스럽고 당연한 것은 없을 것이다.

하지만 우리 인간의 공동체적 삶에 눈길을 돌려보자. 공공적 성격을 갖는 인간관계에까지 이러한 행동방식이 그대로 연장된다면 어떻게 될까? 그리고 이 공공적 관계를 기틀로 해서 존립하고 영위되는 그 공동체적 삶은 어떤 모습을 띨까? 한 공동체의 성원들이 서로 정감에 따라 마음 기울어지는 대로 끌어안고 등 돌리기를 자의(恣意)대로 한다면, 규모가 크든 작든 그 공동체는 생명적 구심력을 잃고 해체되기 쉬울 것이다. 특히 그 공동체 전체의 존속과 번영을 위해 전체를 조망하고 통괄해야 할 위치에 있는 사람이 그렇게 한다면, 이는 그 공동체의 생명력을 약화시키는 데에 더욱 심각한 영향을 미칠 것이다. 개인적인 호오(好惡)에서 어떤 부하는 끌어안고 어떤 부하에겐 등을 돌리는 상사가 있다면, 그 상사와 부하들의 공적인 관계는 과연 튼튼하게 잘 유지되겠으며, 이런 공적인 관계를 바탕으로 하여 이루어지는 그 조직체는 과연 안정과 발전을 만족스럽게 도모할 수 있을 만큼 견고하고 활기찬 것이 되겠는가. 오히려, 듣기 거북한 고언(苦言)을 서슴지 않는, 그래서 등을 돌리다 못해 멀리 내쳐버리고 싶은 부하를, 그럼에도 불구하고 끌어안는 상사를 갖고 있는 조직체라면, 그런 조직체는 지금은 비록 작고 약하다 하더라도 머지않아 크고 강한 조직체로 성장할 것이다. 작은 씨앗이 거목으로 자라고, 강폭한 맹금도 미약한 새끼에서 성장하지 않는가. 이것이 생명의 신비스러운 힘이 아닌가.

총선이 가까이 다가와 정치지도자들의 행보가 유난히 우리의 눈길을 더 끄는 때다. 그래서 그들의 독선적인 끌어안기와 등 돌리기가 우리를 안타깝게 하기도 한다. 그러나 어디 정치지도자들뿐이랴. 어느 분야, 어느 조직체에서든 품이 좁아 '끌어안기'보다는 '등 돌리기'를 더 쉽게 하는 지도자를 볼 때, 우리의 생명성에 대한 동경은 가려움증을 참지 못한다.

〈성대신문, 1996. 3.〉

신뢰를 얻는 길: '구국적 결단' 아닌 정직

지난 섣달 그믐날부터 징조는 이상했다. 그렇게 대강대강 눈 가리고 아웅 하는 식으로 넘어갈 수 있는 것이 이른바 '5공 청산'이었다면 그토록 오랫동안 지리하게 밀고 당기는 정쟁을 벌여왔던 이유는 무엇이었나? 그런데 이제 와 생각해 보니 납득이 간다. 한편으론 그렇게 청산하는 시늉이라도 내야 했고 다른 한편으론 그렇게 청산하는 시늉밖엔 낼 수가 없었던 게다.

그게 모두 경천동지(驚天動地)할 만한 일을 준비하는 과정이었던 게다. 알 만한 사람은 작년부터 대략 그 조짐을 눈치챘다고도 하지만, 어느 날 갑자기 출현한 저 거대여당 민자당에 대해 국민들은 그저 얼떨떨하기만 했다. 그 절차상의 부당성을 미처 의식할 겨를도 없을 만큼 '아닌 밤중의 홍두깨'였던 것이다.

그렇게 얼떨떨한 가운데 착하고 소박한 '보통 사람'들은 속으로 희망 찬 기대도 해보았다. 너무도 단호한 그 "당리당략을 초월한 구국적 결단"이란 말도 그렇지만 이보다도 시대가 바야흐로 세계사의 무대에 새로운 변혁의 물결이 넘실대는 '새 시대'인 만큼 '신사고'를 통한 '개혁'을 외쳤을 때 그것을 믿고 싶지 않을 만큼 우리 국민이 비(非)애국적이지는 않았던 것이다.

아, 무언가 새로운 발상을 갖고 새로운 스타일로 '새 시대'를 열겠다는 게 아닌가. 암, 그래야지. 그러려면 '개혁'을 해야지. 해도 매우 해야지. 우선 토지공개념, 금융실명제 등 국민 절대다수가 한결같이 원하는 것부터 확실히 해놓고, 더러 이견이 있긴 하겠지만 국가보안법, 사회안전법, 안전기획부법 등도 전향적 자세로 개폐하고, 검경(檢警)을 비롯한 공무원 집단이 정치적 중립을 지킬 수 있도록 제도적 장치도 마련하고, 전교조나 전노협도 이대로 내박쳐둘 게 아니라 대한교련(새 명칭: 한국교육단체총연합)이나 한국노총과 어떻게라도 융합토록 하여 합법적인 것으로 되게 하고….

그렇다. 이런 개혁은 쉬운 일이 아니다. 개혁을 거부하는 세력, 개혁을 위태롭게 하는 세력을 누르고 나아갈 강력한 정치적 추진력이 필요하다. 그러니 어제까지는 정적이었던 여야지만 대국적 입장에서 힘을 합치기로 했는지도 모른다…. 국민들은 이렇게 믿고 싶었다. 차마 희망을 버리지 못해서.

그런데 그토록 훌륭한 명분 아래 출현한 민자당이 지금까지 국민에게 보여준 것은 무엇인가. 알맹이는 다 빠지고 빌 공(空) 자 되어 '물 건너간' 토지공개념, 무기연기 속에서 연기처럼 '실명(失命)'해 버린 금융실명제, 손댔다는 흔적만 남게 한 국가보안법, 개정논의를 하고 있는지조차 잘 알 수 없는 기타 악법들, 아니 한 수 더 떠서 다른 교육관계법은 놔

둔 채 서둘러 통과시켜 개악한 사립학교법, 노동운동 등에 대해 서서히 강도를 높여가는 공안기관의 자세, 치솟는 전셋값, 들먹이는 물가… 그리고 마침내는 국민 앞에 그 부끄러운 속을 다 내보이고만 두 보궐선거.

3당이 합당하고 나섰을 때 국민이 진정 원한 것은 무엇이었나? 그건 바로 정치인의 정직성이었다. 이젠 막강한 여당으로서 소모적인 정쟁을 벗어날 수 있게 되었으니 구차한 술책은 안 쓰겠노라는 '정직'의 자세. 민자당이 열 가지를 제치고 먼저 국민에게 확실히 보여주어야 했던 것은 바로 이것이었다. 그러나 정직으로써만 신뢰를 얻는다는 것을 그들은 아직도 못 깨닫는다. 두 보궐선거에서 그들이 보여준 작태가 이를 입증한다.

이번 선거는 그저 보궐선거가 아니었다. 민자당 자체가 3당 통합에 대한 국민의 평가라고 그렇게 의미부여를 했다. 그래서 그들은 실로 전력투구의 노력을 이 선거판에 쏟아넣었다. 그런데 바로 이렇게 함으로써 — 40여 명의 국회의원을 동책(洞責) 선거운동원으로 동원하고, 투표구마다 천만 원씩의 현상금(?)을 걸고, 공무원을 동원하고 돈 봉투를 돌리고 — 이렇게 온갖 탈법을 무릅쓰고 일개 지역구 보궐선거에 온 당력을 집중시킴으로써, 그들은 당초의 3당 통합이 부당했음을 스스로 고백한 것이다. 아니, 그 부당성을 그들 스스로 알고 있었다는 것도 실토하였고, 그 부당성을 필경은 국민들도 알게 되리라고 예측했었다는 것 또한 실토한 셈이 되었다. 3당 통합이 '개혁의 새 시대'를 위한 구국의 결단이었다면, 그래서 개혁에 대한 국민적 욕구가 그것을 진정 환영하고 있다고 생각했다면, 대통령이 고발까지 당하는 저런 치사스러운 선거운동은 안 벌렸을 것 아닌가.

자, 이제 어떤가. 한 곳에선 명백하게 패배했고, 또 다른 곳에서는 패배나 다름없는 신승을 했다니… 민자당이여, 이래도 안 깨달을 텐가. 정직만이 신뢰를 얻는 길이요, 그것이 바로 넘어지려는 나라를 일으켜 세우고, 또한 그대들에게도 영광을 안겨줄 지름길이라는 것을.

〈성대신문, 1990. 4.〉

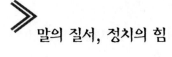

말의 질서, 정치의 힘

김형, 32년 만의 폭설이라고 야단들이었는데, 김형네는 별다른 눈 피해 없이 잘 지냈는지요. 우수(雨水) 경칩(驚蟄)이면 대동강 물도 풀린다더니, 그토록 길을 막고 발을 묶던 엄청난 눈더미들도 이젠 속절없이 녹아내리고 있습니다. 봄이 멀지 않은 것 같습니다. 이게 바로 자연입니다. 이렇듯 정직하니 우리가 자연을 믿고 사는 거지요. 사람 사는 모습이 어찌 자연현상과 같을 수 있겠습니까마는, 그래도 인간사가 혼란과 위기에 빠지면 자연의 섭리에 비추어 잃었던 인륜의 길을 되찾으려 했던 것이 동서를 가릴 것 없이 현인들의 구도적 자세였습니다. 사람의 생각과 말에 의거하기보다는 자연적인 사물의 본성에 충실해야만 우리의 삶이 참되고 바르게 된다고 본 거지요. 소피스트들이 판을 칠 때 신뢰할 만한 삶의 원칙을 퓌지스(physis), 자연, 즉 사물의 본성에서 찾고자 했던 플라톤이나, "하늘의 명이 곧 사물의 본성이요 그것을 따르는 것이 곧 삶의 길(天命之謂性, 率性之謂道)"이라고 한 『중용』의 자사(子思)나, 작위적인 것은 아무리 합당한 듯해 보여도 참된 것이 아닌 만큼, 만물이 '스스로 그러한(自然)' 바 그대로를 따라야 한다 하여 '무위자연(無爲自然)'을 주창한 노자(老子)나 모두 비슷한 생각이었던 것 같습니다.

김형, 나노(nano) 테크닉이 등장하는 이 시대에 웬 자연에의 복귀냐고 의아해할 건 없습니다. 내가 지금 '자연으로 돌아가자'는 루소 식의 낭만주의를 말하는 건 아니니까요. 내 뜻은 실은, 말이 사물의 본래 모습을 변질, 왜곡시키는 일이 오늘날 너무나 심각하여, 사회의 혼란과 위기가 본원적으로 그로부터 유래했으며, 따라서 말의 질서가 바로 서야 도덕도 사회정의도 기대할 수 있고, 그래야 소위 국가경쟁력이란 것도 튼튼한 토대를 얻을 수 있다는 점을 말하려는 데 있는 겁니다.

공동체적 삶에서 '말(言語)'이 어떤 역할을 하는지에 대해선 두말할 필요가 없을 겁니다. 오죽하면 하이데거라는 철학자가 "언어는 인간이 거주하는 존재의 집"이라고까지 말하겠습니까. 말이 없고선 문화도 없고 인간도 없는 거죠. 그리고 그 말의 질서와 체계가 어떤 것이냐에 따라 삶의 방식이 달라지는 거죠. 그런데 이 말의 세계에서는 그 말의 '뜻'을 참되고 바르게 하는 기준이 자연의 섭리처럼 객관적으로 명료하지 않은 게 문젭니다. 자연은 있는 그대로요, 표리가 따로 없습니다. 그런데 말에는 실은 두 가지 '뜻'이 있어서 그 둘 사이의 괴리(乖離)가 문젠 겁니다. 하나는 겉에 드러나 있는 사전적 의미고 다른 하나는 속에 담긴 말하는 사람의 의지입니다. 말뜻과 마음뜻이라고 구분지어 볼까요?

우리에게 우선 들리는 건 말뜻이지 마음뜻이 아닙니다. 그래서 알갱이 없는 빈말도, 사실을 감추거나 뒤바꾸는 거짓말도 모두 그럴듯하게 맞는 말로 들릴 수 있는 겁니다. 김형도 1980년대 박종철 군의 사망에 대해

검찰이 한 말 기억날 겁니다. "책상을 탁 치니 억 하고 죽었다"는 그 말도 그저 말만으로는 그럴듯하지 않습니까. 아니, 어떤 때는 사물의 본성을 충실히 따르는 말이 오히려 귀에 거슬리게 들려 배척되기도 합니다. "그래도 지구는 돈다"고 말하며 법정을 나왔다는 갈릴레이까지 갈 것도 없이 바로 우리 눈앞에도 '의원 꿔오기는 정도(正道)가 아니라는' 직언 때문에 출당되는 국회의원이 있지 않습니까.

김형, 김형 자신도 '논리개발'에 머리 쓰는 적이 많지요. 그 '논리개발'이라는 게 뭡니까? 사물의 본성에 충실히 일 처리를 하자는 겁니까? 대개는 사물의 이치나 사람의 도리와는 상관없이 그저 상대방의 말을 막고 내 의도대로 일을 처리하고자 구실과 변명 거리를 찾아내고 꾸며내려는 것 아닙니까? 어떻든가요, 그렇게 해서 마무리된 일이 끝내 탈 없이 지나가던가요? 공익과 선의의 실현을 외면한 '논리개발'이 끝내는 허망한 것이 되고 마는 걸 우리는 너무 흔히 많이 봅니다. "국민의 뜻에 따른 유신"이니 "구국의 결단에서 나온 3당 합당"이니 하는 말이 아직도 힘 있는 말이라고 생각할 사람은 아무도 없을 겁니다.

사물의 본성에 충실하지 않은 말은 그 논리가 아무리 치밀하고 표현이 아무리 현란하다 해도 힘을 가질 수는 없습니다. 그런 말로는 사람을 움직이지 못하는 거죠. 말의 세계에 질서가 서서 그런 헛되고 거짓된 말들이 정비되어야만 공동체적 삶에도 정의가 설 수 있는 겁니다. 공동체를 이끌어 나가는 정치지도자를 자임하는 사람이라면 무릇 이 '말의 질서'를 두려워해야 합니다. 그래야 그가 사람의 마음을 움직이는 힘을 얻을 수 있을 테니까 말입니다. 김형, 우리 그런 정치인 좀 어디서 만나볼 수 없겠습니까?　　　　　　　　　　　　　〈대전일보, 1992. 2. 25.〉

'깨끗한 정치'에 바란다

'새 정치' 출현은 필연

정치인 스스로가 '새 정치'를 선언하고 나섰다. 그렇다. 이젠 정말 때가 되었다. 당위론적으로 말한다면야 이미 지나고도 한참 지났지만 현실적으로 그 가능성에 눈길을 주고 보아도 이젠 정말 때가 되었다는 생각이 든다. 하늘 아래 새것이 없다고 하는데 어찌 갑자기 우리에게 '새 정치'가 찾아오겠느냐고 반문할지 모르겠지만, 아직도 때가 되지 않았다면 우리 국민은 너무나 불쌍하고 억울한 국민이 된다.

'새 정치'의 싹을 기대함은 야당 국회의원 몇이 '새 정치'를 선언했기 때문만은 아니다. 낡은 정치에 대한 국민의 염오(厭惡)가 더 이상 갈 수 없는 지경에 이르렀음을 보기 때문이다. 낡은 정치에 대한 염오가 새 정치에 대한 희구로 나타남은 당연한 일이요, '새 정치'에 대한 희구와 기대를 앞으로도 더 외면한다면, 그런 정치는 국민의 지지를 받지 못할 것임이 드러났기 때문이다.

공교롭다고 할 수 있을지 모르겠으나, '새 정치'를 선언하고 나선 열두 명의 초선 의원은 바로 그들이 정치 신인이라는 점에 크게 힘입어 의원으로 선출되었다는 사실이 벌써 이를 말해 주는 것이다. '새 정치'라는 것이 정치시장에서 국민의 구매의욕을 돋우는 인기상품이 되었다면, 이제 현실적으로도 '새 정치'를 기대해 볼 수 있지 않겠는가?

새로운 정치의 출현에 대한 논의는 흔히 "닭이 먼저냐 달걀이 먼저냐" 하는 순환논법에 빠지기 쉽다. 먼저, 정치인이 새로운 의욕을 갖고 새로운 정치의 구현에 나서려 해도 이제까지 굳어온 정치의 관행이나 풍토가 이를 어렵게 만드는 만큼, 정치문화 일반이 구조적으로 개선돼야 한다는 주장이 있다. 그런가 하면, 정치문화의 개선도 정치인 내지 국민의 쇄신된 정치의식이 전제되어야지 그렇지 않고 제도나 절차만 바꾸어서는 기대할 수 없다는 주장이 이에 맞선다. 이 두 상반되는 주장은 논리적으로 생각해 볼 때 틀린 곳이 없다. 정치가 이루어지는 우리 사회의 제도적, 구조적 장치와 여기에 자리 잡고 있는 전래의 풍토 등을 총체적으로 묶어 정치문화라 하고, 그 속에서 정치활동을 하는 정치인이나 이를 지켜보는 국민이 지니고 있는 입장, 견해, 태도, 의식을 묶어 정치의식이라 해보자.

정치문화와 정치의식이 상호작용을 하는 긴밀한 불가분의 관계에 있는 한, 위의 두 주장은 당연한 것이다. 정치문화와 정치의식은 서로가 서로를 전제하고 요구하고 있다. 그렇다면 새로운 정치의 출현은 불가능하단 말인가?

적어도 그와 같은 순환적 논리구조 속에서는 그 실천의 단초가 찾아질 수 없을 것이다. 새로운 정치의 출현은 바로 그러한 논리구조를 깨뜨리려는 실천의지에 달려 있다. 현실정치의 구조와 관행이 개선되지 않는 이상 나의 개혁적 의식은 벽에 부딪치고 말 것이라는 저 논리적 사고의 틀을 부수고, 역설적으로 바로 그렇게 나의 현실이 제약되어 있기에 그에 도전하겠다는 의지를 펴려 할 때 새로운 정치의 단초는 주어진다.

여기서 중요한 것은 이 의지가 1인칭의 의지라는 것이다. 위에서 말한 순환적 논리구조가 익명적 3인칭의 것이라면, 이 역설적인 실천의 의지는 주체적 1인칭의 것이라는 점이다.

'새 정치'와 깨어 있는 의식

정치문화는 익명적 다수의 공유물이다. 그러나 정치의식은 주체적 개개인의 사유물이다. 정치의식을 일반화시켜 그 누구의 것도 아닌 익명적 다수의 것으로 만들면, 우리는 실천의지의 출발점을 잃게 된다. 본래 문화란 공동체 전체의 공유물이지만, 의식이란 깨어 있는 개개 주체의 것이다.

문화란 것이 아무리 역사성과 사회성을 갖는 공유물이라 해도, 그것 역시 의식을 갖고 문화적 행위를 하는 개개인의 주체적 활동 없이 생겨나는 것은 아니다. 따라서 실천의 구체적 단초는 의식에 있고, 결국 의식의 주인인 우리 개개인의 의지에 있게 된다. 의식은 1인칭으로서의 우리 개개인에게만 있는 것이지 3인칭으로 익명화되는 전체로서의 공동체에는 없는 것이기 때문이다.

새로운 정치의 실현에 있어서 제도적 장치의 개선을 통한 구조개혁이 무의미하다는 말은 결코 아니다. 급기야는 이 구조의 개선으로 객관화되고 일반화되어야만 새로운 정치는 정착하게 될 것이다. 그래서 아무도 이의를 제기하지 않는 법적 규범과 상식적 관행 속에서 '새 정치'의 기풍이 더 이상 새로운 것이 아니게끔 되어야만, 이 새로운 정치는 충실히 실현되는 것이다. 다만 여기서 우리가 강조하고자 하는 것은, 그러한 새 정치 실현의 실천적인 기점이 개개 정치인 및 국민의 깨어 있는 의식과 이에 기초한 의지에 있다는 점뿐이다.

익명적 구조의 탓으로 돌리고 아무런 주체적 이니셔티브도 잡으려고 하지 않는다면, 어떤 형태의 변화나 개혁도 기대하기 어려운 것이다. 그뿐 아니라 개개인의 성실한 태도에 달려 있는 많은 사회적 가치실현의 영역이 사회구조의 불합리성에 실려 도매금으로 망실되어 버릴 것이다.

이렇게 생각해 볼 때 일군의 초선 의원들이 스스로 새 정치의 기점이 되어보겠다고 그 실천의지를 공표하고 나선 것은 의미 있는 일이다. 더욱이, 이들의 새로운 몸짓에 공감하여 이를 시민적 차원에서 지지하겠다는 모임이 결성된 것은 저들이 반향 없는 외로운 함성을 지르고만 있지 않음을 뜻하는 것이기도 하다. 그렇다, 무슨 일이든 새로운 일은 어디서부턴가 시작되어야 한다. 그리고 그 기점은 언제나 그렇듯 '지금 여기, 나로부터'일 수밖에 없다.

국민 모두가 기대해 마지않는 새로운 정치란 과연 어떤 것일까, 어떤 것이어야 할까? 정치활동이 수행해 내는 업무내용이 어떠해야 하는가라는 정치의 내용 문제가 더 본질적이고 핵심적이라는 것을 우리는 부정하지 않는다. 그러나 그에 못지않게 정치활동이 수행되는 모습, 즉 정치의 형태 또한 중요한 것임을 알아야 한다. 정치의 틀이 어떤 모양인가에 따라 그 틀에 담는 정치의 내용 또한 달라질 것이기 때문이다. 정치활동의 목적과 수단이 혼동되어 있거나 심지어 전도되어 있는 오늘 우리의 정치

현실을 눈여겨볼 때, 특히 정치형태의 개혁에 관한 우리의 관심은 클 수밖에 없다.

그러면 '새 정치'는 어떤 형태, 어떤 스타일의 정치여야 할까? 정치활동의 목적과 내용 자체를 위해 수단으로서 기능해야 할 정치의 스타일은 어떠해야 할까?

이젠 정말 때가 되었다. 하늘 아래 새로운 것이 없다고 하는데 어찌 갑자기 우리에게 '새 정치'가 찾아오겠느냐고 반문할지 모르겠지만, 아직도 때가 되지 않았다면 우리 국민은 너무나 불쌍하고 억울한 국민이 된다.

공개, 참여, 예측의 원칙

원론적으로 볼 때 '새 정치'가 으뜸으로 지켜야 할 것은 정치활동의 공개 그 자체다. 정치자금의 조달 및 사용의 내용뿐만이 아니라 그 밖에 정치활동의 모든 내용은 국가존립을 위해 긴요한 비밀이 아닌 이상에는 공개되어야 한다. 국민 앞에 자신의 활동이 다 공개된다고 할 때 부정 비리를 저지를 정치인은 아마 없을 것이다. 공개의 원칙, 이것이야말로 '새 정치'의 형태를 특징지을 첫 번째 요건이다. 정치활동이란 원론적으로 볼 때 의견과 입장을 달리하는 많은 사람들의 이익을 조정해 주는 작업이다. 따라서 이 조정작업이 그에 관련되는 사람들 모두의 눈에 선명하게 드러나 보일 때, 그 조정결과에 대한 승복의 가능성은 커질 것이다.

이른바 밀실에서의 담합을 통해 문제를 해결하려 한다면, 비록 그 동기가 선의에서 나온 것이라 하더라도 국민의 신뢰를 얻기는 힘들다. 그러한 불투명한 담합 가운데는 대체로 정치인 자신의 사익을 위한 결정이 이루어지기 쉽다는 것을 국민들은 모두 알고 있기 때문이다.

공개의 원칙에 뒤이어 '새 정치'의 형태를 규정지을 요건은 참여의 원칙이다. 정치인은 자신의 정치활동에 될 수 있는 대로 많은 국민이 참여할 수 있도록 개방적 자세를 견지해야 한다. 우리는 흔히 여론을 수렴하여 결정에 반영한다는 말을 많이 듣는데, 이것이 곧 국민의 참여를 허용한다는 것이다.

정치인은 모두 자기 스스로 정치인이 된 것이 아니다. 적어도 오늘날에 와서는 국민의 선출과 지지로써만이 정치인으로서 활동할 수가 있다. 그렇다면 그는 문자 그대로, 자기의 지지자를 대신하여 그 의견을 펴고 그 의지를 실현시키는 대행자에 불과한 존재다. 따라서 이들의 의견을 귀담아 이들이 자신의 활동에 참여토록 하는 것은 처음부터 마땅히 그래야 하는 것이다.

한 정치인의 활동이 공개되지 않을 때 유권자나 국민은 그의 활동에 참여할 길이 실질적으로 막힌다. 공개의 원칙이 살아야 그에 이어 참여의 원칙 또한 살아날 수 있는 이유가 여기에 있다.

관심 있는 국민이면 누구나 크게든 작게든 직간접적으로 참여하는 공개된 정치활동이 전개될 때, 우리는 정치의 흐름이 어느 쪽으로 어떻게 전개되리라는 것을 예측할 수 있게 된다. 그래서 '새 정치'의 형태를 특정지을 셋째 요건으로 우리는 예측 가능성의 원칙을 들고자 한다.

오늘날 정치적 결정이 국민생활에 미치는 영향은 그 무엇보다도 크고 결정적이다. 이러한 현실에서 정치적 결정이 어떻게 내려지리라는 예측을 할 수 있는 것과 그럴 수 없는 것의 차이는 엄청난 것이다. 국민의 참여 없이 은폐된 가운데 어떤 조정작업이 이루어진다면, 그 조정결과에 실질적으로 많은 부분이 연관돼 있는 당사자인 국민은 앞일을 어떻게 구상하고 설계해 나아가야 할지 알 수 없게 된다. 결국은 어느 날 갑자기 내려지는 결정에 타율적으로 따를 수밖에 없다.

예측할 수 없는 삶, 그래서 구상하고 기획할 수 없는 삶이 국민 모두에게 보편화된다면, 그 사회는 지속적 구심력을 잃고 결국은 해체되고 말 것이다. '내일의 우리 모두'를 기약할 수 없을 때 사람들은 '오늘의 나'만을 생각하게 되어, 이기주의, 기회주의, 한탕주의가 난무하게 될 것이다. 이는 실은 비관주의, 허무주의의 다른 표현에 지나지 않는 것이다.

너무 비약한 감이 없지 않지만 현실정치가 국민을 실망시키는 것은, 그 형태가 이상의 세 가직 원칙을 저버리는 데서 오는 것임은 분명하다. 공개의 원칙, 참여의 원칙, 예측 가능성의 원칙. '새 정치'는 적어도 그 형태에 있어 이 세 요건을 충족시켜야 할 것이다.

'새 정치'의 과제

특권의식에 사로잡히지 않는다든지, 국민 위에 군림하지 않는다든지, 허식을 위한 호화 사치를 피한다든지 이권에 개입해 사복을 채우는 일을 삼간다든지 하는 그 밖의 많은 행동규범은 앞의 세 원칙이 지켜질 때 자연스럽게 뒤따르게 될 것이다.

앞서 밝힌 스타일의 '새 정치'는 과연 어떤 일을 수행해야 되겠는가? 어떤 일을 그 과제로 떠안을 때 실로 '새 정치'의 새로운 뜻이 살아나겠는가?

말할 것도 없이 새 시대의 새로운 문제를 해결하는 일이 그것일 것이다. 21세기를 눈앞에 두고 있는 오늘의 우리 사회에서 새로운 문제로 등장한 것은 무엇일까? 새로운 문제라고 해서 이제까지의 공동체적 역사와 무관한 것일 수는 없다. 생각해 보면, 새로운 문제란 오늘에 이르기까지의 우리의 역사가 배태한 최종의 문제라는 점에서 가장 뿌리 깊은 문제일 것이다.

'새 정치'는 분열과 해체의 양상을 심각하게 보이는 이 국가사회에 하나의 구심점 원리를 세움으로써 전체적인 통합을 이룩해 내는 일을 그 으뜸가는 과제로 삼아야 한다. 때는 바야흐로 남북분단마저도 극복할 수 있는 시점에까지 이르렀다. 그러나 문제는 그런 외적인 통합에 있는 것이 아니다. 민족통합이라는 엄청난 과제를 수행해야 하기에 오늘의 정치가 이룩해 내야 할 통합의 대상은 여러 가지다.

전근대 사회부터 후기 산업사회에 이르기까지 여러 시대상이 병존하고 있는 것이 우리 사회다. 공동체적 시민생활을 가능케 하는 지반으로서 보편적인 공동체 의식, 시민의식이 요구되거니와, 사회통합을 위한 이러한 근본적 요건을 마련하는 일에 비상한 관심을 갖고 노력을 기울여야 할 것이다.

이 근본적인 내적 요건의 충족은 일시적 결정과 조치로써 되는 일이 아니다. 그렇다고 가시적인 아무런 노력 없이, 이를테면, 윤리교육의 영역에 그 책임을 전가해서도 안 되는 일이다. 의식, 가치관은 구체적인 현실생활을 인도하기도 하지만, 사실 그것이 형성되는 곳도 현실생활이다. 사회통합에 필요한 공동체 의식, 시민의식도 사회생활의 구체적 현실 속에서 형성되는 것이라고 보아야 할 것이다.

"따라서 '새 정치'는 이를 위해 지역간, 계층간 위화감을 해소할 수 있는 구체적 방안을 강구해야 할 것이다. 특히 정치인을 비롯한 이른바 특권 계층과 일반 서민인 보통 사람 사이의 이질감이 해소될 수 있도록 '새 정치인' 스스로가 앞장서야 될 것이다. 특권층은 초법적 지위를 누리고 일반인은 법에 의해 보호받지 못한다는 생각이 만연돼 있다면, 이 사회에서 공동체적 통합이란 허구에 지나지 않을 것이다.

21세기를 이끌어갈 '새 정치'

민족통일의 과업도 단순한 체제의 통일이나 국권의 통합 차원에서만 생각할 일이 아니다. 문제는 민족의 동질성을 하나에로 접근시키는 내적 통합의 어려움에 있는 것이다.

정치란 본래 거시적으로 보면 국가공동체의 자기통합적 노력 외에 다른 것이 아니다. 더욱이 정치란 강제력을 갖고 공동체적 삶을 전체적으로 또 직접적으로 총괄하는 최고 국가경영으로서 이런 노력을 기울이는 것이다. 따라서 새로운 변화 속에서 개혁이 요구되는 사회, 그리하여 내면적인 규범의식에 있어서나 외적인 제도나 질서에 있어서나 갈등이 심화된 사회일수록 사회통합이라는 정치의 과제는 그만큼 더 중차대해지는 것이다.

그런데 오늘 우리의 사회에서 이러한 사회적 통합의 노력을 가로막는 방법상, 절차상의 악성 요인이 하나 있는데, 그것이 곧 사회적 행동의 이중구조다. 보통 사람의 경우보다도 지도층의 사회적 행동에 이중구조가 뿌리 깊이 자리 잡고 있다는 것이 큰 문제다. 한 개인이나 집단을 실제로 움직여 어떤 사회적 행동을 하게 하는 요인과 그 사회적 행동을 공중에게 설명하고 합리화시킬 때의 명분이 너무나 다르다는 것이 바로 그것이다.

실질과 명분 사이의 이 괴리가 특정인, 특정 경우에 국한되는 우발적, 일시적 현상이라면, 이는 어느 한 개인의 도덕적 정직성과 관계되는 작은 문제일 것이다. 그런데 문제가 심각한 것은 오늘 우리 사회에 이 괴리는 누구에게나 어느 집단에서나 관행화된 일반적 현상이라는 점이다.

실제로 일어난 사회적 사건과 공중에게 매스컴 등을 통해 공표된 사회적 사건 사이에 왜곡된 분색(粉色)과 포장이 있음을 우리는 어디서나 느낀다. 따라서 우리 사회가 실제로 돌아가는 모습이 일반 국민들에겐 있는 그대로 보이지 않고 왜곡돼 보인다.

다시 말해, 우리 사회에는 사회생활의 지평이 두 가지로 분열돼 있고, 그 각 지평마다 사회생활의 원리는 서로 다르다는 말이다. 하나의 원리는 이기적 탐욕과 폭력의 논리요, 다른 하나는 공동체적 유익을 기한다는 공정과 합리성의 논리다. 이 이중적 구조가 그대로 상존하는 한, 앞서 말한 사회적 통합이 기대대로 이루어지기는 어려울 것이다.

일반인이 지도층에게서 늘 기만당하는 사회, 그래서 국민 대중이 지도층을 신뢰하지 않는 사회, 지도층의 '지도'가 실은 '지도'가 아니고 기만과 오도인 사회, 그래서 국민 대중은 그 '지도'를 따르지 않는 사회, 이런 사회에서 사회적 통합이 이루어질 수는 없는 일일 것이다.

국리민복을 위한 여러 가지 구체적 정책을 수립하고 실천에 옮겨 이나라를 21세기의 세계국가로 고양시켜야 할 '새 정치'는 그 실질적 각론에 들어가기에 앞서 사회통합이라는 원론 내지 총론의 과제를 먼저 수행해야 할 것이다.

〈민주광장, 1992. 8.〉

진보와 보수에 관한 올바른 논의를 위해

1.

진보와 보수, 이 둘은 한 사회공동체의 안녕과 번영을 위해 꼭 필요한 두 힘이다. 진보란 기성의 가치체계 및 이를 기초로 하는 사회적 제도와 체제를 새로운 것으로 바꿔나가려는 움직임이고, 보수란 기성의 것들을 견지하며 그것을 좀 더 원활히 실현시키려는 움직임이다.

이 두 힘은 서로 다른 방향으로 작용함으로써 사회공동체 전체가 살아 움직이면서도 균형을 잃지 않게 한다. 이 둘 중 보수의 힘이 너무 강하면 공동체가 생동력을 잃고 정체된다. 그래서 앞으로 발전해 나아가지 못한다. 그런가 하면, 그중 진보의 힘이 너무 강하면 공동체는 불안정하고 혼란에 빠지게 된다. 그래서 앞으로 나아가려는 움직임이 오히려 공동체를 뒷걸음질치게 한다.

진보의 힘이 더 필요한지 보수의 힘이 더 필요한지는 그때그때의 사회 역사적 상황에 따라 달리 판단될 수밖에 없다. 오늘날에는 어느 사회공동체든지 적어도 계몽된 사회라면 거기엔 진보의 힘과 보수의 힘을 적절히 균배하려는 정책적 노력이 기울여지고 있다고 보아야 할 것이다.

2.

역사적 현실을 내용적으로 볼 때, 진보란 좀 더 많은 사람들이 자유를 누리는 방향으로 사회가 변해 나아가는 것을 가리킨다. 따라서 진보를 핵심으로 삼는 이념, 진보주의는 결국 만인이 평등하게 자유를 누리는 상태를 실현하는 것을 그 궁극목표로 가진다. 따라서 진보주의는 자연히 평등주의와 궤를 함께하게 된다. 한 사람만이 자유로운 군주주의에서 소수의 사람이 자유로운 귀족주의에로, 여기서 다시 가능한 한 다수의 사람이 자유로운 민주주의에로 이행해 온 것을 우리는 역사에 있어서의 진보로 이해한다.

근대 이후 진보주의 이념이 정치 사회적으로 사회주의 내지 공산주의의 기치를 올리거나 적어도 이와 친근한 이념적 성향을 보인 것은 산업화 이후 귀족 못지않게 자유를 누리게 된 중산 시민 계층에게도 허용된 자유의 향유가 더 나아가 이때 형성된 다수의 노동자 계급에게까지도 확산되어야 한다고 생각했기 때문이다.

우리나라의 경우에서도 진보주의는 정치 사회적으로 사회주의 내지 공산주의의 또 다른 이름에 불과한 경우가 많았다. 진보주의는 그것이 명실상부한 것이라면 어떤 경우에도 결국 평등주의를 그 기본으로 하는 것이다.

3.

그런데 이 평등주의의 구현에는 근본적으로 두 가지 심각한 문제가 제기된다.

그 첫째 문제는 평등을 실현하기 위해 개인의 자유를 어느 정도까지 제약하느냐 하는 것이다. 개인의 자유는 인간이 인간으로서 누려야 할 천부의 권리에 속하는 것이기 때문이다. 그 둘째 문제는 향유되는 자유의 평등을 위해 평등하게 향유되는 자유의 질적 내용이 어느 정도까지 빈약해져도 좋은지 하는 것이다.

이 두 문제는 물론 서로 연관되는 것이지만, 별도로 검토해 볼 만한 것이다.

첫째 문제와 관련해 살펴보면, 전체의 평등을 위해 개인이 자유를 제약받는다곤 하지만, 이때 그 전체라는 것이 공허한 이름에 불과한 것이 되기 쉽고, 나쁜 경우에는 소수가 전체의 이름 아래 다수의 자유를 박탈할 수도 있는 일이다.

둘째 문제와 관련해 살펴보면, 공동체의 구성원 전체가 비슷한 정도로 자유를 제약받아 평등한 자유를 누린다 하더라도 그 자유의 실질적인 내용이 빈약하기 짝이 없다면, 즉 삶의 질이 형편없는 것이라면, 그럼에도 불구하고 평등을 지켜야 하는지가 문제된다.

이미 붕괴된 공산권 국가들의 사회상에서 우리는 이 두 가지 문제가 결국 평등주의의 실현 불가능성(또는 실현 제약성)을 말해 주고 있다는 것을 확인할 수 있다.

4.

이상의 원론적인 생각을 오늘의 우리 상황에 적용시켜 검토해 보자.

국내 정치에서 진보와 보수의 길항관계가 어떻게 작용하는지 보자. 특히 경제정책을 수립하고 수행하는 데서 문제가 더 분명히 드러날 것이다. 보수와 진보의 관계가 문제되는 사안으로 이해되는 것 중 가장 두드러진 것은 노사관계일 것이다. 그러나 우선 노동자의 요구를 더 수용하는 것이 위에서 말한 의미에서의 '진보'로 볼 수밖에 없을 만큼 우리의 노사관계에서 아직도 일방적인 것인지 검토해 보아야 할 것이다. 그리고 그 길이 위에서 말한 평등주의의 두 가지 근본문제와 맞닥뜨리지는 않는지 생각해 보아야 할 것이다. 노사관계 외에도 복지 관련 정책 등 여러 가지가 있을 것이다. 그러나 아무튼 국내 정치에서 보수와 진보의 길항관계는 그런대로 국민의 여론에 조응해 가면서 조정될 수 있는 문제라고 본다.

우리에게 심각한 것은 대북문제에서 보수와 진보의 힘이, 혹은 보수주의와 진보주의 사이의 갈등이 커질 수 있다는 점이다.

원론적으로 말해 현재의 가치질서 및 이를 기초로 하는 정치 사회 체제가 확 바뀜으로써 진정 '진보'해야 할 사회는 대한민국이 아니라 북한이다. 우리의 체제를 북한의 체제와 근사한 것으로 만들어야 한다고 생각한다면, 그는 결과적으로 남한의 퇴보를 도모하는 진보주의자, 진보세력이 될 것이다. 이렇게 보면 북한사회야말로 진보세력에 의해 기성체제가 혁신되어야 할 사회인 것이다. 북한의 인권과 경제부흥을 외면하는 진보주의는 진정한 의미에서의 진보주의자가 아니다. 남북관계에서 진보와 보수의 건전한 관계는 북한의 진보주의가 한국의 보수주의를 뒤따라와야 하는 형국이다.

5.

이런 상황을 고려해 볼 때, 어느 상황에서든 우리가 유의해야 할 확실한 사실은, (1) 진보든 보수든 그 힘이 왜곡되지 않은 채 제 본디 이름으로 작용해야 한다는 것과 이에 앞서, (2) 진보와 보수의 대상 자체에 대한 이해에 혼선이 없어야 한다는 것이다.

(1)에 관해 살펴보면, 실질적으로는 보수적인 힘인데 그것이 진보의 이름으로 작용한다면 진정한 진보의 힘은 머물 자리를 잃고 축출될 것이다. 그렇게 되면 사회공동체는 경직되고 정체되면서도 이러한 현상 자체에 대한 자기진단과 자기반성을 하지 못하게 될 것이다. 그런가 하면 실질에 있어 진보적인 힘이 보수의 이름으로 작용한다면 진정한 보수의 힘은 그 활동공간을 잃게 될 것이요, 그렇게 되면 사회공동체는 불안정하고 방향성을 잃으면서도 이를 자각할 계기를 갖지 못할 것이다. 이렇게 볼 때 진보와 보수의 힘을 어떻게 적절히 조화시키느냐 하는 정치철학적 논의에 있어 첫째로 경계해야 할 것은 바로 이 개념과 실제 사이의 부정합성이다. 진보의 힘은 진보의 이름으로 작용해야 하고 보수의 힘은 보수의 이름으로 작용해야 한다.

(2)에 관해 살펴보면, 성과 있는 논의를 위해 충족되어야 할 또 하나의 더 중요한 전제는 진보 또는 보수의 대상에 대한 공통인식이다. 한쪽에선 진보적으로 개혁해야 할 대상으로 A를 생각하고 있고 다른 한쪽에선 보수적으로 견지해야 할 대상으로 B를 생각하고 있다면, 진보적 태도가 더 합당한지, 보수적 태도가 더 합당한지에 대한 이 둘 사이의 논의는 논

점을 공유하지 못하기 때문에 무의미해질 것이요, 자연히 보수와 진보의 조화를 찾는 일은 실제로 불가능한 일일 것이다.

여기서 우리는 '진보'와 '보수'에 대한 개념적 이해를 분명히 하는 것이 중요함을 다시 확인하게 된다. 본래적인 의미로 보면 '보수'란 현존하는 가치체계를 지킨다는 뜻이고, '진보'란 현존하는 가치체계를 부인하는 가운데 새로운 가치체계를 지향한다는 뜻이다. 따라서 보수주의란 현존하는 가치체계, 그리고 이를 기반으로 하는 당대의 정치적, 경제적 국가 사회 체제를 견지하고 실현시키려는 일관되고 체계적인 태도나 견해를 이르고, 진보주의란 새로운 가치체계, 그리고 이를 기반으로 하는 새로운 정치적, 경제적 국가 사회 체제를 제시하고 이의 실현을 주창하는 일관되고 체계적인 태도나 견해를 가리킨다.

6.

이렇게 생각해 볼 때, 건전한 의미에서 진보와 보수의 대립과 균형을 논하기 위해 우리가 먼저 숙고해야 할 문제는 순차적으로 다음의 것들이어야 한다.

(1) 지금 우리 사회가 그 존립의 원리로서 의거하고 있는 가치체계가 어떤 것인가?

(2) 이 가치체계는 한국사회의 미래를 전망해 볼 때 더 이상 우리가 의거하기 어려운 무력하고 낡은 것인가?

(3) 만일 그러하다면, 그것은 어떤 요소들에서 왜 그러한가?

(4) 미래를 열어가지 못할 문제의 요소들이 있다면, 그들은 어떤 내용

으로 대체되어야 하겠는가?

(5) 대체되어야 할 내용이 너무 광범하고 원리적인 것이어서 현존의 가치체계 전체가 전면적으로 새로운 가치체계로 대체되어야 하겠는가?

(6) 만일 그러하다면, 그 새로운 가치체계란 과연 어떤 것이어야 하겠는가?

이 물음들의 핵심을 하나로 축약시켜 보자면 다음과 같다.

오늘 한국사회는 과연 지난 반세기에 걸쳐 의거해 왔던 가치체계를 청산하고 새로운 가치체계를 정립해야 할 사회사적 변환기에 처해 있는가?

7.

이러한 근본적인 물음은 은폐된 채, 현금 정치권에서 회자되는 보수 대 진보의 대립상에서 드물지 않게 눈에 띄는 개념적 오해 내지 왜곡의 내용에는 다음과 같은 것들이 있다.

진보진영 = 젊은 인터넷 세대	보수진영 = 늙은 문자세대
진보세력 = 중하류 중산 빈곤층	보수세력 = 상류 부유층
진보주의자 = 서민 대중	보수주의자 = 특권층, 기득권층
진보적 성향 = 도덕적 건강	보수적 성향 = 도덕적 해이, 타락
진보지역 = 호남지역	보수지역 = 영남지역

엄정하게 살펴보면 이 대립구도는 진보주의와 보수주의라는 이념적

대립 자체와는 너무도 거리가 먼 왜곡된 것임에 틀림없다.

실은 더 심각한 문제가 또한 은폐되어 있다. '진보'는 과연 한국에서 필요한 것인가, 아니면 북한에서 더 간절히 요구되는 것인가 하는 문제다. 해방 이후 남북의 국가 사회적 체제는 각기 자립적 정체성을 갖추며 그 역할을 해왔다. 그리고 이들 체제는 각기 서로 다른 가치체계를 그 사상적 기반으로 하고 있다. 그런데 남북의 체제 가운데 민족공동체의 번영과 발전을 위해 어느 쪽이 더 우수한 것으로 판명이 되었는가? 어느 체제가 새로운 가치관을 수용하여 전면적으로 혁신되어야 하겠는가? 이 혁신이 필요한 사회에서 진보가 이루어져야 하는 것 아닌가? 북한에서 급진적 진보가 이루어져 한국의 보수에 가까스로나마 따라붙어야 하는 것 아닌가? 한국에서 체제를 바꿔 북한의 체제를 수용할 수 있을 만큼 '개혁'한다면, 이는 '진보'가 아니라 명백한 퇴보다.

8.

한국에서의 보수주의는 그간 특권, 특혜, 부정, 비리에 연루된 사람들, 집단이 주창해 왔다는 점에서 왜곡되어 왔으며, 따라서 현재 우리가 지지하고 있는 가치체계, 정치 사회적 제도, 질서(자유민주주의, 시장경제 체제가 이의 근간 아닌가!)를 굳게 견지하고 더 원활히 실현해야 한다면, 이는 진정한 부패한 기득권 세력과는 구분되는 진정한 보수주의자들에 의해 주창되고 추진되어야 한다.

〈미발표, 2007〉

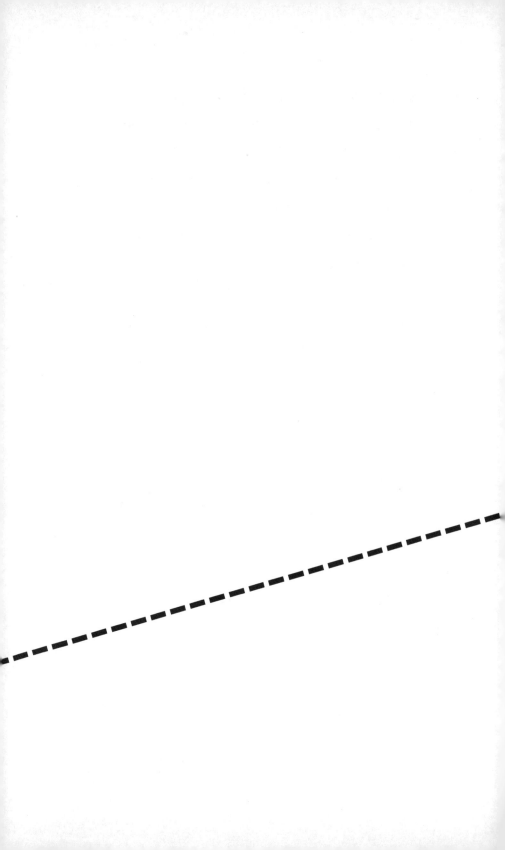

|2부| 대학정신을 향하여

“

I. 단상: 고백, 간청, 호소

잃은 것, 되찾아야 할 것

새내기 여러분,

솔직히 말해 저는 오늘 대학에 입학하는 여러분에게 축하의 인사말을 건네기가 망설여집니다. 장한 일을 해냈다고 흔쾌히 축하해 주고 싶은 마음보다는, 그 악몽 같은 입시경쟁의 긴 터널을 빠져나오느라 애썼던 것에 대해 위로하고 싶은 마음이 더 간절합니다. 기성세대의 출세주의가 교육열이라는 이름으로 여러분의 꽃다운 청소년 시절을 압류했던 것은 아닌지, 안타깝고 미안해서 마음이 편칠 않습니다.

그래도 아무튼 낙오하지 않고 오늘 이 자리에 선 것은 물론 잘한 일입니다. 하지만 이를 그저 기뻐하고 만족스러워하기에는 여러분이 치른 대가가 너무 컸다는 것을 알아야 합니다. 그리고 이제 지난 시간 속에서 잃어버린 것을 앞으로의 시간 속에서 되찾을 생각을 해야 합니다. 그래서 저는 지금, 여러분이 잃은 것, 되찾아야 할 것에 대해 말하고 싶은 겁니다.

첫째, 여러분은 이제 자신의 '주인됨'을 되찾아야 합니다. 술 마시고 노래하고 춤을 추든, 강의 듣고 공부하고 시험을 보든, 스스로가 결정해서 해야 합니다. 교수님이나 부모님이 시키니까 한다거나, 사람들이 다 그렇게 하니까 나도 한다거나 해서는 안 됩니다. 스스로가 진정 원하는 것을 스스로의 의지에 따라 해야 합니다. 그런데 스스로가 진정 무엇을 원하는지, 아니 원해야 할지를 안다는 것은 쉬운 일이 아닙니다.

그러니 둘째로, 여러분은 이제 '생각하는 힘'을 되찾아야 합니다. 충동이나 감정에 휘둘리지 않고 냉철하게 생각하는 힘을 길러야 합니다. 뜨거운 가슴이 없으면 아무 일도 못합니다. 뜨거운 가슴은 우리를 움직이게 하는 힘의 원천이기 때문입니다. 그러나 우리가 언제 무엇을 향해 움직일지를 결정하는 것은 뜨거운 가슴이 아니라 차가운 머리입니다. 그러니 사물을 깊이 들여다보고 넓게 살펴보며, 나의 뒤를 돌이켜 보고 앞을 내다봄으로써, 삶을 총체적으로 조망할 수 있는 그런 사고의 힘을 길러야 하는 겁니다.

그렇게 하려니 셋째, 여러분은 이제 좀 더 다양한 것을 체험하고 깨닫고 또 행하는 '열린 생활'을 되찾아야 합니다. 새로운 것, 낯선 것, 불편한 것, 다른 것을 즐겨 접하고 이해하고 받아들여 내 삶의 새로운 영양소로 삼아야 합니다. 말하자면 획일적인 단세포 생물의 상태를 벗어나 복잡한 유기적 자아를 창의적으로 형성해 나아가야 한다는 것입니다. 폐쇄된 곳에서는 새로운 것이 창조되지 않는 법입니다.

너무 아픈 애기일지 모르지만 여러분은 대체로 학업성적이라는 단 하나의 척도를 지팡이 삼아 부모나 교사나 사회통념이 원하는 바를 좇아 대학 문을 향해 달려왔습니다. 주체성은 차압당했고 지성은 마취되어 있었으며 개방성, 창의성은 위험시되었습니다.

그런 여러분에게 이제 자유의 공간이 주어진 겁니다. 이 자유의 공간에서 여러분은 앞으로 마음껏 뛰놀 것입니다. 그러나 자유는 자율의 원리로 잘 훈련받은 사람에게나 값진 결실을 가져다줍니다. 타율에 길들어져 있는 사람에게는 혼란스럽고 위험한 공간이기도 합니다. 여러분은 이제 안으로 자율을 내재화하는 일과 밖으로 자유의 공간을 내 고유의 영토로 가꾸는 일을 동시에 해내야 합니다. 주체성과 지성과 개방성을 바탕으로 해서 말입니다.

새내기 여러분,

즐거워해야 할 날, 제가 너무 무거운 얘기를 했습니까? 대학을 졸업할 무렵, 오늘의 제 얘기가 여러분의 뇌리에 싱거운 이야기로 탈색되어 있길 바랍니다. 그러면 그때 저도 싱겁게 웃으며 여러분의 졸업을 진심으로 축하하겠습니다.

〈성대신문, 2003. 2.〉

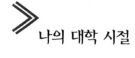

나의 대학 시절

철학에의 집행유예

내가 정말 조금도 거짓말을 하지 않고 이런 글을 쓸 수 있을지 의문이다. 자랑스럽게 생각되는 일이란 별로 없고 부끄러워 숨기고 싶은 일들만 떠오르는 것이 나의 대학 시절이기 때문이다. 그런대로 철학과 만나 철학과 씨름했던 내 내면의 도정이나 고백해 볼까.

거두절미하고 말하자면 황량하고 참담한 시작이었다. 확신과 희망과 의욕을 갖고 시작해야 할 대학생활을 나는 좌절과 절망과 회의 속에서 시작했으니 말이다. 가까스로 스스로에게 집행유예 처분을 내리고, 그러나 이 유예기간 중 어쩌면 사면을 받을지도 모른다는 기대 따위는 갖지도 못한 채 시작한 것이 나의 대학생활이었다.

이 집행유예란 곧 나를 '철학'에 밀어 넣는 것이었다. 나에겐 다른 선택지가 없었다. 바야흐로 성인이 되어 나의 삶을 내 스스로가 살기 시작해야 할 그 즈음, '철학'에의 집행유예 외에 굳이 또 다른 선택지가 있었다고 한다면, 그건 간단히 죽어버리는 것과 '아무렇게나' 살기로 마음먹고 실행에 옮기는 것이었다. 그런데 나는 차마 이것만은 할 수가 없었다.

간단히 생물학적으로 죽는 것은 솔직히 말해 무섭고 두려워서 못했고, '아무렇게나' 살기로 하고 인간학적으로 죽는 것은, 사실 좀 그렇게 하려고 해보기도 했지만, 실제론 잘 되질 않았다.

정직한 사람은 기만당하고, 순수한 사람은 이용당하고, 선량한 사람은 억압받고, 성실한 사람은 무시당하고, 의로운 사람은 핍박받고, 게다가 사랑하는 사람은 고통받고….

나의 건강한 신체를 부끄러워해야 할 만큼 무서운 가난에 시달려 살면서 내가 가난 뒤에서 읽어낸 것은 바로 이런 '인간의 어두움'이었다. 가난이 나에게 그저 물질적 궁핍이요 일상의 불편일 뿐이었더라면, 나는 가난을 벗어날 길을 먼저 찾았을 것이다. 그러나 나는 유감스럽게도 가난이 저 어둠들과 얽혀 있다고 생각했고, 그래서 더 가난해지는 길로 들어섰던 것이다. 나는 저 어둠 속에 그저 파묻히기 전에, 인간이란 것이 정말 그런 존재인지, 우리가 살고 있는 세계란 것이 본래 인간을 그럴 수밖에 없도록 만드는 것인지 한번 알아라도 보고 싶었던 것이다. 그래야만 인생이 살 만한 것인지, 어떻게 살아야 되는 것인지 알 수 있을 것 같았고, 그것을 모르고선 아무 일도 할 수 없을 것 같았다.

이렇게 집행유예 케이스로 대학 철학과에 들어선 나는 그러나 그 집행유예 자체가 무의미해질 만큼 실망하고 또 실망했다. 도대체 내가 품고 들어왔던 그 물음들의 절절함에 비추어 볼 때, 내가 철학과에서 배우는 것은 한마디로 말해 나를 집행유예시켜 준 그 '철학'이 아니었기 때문이다. 그런데 희한한 것은, 내가 4년 내내 실망하기를 지속적으로 했다는 것과, 거듭할수록 실망의 내용은 더 확실해졌지만 그러면서도 그 실망이 차츰 덜 고통스러운 것으로 되어갔다는 것이다. 딱히 어느 학과 공부에서 배웠다고는 할 수 없지만, 나는 인간과 세계에 '어두움'이 있다는 그 실망과 더불어 이 실망의 내용을 그대로 받아들일 수밖에 없고 또 받아들여야 한다는 깨우침을 점차 얻게 되었다.

세계가 어둠으로 보이는 것은 내가 그런 어둠 속에 서 있기 때문이며, 세계에는 어둠만큼 빛도 있다는 것, 아니 세계 그 자체는 어둡지도 밝지도 않다는 것을 어렴풋하게 깨닫기 시작했을 때, 나는 그것이 하기 쉬운 체념이 아니라는 것도 함께 알 수 있었다.

억제된 분노를 삭이며 울울(鬱鬱) 답답의 심정 속에서 지루하게 이어졌던 그 아둔했던 학구가 나도 모르게 나의 절박하고도 뜨거운 고통을 식혀주었던 모양이다. 대학을 졸업할 무렵 뒤늦게 나는 집행유예로서의 '철학'이 아닌 탐구하는 철학에 마음을 주게 되었고, 그래서 새로이 철학을 시작하게 되었다. 나의 자아에 기점을 잡고 그것에 맞추어 세계를 정위시키려는 주관적 실존의 폐쇄성에서 벗어나, 냉랭하면서도 엄연한 세계를 출발지평으로 삼아 그 속에서 나를 정위시키는 객관적 세계지향성에서, 마치 열병의 고통을 딛고 일어선 의연한 자아를 느끼는 듯도 했다.

〈대학연합신문, 1990. 4.〉

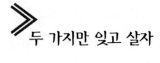

두 가지만 잊고 살자

교수님, 이 무슨 황당한 말씀이십니까? 우리 인생을 아예 망칠 작정이십니까? 대학을 왜 다니는데요? 오직 이 두 가지 때문에 다른 하고 싶은 일 다 제쳐놓고 하기 싫은 공부 꾹 참고 하고 있는 우리들에게 이 무슨 해괴한 말씀이십니까? 낮술에 취하셨습니까? 그 어느 때보다도 취업난으로 고민하는 우리들 염장 지르시는 겁니까? 우리 대학 교수님 맞습니까?

그렇다. 재학 중에 좋은 성적 받아놓고 졸업하면서 좋은 직장에 취업하는 것이 거의 모든 재학생들의 소망 중의 소망이다. 내가 왜 그걸 모르겠나? 반세기 동안 이 대학에서 누구 못지않게 학생을 아끼고 나름대로 열심히 학생을 가르쳐온 내가 그걸 왜 모르겠나? 그러니까 하는 말이다.

열심히 공부하지 말라는 얘기가 아니다. 그저 A학점을 '따기 위해' 공부하지 말라는 거다. 취업 그 자체를 위해 공부하지 말라는 거다. 성적은 학업의 외형적 결과일 뿐이요, 졸업 후 취업은 내 일생의 삶을 위한 하나의 잠정적 요건일 뿐이다.

한 학기 동안 빠짐없이 출석하여 수업에서 얻은 지식을 리포트에, 기말 시험지에, 다 쏟아넣어 교수에게 고스란히 반납하고 텅 빈 머리로 돌아선다면, 전 과목 A 아니라 A+를 받은들 그게 무슨 소용인가. 내 학업의 결과로 얻은 것이 그저 A+ 성적일 뿐이라면, 그게 진정 나의 지적 수확이 되겠는가. 새로운 세계에 대한 지적 모험도 체험도 없고, 사물을 보는 안목을 넓히고 깊게 하는 지적 성장도 없고, 자신의 삶에 대한 지적 각성도 없다면, 성적표에 적힌 '전 과목 A+'가 무슨 의미가 있겠는가. 설령 그것이 졸업할 때 나의 취업에 도움이 된다 한들, 그런 위장된 지적 빈곤이 두고두고 내 생애 전체를 떠받쳐주는 디딤돌이 될 수 있겠는가.

내 얘기는 실은 그 어느 때보다도 더 열심히 공부해야 한다는 거다. 다만, 학업 자체의 본래적 목적과 그 외형적 결과인 성적을 전도시키지 말라는 거다. 성적표에 적히는 기록에만 매달리다가는 종국적으로는 대학을 헛다니고 마는 셈이 되기 쉽다는 거다. 성적에 매달려 전전긍긍하지 말고 졸업 후 취직에 아등바등하지 않는 가운데, 학업의 본래 목적을 위해, 즉 자신의 지적 체험을 풍부히 하고 지적 성장을 내실 있게 하고 지적 각성을 확실하게 하기 위해 열심히 노력하는 것이 중요하다. 그렇게 하는 것이 길게 보면 대학 다닌 보람이 더 확실해진다는 말이다. 이런 노력을 아끼지 않는 사람에게 나쁜 성적이 나오고 취업의 기회가 찾아오지 않을 리가 없다. '전 과목 A'가 아니면 어떻고 '일류기업 취직'이 아니면 어떠하랴.

세상이 급변하고 있다. 인류적 차원에서 문명의 기본 패턴이 바뀌고 있다. 이제 대학교육도 기성 전문지식의 전수로는 그 소임을 다할 수 없는 세상이 되었다. 이른바 정보사회의 변모된 지적 지형이 이를 요구하고 있다. 앞으로 우리에게 해결을 요구하며 다가오는 문제들은 기성의 지식으로는 대처하기 어려운 미지의 것이다. 다만, 그것이 동시적 해결을 요구하는 복합적인 것일 거라는 예상은 충분히 할 수 있다.

의사소통에서, 지식의 창출과 유통과 활용에서, 시공적 제약을 뛰어넘게 하는 디지털 기술이 이 변화의 진원지다. 이제는 불투명한 미래에 대처할 수 있는 기초적인 지적 능력, 즉 비판적, 창의적, 종합적 사고능력의 함양이 대학교육에서도 교육목표의 중심항목이 되어야 한다. 대학 졸업 후 직업적 활동이 네댓 번 바뀔 수 있고(평생교육이란 이제 남의 일이 아니다!), 이에 따라 생소한 새로운 영역에서 새로운 학업을 거듭해야 함을 상정한다면, 대학 시절에 어떤 공부를 해둬야 할지 분명해진다. 어떤 새로운 상황에서 어떤 새로운 문제들에 부딪치더라도 이에 대처할 수 있는 기초적인 능력을 길러둬야 한다. 그리고 더 넓은 지평을 조망하는 안목을 갖춰둬야 한다. A 학점들로 이루어진 성적표가 이를 보장해 주지 않음을 깨달아야 한다. 졸업 후 한 번 취직되었다 해서 그게 평생의 직업 활동을 보장해 주는 것이 아님을 알아야 한다.

〈성대신문, 2010. 5. 20.〉

일그러진 대학의 한 얼굴

동훈아!

내가 네 졸업을 축하한다고 했을 때 너는 그 축하의 뜻을 어떻게 받아들였는지 모르겠다. 으레 그때쯤 되면 주고받는 인사말 정도로 생각했을까. 내가 그런 빈말 겉치레에 능하지 않다는 것, 아니 그런 걸 아주 싫어한다는 것을 너도 잘 알 터이니 그렇게는 생각지 않았겠지.

'졸업(卒業)'이라면 하던 일을 끝냈다는 것 아니겠냐. 영어로는 이에 해당하는 말(commencement)이 '시작'을 뜻한다지만 그야 한 가지 일을 끝내고 나면 곧이어 뒤따르는 일을 시작해야 되는 것이 죽기 전까지의 우리 인생이니, 졸업이 시작임은 당연한 것이라 하겠다.

채 졸업도 하기 전에 즐거운 비명을 지르며 유수한 직장에 끌려가(?) 오리엔테이션을 받는다 연수를 받는다 하며 뛰어다니던 너야말로 일의 끝내기와 새로운 일의 시작을 겹치기로 연출해 냄으로써 '졸업 즉 시작'의 참뜻을 몸으로 익히기에 충분했을 것이다. 사실 나는 대학 시절의 마지막 가을학기를 그렇게 황망히 보내는 네가 적이 불만스럽고 안쓰럽기까지 했다. 새로운 시작은 지금까지의 일을 잘 마무리짓고 나서 그 성과의 의미를 음미하고 그 보람을 속으로 새기는 반성의 휴식시간을 그 준비로 가져야 되는 것 아니겠냐.

아무튼 너는 잘도 해냈다. 16년간의 길다면 긴 학창생활을 좌절하거나 낙오하는 일 없이 잘도 버텨냈다. 아니 좌절이나 낙오가 아니라 오히려 남보다도 앞에 서서 남보다 낫게 훌륭히 이끌어왔다. 내가 네게 졸업을 축하한다고 할 때 내가 실로 축하한 것은 바로 이것이었다. 요즈음의 세태엔 어울리지 않지만 '형설(螢雪)의 공(功)'이란 말이 있지. 보기에 따라서는 활짝 열린 큰 길을 그저 내달려 오기만 한 것이 정학 한 번 안 당해 본 너의 학창생활이라고 얕잡아 볼 수도 있겠지만, 나는 너 역시 여러 모습의 고난의 언덕을 넘어 이 16년 세월에 훌륭한 대미(大尾)를 장식했다고 생각한다. '졸업축하'로써 내가 치하한 것은 바로 너의 이 성취요, 이를 위해 바쳐진 너의 인내와 자제와 열심과 성의와 용기였다.

동훈아, 그런데 이게 웬일이냐. 때론 인내로, 때론 자제로, 때론 용기로 성의 있게 열심히 넘어온 그 고난의 역정을 마감하는 그 뜻깊은 상징의 자리가 어찌하여 그토록 난장판이더란 말이냐. 흔히 졸업식이라고 하지만 대학에서는 그게 '학위수여식'이 아니더냐. 그간 쌓아온 성취의 총량을 실질적으로나 형식적으로나 집약시켜 놓은 것이 '학사'라는 학위가 아니겠냐. 그런데 그 결정체를 수여하고 수여받는 자리가 어쩌면 그토록, 그토록 난장판이더란 말이냐.

실토하거니와 나는 아연실색했다. 수치심, 배신감, 나아가 분노 같은 것도 느꼈다.

16년간의 학창생활이 그저 지루한 악몽의 세월이었을 뿐 아무 의미도 아무 보람도 없는 것이었다고 생각해서 그런단 말이냐. 대학교육까지를 아무나 받느냐. 여러 가지 점에서 선택된 사람이요 그 의미를 알고 그것에 책임질 수 있는 사람이 대학의 문을 나서야 되지 않겠느냐.

　학사학위가 학창생활 동안 노력하여 성취한 결정임을 수긍한다면, 아무리 학위수여식이 의식이요 형식이라 하더라도 그렇게까지는 못 하리라. 내 감각이 그저 구태의연한 것이라면 언제라도 수정하마. 그러나 학위가 중요하지 학위수여식이 중요한 것은 아니라고 항변한다면, 나는 되묻고 싶다.

　왜 학사복을 입고 학사모를 쓰고 기념사진은 찍느냐? 졸업식날 아예 학교에 오지 말고 어느 날 와서 학위증만 받아 가거라. 금잔디 광장이 그날 꽃 파는 아주머니들, 필름 파는 아저씨들이 설치는 시장판으로 타락해서야 되겠느냐. 그렇게 해서 학위수여식이라는 대학의 권위의 상징을 스스로 파손시켜야 되겠느냐.

　너희들은 대학문을 나서 사회로 나아가지만 그것이 대학과 결별하는 것은 아니다. 대학은 앞으로도 너희 후배들이 뒤이어 지키고 발전시킴으로써 또한 그들 스스로 자신을 성장케 할 영원한 터전이다. 그로써 대학의 활력은 너희가 어디에 가서 무슨 일에 종사하든 너희 활동의 샘이 되어야 하는 곳이다. 대학문을 나서며 대학을 팽개치듯 떠나버리는 사람이 있다면 그는 이제까지 스스로가 성취한 것의 권위를 스스로 부정하는 자다.

　동훈아, 내가 교수랍시고 돼먹지 않은 권위주의를 내세우고자 함이 결코 아님을 너는 잘 알겠지. 대학의 참된 권위가 너희들이 성취한 결실들로 하여 제 모습을 찾을 때, 대학을 위협하고 대학의 생명을 훼손하는 권위주의는 극복될 것이다. 권위란 그것을 대하는 사람을 승복시키는 힘이지 그 사람을 강제시키는 힘이 아니다. 참된 권위가 짧고 얕은 생각으로 인해 점점 힘을 잃을 때, 우리를 강제하는 사이비 권위가 일어서는 것이요, 이런 사이비 권위를 일으켜 세우려는 잘못된 생각이 곧 권위주의가 아니겠냐.

대학생활을 마치며 이곳에서의 성취가 갖는 의미와 힘을 깊이 인식한다면, 너희 졸업생들이 졸업식전을 그토록 무참히 황폐화시키지는 않을 것이다. 대학이 지녀야 할 참된 권위의 표징을 그토록 무참히 훼손하지는 않을 것이다.

〈성대신문, 1988. 3.〉

대학, 무엇 하는 곳인가

연일 터지는 입시부정 소식에 벌어진 입이 닫히지 않는다. 염라대왕도 어찌 해볼 수 없다는 학력고사의 보안을 책임진 장학사, 바로 그 사람이 답안을 빼돌려 학교 성적 최하위의 학생을 어떤 의과대학에 수석합격 시켰다니, 이쯤 되면 우린 모두 기절해서 깨어나지 말아야 한다. 전국의 수십만 학생 및 학부모의 서슬 퍼런(?) 관심의 눈길을 의식하며 출제 교수를 비롯, 그 많은 인원을 40여 일씩 호텔에 감금시켜 놓고 지키려했던 그 국민적 '톱 시크릿'이 그토록 간단히 전화선을 타고 흘러나왔다니, 이게 무슨 흥행 최고기록을 세우겠다는 한국판 첩보영화의 한 장면이라도 된단 말인가.

아니다. 열낼 일이 아니다. 어쩌면 김 장학사라는 그 사람, 그가 오늘 우리 사회의 '시대정신'을 간파한 사람인지 모른다. 자본주의 사회, 돈이 좋은 사회, 돈이면 거의 모든 것을 하고 싶은 대로 할 수 있는 사회, 여태 우리 사회가 그런 사회였는데, 거기서 돈 벌리는 일을 왜 마다하겠는가.

둘러보라, 돈 버는 일에 어디 왕도가 따로 있었더냐.

돈 벌리는 일이라면 우린 뭐든 하지 않았던가. 열사(熱沙)의 땅에 가서 땀만 흘렸던가. 정글 속의 남의 싸움에 가서 피도 흘리지 않았던가. 우리 모두 돈 맛을 보고 돈독(毒)이 올라 눈을 휘뒤집고 설쳐대지 않았던가. 그래서 드디어는 부동산 투기로 수를 높이지 않았던가. 도저히 사고파는 상품이 될 수 없을 것으로 보이던 집과 땅이 상거래 일순위로 되는 마당에, 사람 몸이라고, 아니 사람 목숨이라고 상품이 되지 말랬더냐. 신상품 개발이 어디 인신매매에서 멈추었더냐. 실물이 없어도 좋고 등기절차도 필요 없는 하나님 나라까지 상품화되지 않았더냐. 휴거의 열망을 보지 않았더냐.

자, 돈 벌리는 게 분명한데 상품으로 되지 않을 것이 무엇이겠나. 더구나 현대는 정보의 시대라고 하는데, 지적소유권이 저토록 강조되는 마당인데, 학력고사 답안지라면, 이건 이 시대 최고의 상품이 아닌가. 그는 이렇게 감탄했을지 모른다. "아, 저에게 이런 황금의 기회를 주시니, 오늘의 시대정신이여, 저는 다만 당신의 종복이로소이다."

장사꾼이 사회의 최하층을 이루던 옛날을 그리워하자는 것이 아니다. 돈이 좋은 것이요 돈을 벌려면 장사를 해야 한다는 것, 누가 그걸 부인하겠는가. 문제는 뭐든지 장사하듯 하려는 상업주의요, 뭐든지 돈으로 그 값어치를 재려는 금전주의다. 말로는 모두, 인간에겐 물화(物化)될 수 없는 교육의 인격적, 정신적 영역이 있다고들 한다. 이 영역을 지키고 살찌우고 북돋우는 것이 곧 문화의 창조요, 이것이 가장 가치 있는 것이라고 한다. 그러나 과연 우리는 이런 생각대로 살고 있는가. 우리가 몸담고 있는 대학사회에 국한시켜서만 생각해 보아도, 이 물음에 자신 있게 그렇다고 답할 사람은 많을 것 같지 않다.

　대학은 과연 무엇 하는 곳인가? 대학도 역시 장사하는 곳인가? 지식 장사, 입학허가증 장사, 졸업증 장사, 학위 장사, 게다가 가능하다면 부업으로 부동산 장사까지? 아마 실제로 그런 장사를 한 장본인조차도 대학은 그런 곳이 아니라고 할 것이다. 밖으로는 언제나 대학의 이념으로 "인격의 함양과 새로운 가치의 창출…" 등을 운운할 것이다. 그러면서도 안으로는 저 '장사'에 열심인 것이다. 대학의 이런 모습이 어느덧 국민 모두에게 비친 모양이다. 대학에 들어가려는 학생이나 자녀를 대학에 보내려는 학부모나 대학을 운영하는 운영주체나 또 대학 밖의 일반인들이나 모두 대학을 더 이상 인격을 함양하고 새로운 보편적 가치를 창출하는 곳으로 보지 않는 것 같다. 대학 졸업은 속세적 출세를 위한 통과의례 같은 것이요, 따라서 대학의 간판만이 문제라는 생각이 너무 만연해 있는 것 같다. 저 상상하기 힘든, 아니 어쩌면 당연히, 입시부정의 여러 양상에 이런 생각이 짙게 반영되어 있는 게 아닌가.

　대학운영에 엄청난 돈이 드는 것은 다 아는 바다. 대학교육의 내실을 기하려 할수록 교육투자의 규모는 더 커진다. 입시부정, 부정입학의 여러 경우가 사립대학의 경우 이러한 대학재정의 문제와 결부되어 있음이 드러났다. 사리사욕에서 유래한 것이 아닌 만큼 법적으로는 부정입학이지만 도덕적으로는 면죄된다는 의견도 있었다. 그러나 문제가 어려울수록 우리는 근원으로 돌아가 생각해야 한다. 대학이 그저 신지식 생산 기업체가 아니라면, 그 속에서 사고팔 수 없는 '사람'이 길러지는 곳이라면, 기업운영의 논리는 어디까지나 부차적인 선에서 멈추어야 한다. 사람을 더 잘 길러내자고 '사람' 잡는 방법을 쓸 수는 없는 일이다. 대학 안

팎의 여러 부정 비리를 놓고 법적 제재를 가하고 제도적 개선을 궁리하고 새로운 정책을 세우고… 할 수 있는 모든 일을 해야 한다. 그러나 대학을 살리고, 그래서 나라를 살리고 사람을 살릴 생각이면, 그에 앞서 모두 스스로 물어봐야 한다. 대학은 과연 무엇 하는 곳인가?

〈성대신문, 1992. 4.〉

조선을 아십니까?

나는 역사학자가 아니다. 조선의 역사에 대해 아무런 전문지식이 없다. 그저 학교 시절 국사 시간에 배운 상식 수준의 지식밖에 없다. 그런데 내가 잘못 배운 것인지는 모르겠으나, 내가 배운 바에 따르면 조선이라는 나라는 애국충정에 불타는 위인 몇 사람 빼고는 보잘것없는 나라였다. 하긴 그토록 '천박하고 야비한 왜(倭)놈'들한테 침략받아 망한 나라이니, 역사 선생님들께서도 학생들에게 뭔가 우람하고 장대한 위업이라곤 보여줄 것이 없었는지 모른다. 전쟁이라도 났다 하면 그건 매번 외적이 처들어와 벌어진 전쟁이고, 그래서 그랬는지 통쾌한 승리로 전쟁을 끝낸 적이 한 번도 없다. 군왕이 허둥지둥 전란을 피해 다니다가, 겨우겨우 나라의 명맥을 유지하느라 비굴하게 항복하는 경우도 있었다.

그래도 나는 조선의 위대함을 알고 있다. 그리고 이 위대함이 다른 모든 취약함을 덮고도 남는다고 생각한다. 인간의 존엄성과 이의 구현을 위한 역사의 발전을 생각한다면 반드시 도달해야 할 것이 이것인데, 이를 조선이 이미 도달했기 때문이다. 그게 뭘까? 국가라는 것이 지상에 있다면 그것이 해야 할 일 중에 가장 근본적인 것이 무엇이며, 이의 실천을 위해 꼭 필요한 국권이라는 것은 어떻게 형성되어야 할까? 조선의 위대함은 이런 물음에 대한 답에 있다.

인간은 여러 가지 활동을 벌이지만, 그 가운데는 그 자체로 가치 있는 것이 있는가 하면, 어떤 것은 다른 무엇을 위한 수단으로서만 의미가 있는 그런 것도 있다. 누구나 돈을 벌고자 애를 쓰지만, 사실 돈 버는 일은 그 자체가 목적이 되는 건 아니다. 돈은 그 자체로 가치 있는 것이라기보다 다른 어떤 일을 위해 필요한 것이기 때문에 가치 있는 것이다. 이런 걸 철학자들은 수단적 가치라고 부른다. 그런가 하면 사람을 살리는 일은 그 자체로 가치 있는 일이다. 그것은 다른 어떤 목적의 수단이 될 수 없다. 이를 목적적 가치라 부른다.

그런데 국가에서 벌이는 일에도 이런 구분은 적용된다. 시대의 차이를 떠나 많은 정치 지도자들이 '부국강병(富國强兵)'을 국가의 근본과제라고 믿고 이를 위해 힘써왔지만, 실은 이는 다만 국민의 삶에 꼭 필요한 최소한의 요건을 갖추는 것에 지나지 않는다. 외적으로부터 나라를 지키고 백성들이 배불리 먹고 살게 하는 것, 이것이 국가가 해야 할 과제의 전부는 아니라는 말이다. 백성들은 그 우선 '생명과 재산'을 보호받아야 한다. 그리고 '먹고사는 데' 큰 문제가 없어야 한다. 하지만 인간의 삶이 이로써 그 가치를 다 실현시켰다고 말할 수는 없다. 말하자면 그것은 다만 수단적 가치의 실현에 불과한 것이요, 그 자체 목적적 가치를 갖는 것은 아니다. 그러므로 국가도 국민의 삶을 위해 그 이상의 것을 해야 한다. 국민 개개인이 그 자체 가치를 갖는 일을 할 수 있도록 선도하고 지원해야 한다.

조선은 그러한 목적적 가치의 실현을 국가의 목적으로 삼은 나라였다. 즉 백성들을 잘 일깨워 도덕적으로 훌륭한 사람들로, 즉 유덕(有德)한 사람들로 만드는 일을 나라의 근본과제로 삼은 나라였다. 공자(孔子)가 군왕은 병사나 재물보다도 백성의 신뢰를 잃지 말아야 한다고 말한 바 있는데, 조선은 실로 이러한 도덕적 가치의 실현을 국시(國是)로 삼아 실현한 나라였다. 덕치(德治)를 정치의 목표로 삼은 것이다. 요즈음도 아닌 600여 년 전 14세기에 이런 나라가 지구상에 또 어디에 있었을까?

조선은 군왕이 국권을 갖고 통치하는 군주국이었지만, 그 내실을 살펴보면 전제주의 국가는 아니었다. 무엇보다도 무력으로 국권을 장악할 수 없는 나라였다. 조선이 건국할 때 이성계 장군이 무력으로 정권을 장악한 것은 사실이지만, 그 후 철학자 삼봉(三峰) 정도전(鄭道傳) 등의 학문적 노력을 통해 조선의 국기(國基)가 서고 난 후로는 무력이 아닌 도덕적 정당성이 국권의 근거가 되었다. 도덕적 정당성을 잃으면 이미 즉위한 국왕조차도 신하들에 의해 쫓겨나는 그런 나라였다. 서양에서 민주주의가 앞서 실현되었다고 하지만, 무력에 의하지 않고 국민들의 보통선거에 의해 정권이 수립되는 제도가 정착된 것이 과연 얼마나 되었나? 조선이 건국하여 자리 잡던 600년 전에는 생각도 못하던 일 아니었는가?

성균관(成均館)이란 어떤 곳이었나? 이런 도덕국가의 국시를 지키고 구현시키는 데 이론적으로나 실천적으로나 그 중심역할을 해온 곳이 곧 유일한 왕립대학 성균관이었다. 대학이 국가의 근본이었던 나라가 서양에 어디 한 군데라도 있었는지 우리는 알지 못한다. 대학이 국가의 근본이 된다니, 이는 오늘날 생각해 볼 수도 없는 일이다. 학문을 숭상하고 그 학문을 바탕으로 국가를 경영한 전례가 14, 15세기에 한국 말고 어디에 또 있었을까? 그리고 성균관이라는 대학에서 연구, 교육한 학문의 내용은 또 어떤 것이었나? 다른 무엇보다도 문학, 철학, 역사가 중심인 인문학 아니었던가? 그것도 한데 다 녹아 융합된 상태에서 총체적으로 다루어졌던 것이다. 요즘 말하는 융복합 교육이, 학문연구의 통섭이 조선에서는 이미 초기부터 실현되고 있었다.

세상을 총체적으로 탐구하되 그 정상에는 늘 도덕철학적인 문제를 놓았던 이 인문적 정신을 국기로 삼은 것은 조선을 위대한 나라로 만들기에 충분한 것이었다. 그런 일을 수행해 온 성균관이 오늘은 어떤 모습으로 새로운 시대정신에 부응하고 있는지, 성균인이라면 스스로 진지하게 자문해야 할 것이다.

〈성대신문, 2009. 5.〉

교양교육 유감

    한 학기가 멀다 하고 뜯어고쳐지는 교과과정을 대하기가 정말 민망하다. 세계가 변하고 우리 사회가 변하니 대학인들 변하지 않을 수 없으며, 대학이 전반적으로 변혁의 과정 안에 있으니 교과과정인들 변치 않고 그대로 있을 수 있겠나. 학부제가 실시되며 대학의 편제가 달라지고 학업의 질과 양에 대한 척도가 달라지는 만큼 그에 따른 교과과정의 개편은 피할 수 없는 일이고 또 피해서도 안 될 일이다. 그러나, 그러니까 자주 개편할 수밖에 없다는 논리가 성립된다고는 보지 않는다. 대학에서의 학업에 대한 내외의 이러한 새로운 요구를 면밀히 검토함으로써, 멀리까지 내다볼 때 정말 바뀌어야 할 것이 무엇인지 신중히 결정한다면, 그 개편안을 준비하는 기간이 길어질지는 모르겠지만, 이렇게 자주 바뀌지는 않게 될 것이다. 광범하게 근본적으로 개편을 하든, 소규모로 조금씩 여러 차례 개편을 하든 결과는 마찬가지라는 생각을 할 수도 있다. 또, 광범한 근본적인 개혁이 불러올 파장을 줄이기 위해서라도 임기응변적으로 조금씩 바뀌나가는 게 더 낫다고 생각할 수도 있을 것이다.

그러나 학생들의 학업의 기본 틀이 되는 교과과정에 대해서만큼은 좀 달리 보아야 할 것이다. 한 학생이 입학해서 졸업할 때까지 어떤 내용으로 그 학업의 과정을 채워나갈 것인지를 계획하고 결정하는 데에 적어도 혼란을 가져다주지 말아야 할 것이고 또 이를 결정하는 데 있어 기준, 척도의 변경이 외부적으로 행정적으로 강요되어서는 안 될 것이다. 사회환경의 변화가 학생들에게 어떤 내용의 학업을 요구하고 있는지 숙고하고 이에 맞춰 교과과정을 개편하되 광범하고도 근본적으로 추진한다면, 잦은 개편에서 오는 부작용을 피할 수 있을 것이다.

교육의 성패는 학생들의 학업 성과에서 드러나는 것이지, 학사행정의 원활이라든지, 학과 간의 이해조정이라든지 하는 주변적 요인에 달려 있는 것이 아니다. 교과과정을 이렇게 자주 개편하다 보면 한 학생이 동일한 학업과정을 밟아나간다는 것은 거의 불가능한 일이 될 것이요, 이는 학업내용이 동질성, 균형, 지속성 등을 도모하기 어렵게 하는 일이 될 것이다. 그리고 이는 학생들의 대학생활 전체를 놓고 볼 때 그 학업 성과에 부정적 영향을 미칠 가능성이 크다. 잦은 개편이 학생들의 학업에 어떤 실질적인 도움이 될지 숙고해야 할 것이다.

교과과정 중 특히 교양교육교과가 개편의 대상으로 여러 차례 변모를 겪고 있는 형국이다. 그런데 유심히 보면 교양교육의 목적이나 이념 자체에 대한 어떤 개혁적 발상이 있기 때문에 그런 것 같지는 않다. 교과의 교육내용 자체가 바뀌는 점보다는 과목들의 분류, 그에 대한 명칭, 교과 운영의 주관처 등 그 시행상의 규정들이 바뀐 것이 더 많은 부분을 차지하는 것으로 보인다. 교양교과의 개편을 기획함에 있어 진정 초점을 맞취야 할 것은 교양교과목의 학업내용의 성격이 아닌가 생각한다. 교양교육의 목적이 어디에 있는지 좀 더 원론적인 문제에 대해 숙고하여 근본적인 개혁을 과감하게 시도하지 않고 주변적이고 수단적인 부분에만 매달린다면, 아닌 말로 '개혁의 피로감'만 키울지 모를 일이다.

이런 맥락에서 한 가지 하고 싶은 말이 있다. 광범한 내포를 갖는 '교양'이라는 단어의 다의성 때문에 얼핏 보면 어떤 분야의 어떤 학과목도 교양과목이 될 수 있는 것처럼 보인다. 도대체 '교양'에 보탬이 되지 않을 학과목이 무엇이 있겠는가. 꽃꽂이도 사교댄스도 교양에 기여한다. 그렇다고 그런 과목을 대학의 교과과정에 넣으려 하지는 않을 것이다. 대학의 이른바 '교양과목'은 실은 '일반기초과목'이어야 한다. 어떤 학문을 특별한 전공으로 하든 그에 기초가 되는 학문적 내용을 담는 학과목이 교양과목으로 선정되어야 한다고 본다.

일반성과 보편성을 갖는, 그러자니 더 근본적인 문제를 탐구하는 학문이 있다. 말하자면 뿌리가 되는 그런 학문이 있다. 오늘날 학문의 세계도 분화에 분화를 거듭하여 자기 독자적인 탐구영역과 방법을 갖는 많은 학문들이 분립되어 있는 것은 사실이요, 따라서 어느 학문도 그 탐구활동에 있어 동등하게 대접받아야 함은 당연한 일이다. 그러나 학문들이 분립되어 있다 해서 그들이 이론적으로 무관할 수는 없는 일이다. 학문들 사이의 유기적 관계를 우리는 '학문체계'라는 이름으로 이해한다. 뿌리와 줄기와 가지와 잎이 한 그루의 나무를 이루듯 학문들도 이렇게 하나의 체계를 이룬다. 어떤 학문분야에 치중하여 교양교육을 시행할지 생각해 보면 금방 알 일이다.

교양교육에 관해 이런 과감한 발상의 전환을 해보자. 아니, 이는 실은 대단한 새로운 발상도 아니고 그저 '일반기초교육'의 근본으로 돌아가자는 주장에 지나지 않는다. 교양교육은, 다른 모든 주변적 요소를 떨쳐버리고, 학생들의 선택 폭을 대폭 줄여 주요한 일반기초과목으로 편성된 교과과정을 필수로 이수케 하여 실시하는 것이 합당치 않을까.

〈성대신문, 2000. 10.〉

문 닫는 철학과

대학을 '상아탑(象牙塔)'에 비유할 사람은 이제 더 이상 없을 것이다. 그건 시대착오다. 그렇다. 대학도 이 사회 속에 있다. 이 사회의 한복판에 서서 이 사회를 호흡하는 곳이 곧 대학이다. 대학은 무릇 그래야 한다. 대학이 현실과 유리될 수 없다는 이 사회적 요구는 어느 시대에나 정당하다.

그러나 대학이 외면할 수도 없고 외면해서도 안 되는 현실성에 대한 이 요구에는 두 가지의 목소리가 있음을 알아야 한다. 대학이 현실을 반영해야 한다는 것이 그 하나라면, 대학은 또한 현실을 선도(先導)하기도 해야 한다는 것이 그 다른 하나다. 그래서, 대학의 사명인 학문적 탐구는 있는 현실을 파악하고 해석하는 데 그치지 않고, 있어야 할 현실을 창조하는 이론을 모색하는 데까지 나아가야 한다.

그런데 유감스럽게도 요즈음의 대학사회는 대학이 현실을 반영해야 한다는 명제에 매몰되어 대학이 현실을 선도해야 한다는 명제는 망각되고 있는 것 같다. 수요자 중심 교육이니, 경쟁력 강화니, 경영 마인드 도입이니, 신지식 창출이니, 이런 단어들은 바야흐로 온 세계가 하나의 시장으로 변모하고 있는 우리의 현실에 적응하려는 대학의 불안한 모습을 말해 주는 것이다. 이 불안에 쫓겨 마침내 지방의 어느 대학에선 이른바 '경쟁력이 없는' 학과 하나를 폐과하기에 이르렀다. 그 대학이 호서대학이고 그 학과가 철학과라는 사실은 실은 사태의 본질을 말하는 것은 아니다.

일이 여기까지 오게 된 사태의 배경에 혹 천박하고 근시안적인 물량주의가 도사리고 있었던 것은 아닐까? 학문의 경쟁력이란 외부의 연구비 지원을 얼마나 받고 전공 지원자를 얼마나 확보하느냐 하는 따위의 지표로만 평정(評定)될 수 없는 것이다. 더구나 여러 분야의 다양한 성격의 학문들을 이런 물량적 기준에 따라 획일적으로 측량한다는 것은 대학사회에서는 삼가야 할 일이다. 그건 길게 보면 학문적 활동을 위축시키고 저해하는 근시안적 우매의 소치로 판명될 것이다. 이런 방식으로 인문학, 사회과학 등 기초학문을 '경쟁력 없는' 학문이라고 폄하한다면, 대학이 시대정신을 선도하여 새로운 문화를 창출한다는 것은 실로 기대하기 어려운 현대판 연목구어(緣木求魚)일 것이다.

몇 해 전부터 "대학도 경영이다"라는 슬로건이 대학사회의 비효율과 비능률을 개선하자는 요구를 소리 높여 대변하고 있다. 대학도 경영이다. 맞는 말이다. 아니 대학이야말로 경영을 정말 잘해야 한다. 수익사업을 하는 곳이 아니니 더욱 그렇다. 기업이라면 혹 손해가 나더라도 다음에 만회할 기회가 있다. 그러나 대학은 돈을 버는 곳이 아니라 오직 쓰는 곳이다. 그러니 경영을 잘해서 정말 효과적으로 돈을 써야 하는 것 아닌가.

그런데 대학운영을 기업경영과 다를 바 없는 것으로 본다면 이는 문제다. 대학의 경영은 오직 대학의 학문적 활동을 위한 것이지 그 자체가 목적이 되어서는 안 되기에 대학경영이 기업경영과 같을 수 없는 것이다. 관리 경영으로 말하자면 로마 교황청 따라갈 조직이 없다고 한다. 천 년 넘게 강고(强固)한 세력을 떨치고 있는 걸 보면 아마도 그럴 것이다. 하지만 그렇다고 로마 교황청이 신앙공동체의 면모를 벗고 기업체나 정치조직으로 변모했다는 얘긴 들어본 적이 없다. 대학도 마찬가지다. 대학경영의 필요성이 대학을 기업체로 전락시켜서는 안 된다.

인문학 등 기초학문을 전공으로 하여 장차 학문탐구의 길로 나아갈 학생이 다수일 수는 없다. 그러나 그렇다고 그런 학문이 제공하는 강좌가 대학에서 '퇴출'되어야 하는 것은 아니다. 전공학생이 없다고 해서 학과 자체를 없앰으로써 그런 기초학문이 제공하는 강좌마저 없애는 것은 대학교육의 근본과제를 외면하는 처사다. 대학은 단순히 기능적 직업교육을 담당하는 곳이 아니기 때문이다. 대학교육의 기본은 오히려 보편적 가치를 지니는 기초학문의 성과를 전수하고 공유하는 데 있을 것이다. 철학이 그런 학문 중 으뜸의 자리에 있다는 것은 만인이 아는 사실이다. 호서대학의 학생들이 철학 강의를 통해 이러한 대학교육의 기본을 되찾을 수 있는 방도가 진지하게 모색되어야 할 것이다. 그리고 행여 이 일이 선례가 되어 이와 유사한 불상사가 여타의 대학으로 확산되어 나가지는 않을지 경계해야 할 일이다.

〈미발표, 2001. 2.〉

> """

≫ 대학도 경영이다?

　김형, 요즈음은 정말 대학이 무엇 하는 곳인지 자꾸만 자문하게 됩니다. 수요자 중심 교육이니, 경쟁력 강화니, 경영 마인드 도입이니, 신지식 창출이니, 이런 단어들이 한동안 어지럽게 휘몰아치더니 마침내 어느 대학에선 철학과를 폐과한다는 소식이 들려오고 대통령이 나서서 실력 없는 교수를 퇴출시켜야 대학이 경쟁력을 갖출 수 있다고 강조했다 합니다. 보도내용 액면 그대로야 논리에 어긋나는 데가 없어 보이지만, 대학 사회가 잘못 흘러가고 있는 오늘의 사회상을 반영하고 있는 것은 아닌지, 뭔가 잘못되어 가는 것 같다는 생각을 떨칠 수 없습니다. 학생 없는 교수, 실력 없는 교수라도 대학이 끌어안고 먹여 살려야 된다는 건 물론 아닙니다만, 일이 여기까지 오게 된 데에 혹 천박하고 근시안적인 물량주의가 도사리고 있는 건 아닌지, 그리하여 대학이 시대정신을 선도(先導)하여 새로운 문화를 창출하는 데 기여하지 못하고 시류와 세태에 매몰되고 있는 것은 아닌지, 우리의 대학과 대학교육의 앞날에 대해 우려가 깊어지는 것을 숨길 수 없습니다.

　김형, 이 얘기 좀 들어보십시오. 이정도 되면 김형도 아마 고개가 갸우뚱해질 겁니다. 어느 대학에서 캠퍼스 한가운데에 강의실과 연구실이 있는 새 건물을 하나 지었답니다. 기존의 건물들이 낡고 볼품이 없다 보니 이 새 건물이 대학의 중심 건물이 되었답니다. 그런데 이 대학에선 이 건물의 사용권을 놓고 각 학부를 대상으로 입찰에 부쳤답니다. 건물 사용에 대한 대가로 대학에 가장 많은 액수의 기여금을 내놓는 학부가 이 건물을 사용토록 했다는 겁니다. 결국 새로 지어진 이 중심 건물은 경영학부가 쓰게 되었답니다. (이 캠퍼스에 공대나 의대가 있었더라면 결과가 또 달라졌을지 모르겠습니다.) 돈 버는 방도를 연구하는 학문이 경영학이니 경영학부가 기업체들로부터 연구지원금이나 후원금을 얻어내는 것은 그리 어려운 일이 아니었겠지만, 인문학부나 사회학부 교수들이야 어디 가서 돈을 끌어오겠습니까?

　김형, 학문의 경쟁력이란 게 이런 겁니까? 이런 방식으로 인문학, 사회과학 등 기초학문이 '경쟁력 없는' 학문이라고 입증되어도 문제는 없는 겁니까? 국가경쟁력의 근원은 도덕성에 있다고 외쳐온 저 같은 사람이 너무나 한심스러워 보이지는 않습니까?

　몇 해 전부터 "대학도 경영이다"라는 슬로건이 대학사회의 비효율과 비능률을 개선하자는 요구를 소리 높여 대변하고 있습니다. 대학을 상아탑에 비유하는 시대착오적인 생각에 젖어 있는 사람은 이제 아무 데도 없을 겁니다. 하지만 대학운영을 기업경영과 다를 바 없는 것으로 본다면 이는 문젭니다. 주워들은 얘깁니다만, 관리 경영으로 말하자면 로마교황청 따라갈 조직이 없다고 합디다. 비상한 노우하우를 갖고 뛰어난

경영을 해오고 있는 것이 교황청이고 가톨릭 교회라는 겁니다. 아마 그러리라고 봅니다. 천 년 넘게 강고한 조직이 세계를 지배하는 걸 보면 그럴 만한 관리 경영이 시대에 맞게, 아니 당대의 선두를 달리며 이루어졌으리라고 믿어집니다. 하지만 로마 교황청이 신앙공동체의 면모를 벗고 기업체나 정치조직으로 변모했다는 얘길 전 아직 들어보지 못했습니다. 뛰어난 관리와 경영으로 도모한 것은 역시 종교적 신앙의 심화와 전파였지 정치권력의 획득이나 경제적 부의 축적이 아니지 않았습니까? 경영에 뛰어난 사람이 언제 교황이 된 적이 있습니까?

김형, 대학도 물론 잘 경영해야 합니다. 그래서 경쟁력을 갖춰야 합니다. 그러나 그것이 어디 수익성이나 시장성과 같은 뜻으로 취급되어도 되겠습니까? 학문적 탐구를 위축시켜 가면서 경영의 논리를 강조하고 '경영 마인드'를 강요한다면, 그건 이미 대학을 대학으로 안 보는 겁니다. 학문에도 다양한 영역이 있고 또한 층위의 구별이 있습니다. 이를테면 철학과 경영학은 동일한 지평에 있지 않습니다. 경영학이 경영 마인드를 전제로 하는 학문이라면, 철학은 그 전제를 비판적으로 반성하는 학문입니다. 이렇듯 그 탐구의 내용이 다르고 그 오리엔테이션이 다른 학문들을 어찌 동일한 척도로 재량할 수 있겠습니까? 대학의 근본은 다양하고 자유로운 사고를 존중하고 장려하는 데 있지, 특정한 사고를 관철하는 데 있지 않습니다. 대학의 모습이 단순히 시대를 반영하는 데 그치지 않고 그 시대를 이끄는 것은 바로 이 자유로운 지성의 다양성 때문 아닙니까?

김형, 대학교수들, 특히 저 같은 인문학도들을 제발 수익성 없는 편승객 정도로 보지 마십시오. 돈이나 권력과는 거리가 먼 좁은 연구실에서 오직 자긍심 하나로 버티는 이들에게 그 긍지마저 버리라고 하면, 그나마 우리 사회는 나침반도 경보장치도 없는 거함이 되어 대양에 나서는 꼴이 되기 십상일 테니까요.

〈대전일보, 2001. 5. 19.〉

〉 아직 '진정한' 학부제는 없었다

극심한 전공 '쏠림' 현상, 전반적인 학력 저하, 기초학문의 위축, 전공 분야별 교수 간의 불협화음. 준비 없이 시행하기 시작한 학부제가 대학 사회에 낳은 부작용이다. 이제는 학부제 자체를 전면 철폐하고 학과제로 복귀하자는 주장이 커질 정도다.

학부제 시행과 더불어 실제로 바뀐 것이 무엇인가?

첫째, 병치된 학과들을 묶어 명칭만 부여한 교육구조 조직표 상의 '학부'가 생겨났다. 둘째, 학생 모집단위가 이에 맞춰 학과에서 학부(또는 계열)로 바뀌어 아주 커졌다. 셋째, (대학에 따라) 졸업이수 학점수의 하향 조정, 전공학점 최소화, 복수전공제, 교수업적 평가 등이 제도적으로 뒤따랐다. 그런데 이런 교무행정적 조치만으로 학부제의 본래 목표를 달성할 수는 없다.

진정한 의미의 '학부'라면 전공의 경직된 경계를 뛰어넘어 인근 학문과의 복합적, 연계적, 유기적 연관성을 갖는 교육이 이루어져야 하는 것이 당연하다. 그리고 이를 위해서도 이에 앞서 전공과 상관없이 요구되는 기본적인 지적 능력을 함양하는 교육, 즉 교양교육이 충실하게 이루어져야 한다. 미국의 선진 대학을 들여다보아도 도대체 '전문직업학교'가 아닌 대학에선 주로 이런 교육이 이루어지고 있음을 쉽게 알 수 있다.

그런데 학과제와는 다른 이러한 새로운 교육을 담아낼 '실질적 교육단위로서의 학부'를 건설하기 위해 대학은 어떤 준비를 해왔는가? 앞서 말한 학부제의 부작용들은 모두 교육내용, 학업여건은 그대로 둔 채 명목만의 학부제를 실시한 결과 빚어진 것이다. 그렇다고 이런 부작용을 없애기 위해 다시 학과제로 복귀할 것인가. 그리하여, 고교생들의 불가피하면서도 무분별한 전공 선택을 담보로 전공학문의 대학 내 존립을 도모할 것인가.

학생의 입장에서 보면 직업적 전망도 흥미도 없는데, 그런 전공을 4년 내내 공부하게 하는 교육적 무책임과 교육적 낭비를 이전처럼 그대로 방치할 것인가? 소위 지식산업사회라는 새로운 시대상을 외면한 채 전공의 칸막이 안에서 '나만의' 연구에 안주할 것인가? 이른바 국제경쟁력이라는 것은 대학사회와 무관한 것으로 무시해도 되는 것인가? 극소수의 연구 중심, 대학원 중심 대학을 제외하고는 이런 물음들을 피해 갈 수 없을 것이다.

길이 없는 것은 아니다. 직업적 관점에서 인기 없는 기초학문이 기본교양교육을 담당해 이를 대폭 강화하는 것이 그 첫째 방책이다. 전공교육보다도 기본교양교육을 강화하는 것이 학생들에게도 지적 경쟁력을 강화시켜 주는 길이다. 그렇게 해야 기초학문 분야에서도 학문 후속세대 양성이 가능하고, 응용학문 분야에서도 지속적으로 유용한 기초실력 배양이 가능해진다. 지금처럼 법학, 경영학, 의학 같은 지식소비적 학문이 철학, 문학, 수학, 물리학 같은 지식생산적 학문을 능가해 버리면 대학은 학문적으로 전망을 잃는다.

둘째는 무엇보다도 이와 병행해 전공의 경직된 경계를 뛰어넘어 인근 학문과의 복합적, 연계적, 유기적 연관성을 갖는 교육이 이루어지도록 커리큘럼을 재정비하는 일이 추진되어야 한다.

대학도 사회 속에 있다. 대학에도 사회상이 반영되지 않을 수 없다. 그러나 대학은 또한 사회상을 선도해야 한다. 대학의 본래 사명은 여기에 있다.

〈동대신문, 2003. 5.〉

시대정신 외면하는 '전공주의'

　서울대학교에서도 신입생 모집단위를 더 이상 학부나 계열로 하지 않고 다시 학과로 한다는 언론보도가 있었다(KBS, 2010. 1. 24.). 작년에 학부대학 창립 10주년을 맞는 연세대학교가 보기에 따라서는 학부대학의 존립 자체를 무색하게 하는 '학과별 모집' 방안을 시행한 뒤라서, 앞으로 타 대학에서도 그 영향이 크지 않을지 걱정이다. 국내 최고를 자랑하는 명문 대학들이 문명의 전환기에 지식사회의 지형이 어떻게 바뀌고 있는지 잘 알면서 왜 그러는지 의구심이 든다.

　모집단위를 학과로 하든 계열로 하든 별 차이가 없다고 할지 모르겠으나, 그건 그렇지 않다. 모집단위를 학부나 계열로 하는 것은 학부제 시행을 위한 최소한의 전제요건이므로, 모집단위를 학과별로 한다는 것은 학부제를 전면 거부한다는 것을 뜻하기 때문이다. 대학교육은 오직 각 전공학과의 전공교육으로만 이루어진다고 보고, 전공학과들의 울타리를 넘어서는 다른 교육은 생각할 필요조차 없다고 본다면, 물론 학부제는 필요 없다. 학부대학은 더더욱 필요 없다. 그러나 폭넓고 심도 깊은 융복합 교육이 이 시대가 요구하는 긴요한 것이라면 얘기는 180도 달라진다.

약 15년 전 교육당국에서 각 대학에 이른바 학부제를 종용했을 때, 실은 그때 첫 단추를 잘 꿰었어야 했다. 실제로 학부는 없고 오직 학과들의 병합만 있는 사이비 학부제를 학부제로 오인(?)하여 지원을 했던 것이 큰 실책이었다. 학생 모집만이라도 학부 단위로 하는 것이 그래도 나은 점이 있긴 했지만, 요즘 문제되고 있는 '융복합 교육'을 위해서는 그 본래의 취지와는 달리 이 사이비 학부제가 별다른 도움이 안 되었던 것이다.

이제라도 명실상부한 학부제를 도입한다면, 융복합 교육은 대부분 저절로 될 것이다. 학부에 소속된 학생들이 전공학과의 틀을 넘어서서 다양한 학문분야를 가로지르며 학업을 할 수 있을 것이기 때문이다.

모집단위를 학과로 한다면, 명실상부한 학부제의 운영은 말할 것도 없고, 실은 내실 있는 교양교육조차 동공화(洞空化)되기 쉽다. (학부대학, 기초교육원, 교양학부 등) 교양교육을 전담하는 기구에 전속되는 교수가 거의 없는 실정에서, 모든 학생이 입학하면서부터 전공학과에 소속하게 되면, 교수들이 '자과 학생들의 전공교육'을 넘어서서 '모든 학생들의 교양교육'에 관심과 애정을 갖기는 더욱 힘들 것이기 때문이다. 내실화된 교양교육은 융복합 교육의 기초로서 그 의의가 어느 때보다도 중차대해진 마당에, 교양교육을 소홀히 하고 전공교육에 몰입하려는 것은 학생들을 '전공바보(Fachidiot)'로 만들겠다는 반교육적 우매다.

'○○학과', 그것은 해방 이래 대학인들의 삶의 둥지였다. 그것은 서양에서 수용한 근대학문의 체계를 반영하는 학문공동체의 기본단위로서 연구와 교육의 영역적 정체성을 지켜주는 견고한 성채였다. 1960년대 후반 이후 학문체계적 적합성보다는 대학의 양적 확장이라는 세속적 요구 때문에 학과들이 무수히 늘었지만, 그래도 그 분화되고 전문화된 전공학과에서 전공분야 공부를 한 사람들이 한국의 근대화를 이끌었던 것만은 사실이다. 학과제도의 공은 그만큼 혁혁하였다.

그러나 이제 세상은 달라졌다. 구텐베르크의 금속활자 인쇄술이 근대를 열었던 것과는 비교가 안 될 정도로 광범하고 신속하고 근원적으로, 뜻밖에도 디지털 기술이 '탈현대사회'를 열고 있다. 산업사회가 정보사회로 바뀌면서 무엇보다도 지식사회의 조류가 '분화에서 융합으로' 바뀌고 있다.

이젠 더 이상 분화된 특정 분야의 전문지식만으로는 산업에서 부가가치의 창출이 어려울 뿐 아니라, 공공기관의 운영에서도 통합적 기획이나 원활한 조정이 어렵고, 문화영역에서도 새로운 창의적 활동이 어렵게 된 것이다. 연구에서도, 기술에서도, 산업에서도 융합현상이 더욱더 확산되어 가는 마당에 교육에서만 분과학문의 격자에 갇힌 전공교육으로 그 소임을 다한다고 볼 수는 없는 일이다.

정보사회에서는 인류가 부딪치는 문제 자체가 복합적으로 된 것이다. 유비쿼터스 커뮤니케이션이나 가상현실에서 명백하게 드러나듯이 디지털 기술은 시간적 순차성과 공간적 배타성을 뛰어넘어 버리기 때문에, 인간의 욕구 및 욕구충족의 방식도 동시적, 복합적인 것으로 변모한 것이다. 복합적 문제의 해결을 위해 꼭 필요한 것이 분화, 전문화된 지식영역들을 전체의 상 아래서 조망할 수 있는 안목임은 두말할 나위가 없다.

대학인들은 모름지기 자신이 속한 학문공동체의 존속을 생각하기에 앞서 대국적 견지에서 불투명한 미래에 대비해 학생들에게 어떤 능력을 길러줘야 할지를 생각해야 할 것이다.

<중앙일보, 2010. 2. 26.>

인문적 소양의 경제성

작년엔 한국이 세계 9대 교역국으로서 G20 회의를 주재하기도 하였다. 낙오병이었던 한국이 이렇게 다시 세계사의 주류에 재합류하게 된 것은 놀랍고도 다행스러운 일이다. 억척과 오기를 두뇌와 손재주가 받쳐 주었고, 산업화 과정이 무르익던 시절 '수출전략'으로 세계경제질서에 편승한 것이 주효했던 것이다.

그러나 이제 세계사의 해류는 또다시 예측 불허의 방향으로 급선회하고 있다. 뜻밖에도 디지털 기술이 진원지가 된 정보통신혁명이 인류의 문명 전체를 바꿔놓고 있다. 경제발전의 조건에도 놀라운 질적 변화가 생겼다. 오늘날 경제발전은 첫째, 세계화된 지구적 네트워크를 향해 개방되어야 하고, 둘째, 자연과 환경까지도 보살펴야 하며, 셋째, 인간다운 삶을 위한 무형의 문화적 가치를 창출해야 가능하다.

이 새로운 조건들은 우리에게 '인간다운 삶의 길'에 대한 새로운 성찰을 요구한다. 사실 우리가 산업화 과정에서 이룩한 성취는 "몸을 던져 사물을 공략한" 데서 얻은 것이었다. 그러나 오늘의 정보사회에서 경제발전은 그 못지않게 "사람을 돌보고 사람 사이의 길을 다스리지" 않고는 불가능하다. 물리적 노하우보다 사회적 노하우가 더 중요해진 것이다. 제도적 통제가 불가능해진 정보의 생산과 유통이 공동생활을 '유목화'시켰기 때문에 더욱 그러하다.

여기서 '사회적' 노하우란 단순히 인적 자원을 관리 활용하는 공학적 개념이 아니다. '인간다운 삶'을 통해 인간적 가치를 실현시키는 지혜를 말한다. 이 지혜의 토양은 곧 인문적 소양이다. 인문적 소양이란 무엇인가? 그것은 '수단적 가치'의 증대에 급급하는 것을 넘어서서 '목적적 가치'에 대해 성찰하고 이를 구현하는 지적, 정서적, 도덕적 자질과 능력이다.

정보화, 세계화로 인해 무한경쟁체제에 돌입한 이상, 인문적 소양을 갖춘다는 일은 사치스러운 것이요, 오직 전문분야에서의 특화된 능력만이 경쟁에서 살아남는 길이니 경영 마인드로 무장한 상업주의를 능가할 입장이란 없는가? 과연 그러한가? 오히려 인간다운 삶에 대한 지혜를 갖추는 일이 '기초체력'과 '면역력'을 기름으로써 미지에 변화에 대응하는 더 현명한 전략이 아닐까?

디지털 기술의 혁명적 발달로 인해 세계체험의 근본이 되는 시공체험 양식이 달라진 것이 오늘의 현실이다. 이 사태 속에서 지식사회의 지형도 크게 달라졌다. 문맥적 역사가 은폐된, 기원이 소실된, 파편화된 정보들이 범람하여 삶의 질을 고양시키는 정보를 취사선택하는 일이 어려워졌고, 정보의 효용기간이 급속히 단축되고 있다. 고정된 지식의 비축과 독점이 유동적 정보의 유통과 공유 앞에서 무력해졌다. 다원화 및 다양화의 불가피한 트렌드 앞에서 더 이상 향도(嚮導)의 역할을 못한다.

이제 우리가 처한 지적 환경은 주체적 자아의 개입을, 실천적 행위를 위한 가치관을 요구한다. 나아가, 주어진 정보를 총체적으로 참조할 것을 요구한다. 달리 말해 세분화된 분야들의 위상을 전체 속에서 가늠하고 평가할 수 있는 안목을 요구한다. 이러한 요구에 부응할 수 있는 것의 기본이 곧 인문적 소양이다.

인문적 소양에서 우러나오는 이 새로운 의미의 '지혜'야말로 사랑을 토대로 하는 개인도덕과 정의를 원리로 하는 사회윤리를 가능케 하는 토양이다. 허황된 이상주의는 집어치우라고 말하고 싶을 것이다. 하지만, 조금만 더 진지하게 생각해 보면, 도덕적 고려 아닌 경제적 고려만으로도 이 말은 지극히 현실적인 현실주의임을 알 수 있다. 배려와 정의, 인(仁)과 의(義), 이 두 가지 규범이 작동되지 않고서는 '디지털 유목시대'에 경제발전이란 기대하기 어렵다. 인의(仁義), 이를 대체할 경제적 요소는 없다. 있다 해도 그 상상 이상의 비용을 감당할 수 없다. 인의가 없는 시장을 인의가 있는 시장처럼 작동하게 하려면, 그 엄청난 소모적 경비가 시장의 의미 자체를 소실시킨다.

본래 한국인의 DNA 속엔 인의(仁義)의 정신이 깃들어 있다. 조선시대 이래, 경직된 정치적 이념에 치여 왜곡된 적이 있긴 했지만, 인의는 본래 한국인의 삶의 지표였다. 일찍이 고급문화를 꽃피운 한국인이 이 인간적 보편가치를 체득하지 못했을 리가 없다. 인의를 인본주의 실현의 규범으로 삼았던 선조들의 정신이 우리들, 세계화된 정보사회의 디지털 유목민들에게 신인본주의로 다시 태어나야 할 때다. 신인본주의가 정보사회에 진입한 한국의 경제를 도약시킬 토대가 될 것이다. 주요 경제주체들은 이제 문사철(文史哲) 인문교육의 힘을 깨칠 때가 되었다.

이런 기사가 어떤 의의를 갖는지 생각해 볼 일이다.

"뉴욕주 북부의 전원도시에 있는 작은 문과대학(liberal arts college) 해밀턴 칼리지(Hamilton College) 졸업생은 취업에서 성과가 아주 좋다. 특히 월스트리트에서 환영받는다. 골드만 삭스에서만도 한 해에 13명씩 데려가고 GE 같은 회사에서도 매년 몇 명씩 꼭 데려간다. … 같은 대학의 사회학 교수 대니얼 챔블리스의 말로는, 졸업생들이 직장을 얻는데 시간은 좀 걸리지만, 일단 취업을 하고 나면 매니저로 급성장하는 경우가 많다고 한다. … 문과교육(liberal arts education)을 평가하기 위해 멜론(A. Mellon) 재단이 지원한 연구에 따르면 문과계 학생들에게 고무적이다." (*USA Today*, 2008. 2. 9.)

"조사에 따르면 고용주들이 응모자들에게서 가장 높이 평가하는 것은 분석, 글쓰기, 논변으로 이루어지는 문과 학업이다. … 이 능력들은 끊임없이 변화하는 세계에서 미래의 커리어를 위한 최상의 준비다. … 많은 CEO들이 문과계 출신이며 골드만 삭스, 구글, 매켄지 같은 첨단의 회사들이 문과대학에서 신입사원을 리쿠르트하는 데 아주 공격적이다." (*The Sun*, NY, by Gary Shapiro, Staff Reporter of the Sun, August 1, 2007)

〈한선재단세미나, 2010. 1.〉

도덕교육에 대해선 왜 말이 없나

김형,

요즈음은 어떻게 지내십니까? 자식교육 때문에 이민 가는 사람이 부쩍 늘어난다는데, 행여 김형네도 이민이나 가버릴까 생각하는 건 아니겠지요. 정말 큰일입니다. 얘길 들어보면 이민 가는 사람들 이해가 안 가는 것도 아닙니다. 교실은 붕괴했고 학교는 황폐해졌으니 과외공부 안 시킬 수 없고, 그 엄청난 사교육비를 감당하느니 차라리 그 돈에 좀 더 보태어 더 수준 높고 질 좋은 교육을 받게 하는 것이 자식을 위해 바람직할 거라는 생각이 일리가 있어 보이거든요. 가진 거라곤 사람밖에 없는 나라니 인적 자원에 사활을 걸어야 한다는 것 다들 알고 있고, 다행히도 한 사람 한 사람 지적 능력은 다른 나라 사람에 비해 결코 뒤떨어지지 않을 뿐 아니라, 교육열이라면 세계 그 어느 나라보다 더 뜨거운데, 정말 우리의 공교육은 왜 이렇게 된 겁니까?

김형도 공교육이 왜 중요한지 잘 아시죠? 자라나는 다음 세대에 물려

줄 문화적 자산 중에서 이 공동체의 문화적 정체성을 지속시키는 데에 필수적인 것만을 정선하여 전승시켜 주는 게 공교육이지 않습니까? 그러니 공교육이 죽으면 우리 문화가 숨을 다하는 겁니다. 영어 잘하고 컴퓨터 잘해서 다들 잘 살게 된다 해도 그게 공교육 속에서 익어 나온 게 아니라면, 그땐 그게 우리 자신이 아닌 거지요.

　교육부실에 대한 힐난과 자탄의 목소리가 높고 깊기도 했지만, 정부에선 늘 그에 대항해 교육개혁을 약속하고 이를 위해 여러 방책을 기획하고 추진해 온 것 또한 사실입니다. 대한민국에 정부가 있는 한 이건 당연한 일입니다. 그런데 그간의 이런 노력이 성공을 거두지 못한 것에 대해 전 두 가지를 지적하고 싶습니다. 하나는 도덕교육을 등한히 했다는 것이고, 다른 하나는 교육 외적인 요소의 개입이 적잖았다는 것입니다.

　공교육이 문화의 정체성을 지켜주는 문화교육이 되기 위해서는 무엇보다도 도덕교육이 건실해야 된다고 봅니다. 그 어떤 학원과외나 해외연수도 감당해 내지 못하는 도덕교육을 공교육이 해내야 한다는 겁니다. 우리의 학교교육 중 제가 좀 더 잘 아는 게 있다면 바로 이 부분인데, 제가 아는 한 학교에서 도덕교육은 방기돼 있고 이는 제도적으로 구조적으로 조장된 것이기도 합니다. 정치적 이유로 잘못 탄생한 '국민윤리'가 이름에서만 '국민' 자가 떨어져 나갔을 뿐 그 교육 내용이나 방식이 이데올로기 주입식을 크게 벗어나지 못하고 있고, 이것이 교과과정이나 교원에 대한 정책에서 그대로 답습되고 있는 형편입니다. 그러니 학생들은 따분하고 교사들도 의욕 없는 게 도덕윤리교육일 수밖에 없습니다. 교육개혁안이 발표되어도 이 중요한 도덕교육을 어떻게 바로세울지에 대해선 별 말이 없습니다. 대학입시 방법이 백 번 바뀐들 이 문제가 덜 중요한 것으로 떨어질 수는 없는 겁니다. 어느 사회든 그 사회가 내외의 도전에 대응할 수 있는 최대의 힘은 도덕성에 있다는 것, 이걸 왜들 잊고 있는지 안타깝습니다.

안타까운 일 또 하나는 교육적 이념을 변질시키는 교육권력이 자정능력을 잃고 있다는 것입니다. 교육개혁을 하든 교육보수를 하든 그 실제적 힘은 정치권력에 연계되어 있는 교육권력자들의 수중에 있는 것을 어찌 부인하겠습니까? 이 권력이 진정한 교육적 이념을 훼절시키는 데에 자의적으로 개입한다면 어찌 되겠습니까? 교육행정의 최고 책임자부터 교육계의 중진들, 또 교육행정의 실무진에 이르기까지 교육의 키잡이들이 이른바 교육권력의 방어와 확장에 우선 마음을 쓴다면, 겉으로 표명한 교육개혁의 명분이나 의의와는 달리 교육의 현장에서 그 결과가 빗나가는 것은 당연한 일이지요. 교육학과 출신 모 전 장관이 교육학계의 이익을 위해 이런 비슷한 일을 하는 걸 보고 실망한 적이 있는 저로서는 그게 그저 한 번 있는 우연한 일이라고 생각되지 않았습니다. 교육에 대해 가장 잘 아는 사람들이 자기통제의 능력을 잃으면 우선 희생당하는 건 학생들이겠지만, 길게 보면 한국의 문화적 정체성이 그로 인해 허약해지는 겁니다.

김형, 우리는 언제 해외교민들이 자식교육 때문에 대거 귀국한다는 신문기사를 읽게 될까요? 그런 날이 오긴 올까요?

〈대전일보, 2001. 3. 23.〉

영어 획일 문화의 어두운 그림자

'생물종 다양성 보존의 날(International Day for Biological Diversity)'이라는 게 있다는 걸 아는가?

2000년 12월 브라질에서 열린 지구환경정상회의에서 생물종 다양성 보존을 위해 제정한 날이다. 왜 이런 날이 제정되었을까?

생물학적 다양성이 도대체 생명체의 생존에 필수불가결한 전제조건 같은 것이라는 인식은 생물학자에겐 기본 상식이다. 쉽게 도식적으로 생각해 보자. A라는 개체는 유전인자 a+a+a로 이루어져 있고, B라는 개체는 a+b+c로 이루어져 있다고 치자. 그런데 환경에 예상치 못한 변화가 생겨 유전인자 a에서 기인하는 모든 유기적 기능은 작동불능이 되었다고 가정해 보자. 개체 A는 죽음을 면치 못하지만, 개체 B는 온전치는 못하나 그런대로 살아남는다.

이 논리를 좀 더 구체적으로 확장시켜 보자. 농부A는 옥수수 수요가 급등하는 것을 알고 자신의 소유인 초지를 몽땅 갈아엎어 옥수수 밭을 일구었다. 옥수수 수확으로 큰 이득을 본 농부는 득의만만했다. 그러던 어느 해 옥수수에 치명적인 병충해가 그 밭을 뒤덮었다. 옥수수 밭은 여지없이 황폐해졌다. 그의 소유지 전체가 불임의 땅이 되었다. 그런데 그 이웃의 다른 농부 B는 소유지의 절반은 그대로 초지로 남겨놓아 대대로 이어오던 목축 일을 했고, 나머지 땅에도 옥수수, 보리, 밀 등 여러 작물을 가꾸었다. 수입이 농부 A 같지 않아 크게 기쁠 일이 없었다. 그러나 옥수수 병충해가 휩쓸고 지나가던 그해에도 그는 크게 절망할 일이 없었다. 그는 목축에서 오는 이득과 옥수수 아닌 다른 작물의 수확에서 얻는 이득으로 평년과 크게 다름 없는 한 해를 보냈다.

각각의 생물종은 그 자체가 생명의 궁극적인 원천이라는 내재적 가치를 갖는 것이기도 하지만, 식량, 의약품, 공산품의 재료을 비롯한 다양한 경제재로서, 그리고 인간의 삶을 위한 환경의 구성요소로서 매우 중요한 의미를 갖는다. 2만 5천에서 5만 종이 사라지고 있음을 알게 된 선각자들이 '생물종 다양성 보존의 날'을 선포한 것은 이런 배경에서다. 당장의 내 이익이 아닌, 장래 인류의 생존을 배려한 조치라 할 것이다.

요즈음 '세계화(Globalization)'의 물결은 대학의 연구와 학업에도 엄청난 변화를 불러왔다. 그 변화 가운데는 바람직한 것, 불가피한 것도 물론 있지만, 숙고와 반성 없이 '대세'라는 미명 아래 대학마다 경쟁적으로 스스로 무덤을 파는 일도 있다. 이른바 '국제어 강의'의 무분별한 확산이 그런 것 중의 하나다. 말이 '국제어'이지 실은 영어가 그 대부분이다. 독문학 강의도 영어로 하고 유학 강의도 영어로 해야 할 판이다. 21세기 디지털 문명이 세계를 휩쓸고 있는 마당에 인터넷을 비롯한 정보 전달의 중심 매개어가 대부분 영어인 것이 화근이다. 영어를 구사할 수 없으면 이제 세계인이기 이전에 한국인으로서도 성공적인 직업활동 및 사회활동을 하기가 어렵게 된 현실이 대학에도 그대로 반영된 것이다.

언어가 단순한 의사소통의 매체라고 생각하는, 언어학 및 언어철학의 기본도 모르는 사람들이 대학에도 꽤 많은 모양이다. 하나의 언어에는 장기간에 걸쳐 온축되어 온 문화의 정수가 담겨 있다. 문화적 유산의 보고요, 공동정신의 구현체다. 한 개인은 그 언어를 씀으로써 비로소 그 나라 사람이 되는 것이고 그 나라의 역사에 편입되는 것이다. 아니, 그 언어를 사용하여 그 문화의 자양분을 섭취함으로써 비로소 '사람'이 되는 것이다. 자연적 상태의 동물에서 문화적 상태의 인간으로 성장하는 데에 언어는 필수적인 토대요 영양원이다. 모국어는 그래서 생명줄과 같은 것이다. 아무리 훌륭한 사상이라도 모국어에 녹아 들어가지 않으면 그것은 우리의 삶을 움직이는 힘을 갖지 못한다.

전 인류가 모두 영어로 생각하고 영어로 말할 만큼 '세계화'가 진행되었다고 치자. 영어에 담겨 있는 세계상, 가치관, 인간관이 더 이상 개인이나 공동체의 생존 번영을 이끄는 힘을 갖지 않게 된다면, 이제는 영국인, 미국인만이 아니라 인류 전체가 퇴보와 쇠멸의 길로 접어들어야 할 것이다. 앞서 말한 옥수수밭 주인처럼 말이다. 왜 '언어 다양성 보존의 날'은 제정되지 않고 있나? 머지않아 그런 선언이 나올 거라고? 성균관대학교에서? 그러길 바라는 게 그저 백일몽일까?

〈성대신문, 2012. 9. 24.〉

"

Ⅱ. 논단: 비판과 제안

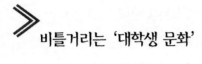

비틀거리는 '대학생 문화'

　총체적으로 조직화된 유기체는 아니지만, 어느 정도 동질성을 갖고 하나의 집단을 이루어 함께 생활할 뿐만 아니라, 그것이 시간적으로 하나의 맥을 이루는 가운데 단절 없이 지속되어 나름대로 전통을 형성하는 것이 대학생 사회이다. 그렇다면 이는 분명 하나의 독자적인 문화적 삶의 세계를 갖는 집단이라 할 수 있다. 그리고 이들 대학생들이 일상생활에서 보여주는 일반적인 '생각과 말과 행동'의 총체를 '대학생 문화'라고 잠정적으로 규정해도 좋을 것이다. '대학생 문화' 전체를 심층적으로 다각적인 관점에서 분석하고 평가하는 일은 그 자체 '하나의 독자적인 과제'가 되고도 남을 일이다. 필자는 이 칼럼에서 다만 몇 가지 필자의 눈에 두드러져 보이는 '문제현상'을 기술하고 이에 대한 모두의 반성을 환기시켜 보고자 할 따름이다.

감각의 경쾌와 사이버 현실

대학은 무엇 하는 곳인가? 많은 대학생들에게, 특히 신입생이나 저학년 학생들에게는, 대학은 우선 '친구 만나 노는 곳'이다.

대학생들은 모두 대학에 들어오기 위해 그들의 자유를 유보시켜야만 했다. 대학에 들어온 이상 이제 그들은 이 유보시켜 왔던 자유를 마음껏 구가해야 한다. 그래야만 공정하다. 따라서 대학은 대학에 들어오기 위해 빼앗겼던 자유를 되찾아 만끽하는 곳이다. 이에 대해 이의를 제기할 자 누구인가. 여기까지도 — 자유를 철저히 몰수당했다가 이제 앙갚음이라도 하듯 그것에 탐닉하려 한다는 점에서 — 잘못된 것임에는 틀림없지만, 문제는 그 다음부터다. 무엇을 함으로써 그 돌려받은 자유를 누리느냐 하는 것과 그 활동을 어떻게 하느냐 하는 것이 문제다. 자유란 주고받을 수 있는 사물이 아니라 우리의 활동의 근원적 방식이기 때문에 이 물음이 불가피한 것이다.

그런데 우리 대학생들에게서는 이 자유의 만끽이 일차적으로, 그리고 주로, 맘에 맞는 친구들과 어울려 맘껏 노는 것으로 나타난다. 그들은 무얼 하며 노는가? 그들은 우선 술 마시고 담배 피우는 일부터 시작한다. 대학에 들어오기 전까지 금지되었던 것을 이제 거리낌 없이 행동에 옮김으로써 그들은 그들의 '되찾은' 자유를 확인하는 것이다. 술과 담배는 게다가 생리적으로도 감각적인 그들의 취향에 잘 봉사한다. 그들은 신중한 사유보다는 경쾌한 감각을 믿는다. 그래서 그들은 인생에 대한 고민도, 학문과 국가와 문화에 대한 고민도 술 취한 상태에서 더 진지하게 더 열정적으로 잘 된다. 그들은 생존이 위협받는 역경을 스스로 겪어보지도 않았지만 가까운 가족이나 이웃이 겪는 것을 지켜본 적도 별로 없기 때문에, 현실의 냉혹한 견고성에 대한 감각이 그렇게 절실하지가 않다. 그들에게 현실은 적절히 운용하면 우리에게 안락과 즐거움을 주는 놀이마당이지, 피땀 흘려 뼈빠지게 일해야 겨우 목숨이 부지되는 일터가 아니다. 현실은 경쾌한 감각에 스치우는 사이버 데이터지, 핏발 선 근육으로 떠받쳐야 하는 고전물리적 실체가 아니다. 컴퓨터에서 만나는 사이버 현실이 그들에겐 오히려 더 현실적인 세계일지도 모른다.

음주와 흡연은 우리 대학생들의 유흥의 시작이자 종착점이요 또 그 중심부를 이룬다. 그들은 다른 어떤 모임을 벌여도 끝내는 '술판'으로 이어져 끝을 내는 것이 보통이다. 세미나를 끝내고도, 동문회를 하면서도, 동아리 활동을 마치고서도, 신입생을 환영할 때나 졸업생을 환송할 때도, 답사여행을 다니면서도, 등산이나 운동회를 끝내고서도 음주는 항상 그에 동반되거나 아니면 그 주요부분을 이루는 중심요소가 된다. 이는 그들이 함께 벌이는 놀이가 술 마시고 떠들고 노래하는 것 외에 생각보다 다양하지 않다는 사실과도 통한다. 이 점은 주목할 만한 일이다. 대학가 주변 유흥업소의 종류와 형태가 그들의 '놀이문화'의 현실을 반영한다고 말해도 지나치지 않을 것인데, 당구, 전자오락, 영화 또는 비디오 관람 등이 그들이 손쉽게 접하는 놀이의 대부분이다. 우리 대학생들은 '차압당했던' 자유를 되찾아 이를 만끽하고자 한다. 그래서 그들은 손쉽게 '노는 것'에 몸을 맡긴다. 그리고 그 놀이의 내용이라는 것도 음주를 중심으로 하는 감각적이고 소모적인 것에 머무르고 있다. 그러나 자유의 실현이 과연 이 길밖에 없을까?

익명성 속에 숨는 허약한 주체

'노는 것'도 문제지만, 이들이 각자 혼자 노는 것이 아니라, 언제나 '친구들과 함께, 친구들 속에서' 논다는 것에 또 다른 문제가 도사리고 있음을 본다. 그들은 도대체 혼자서는 무엇을 못한다. 같은 또래가 다 같이 해야 하는 어떤 일을 누군가가 시키는 대로 타율적으로 해왔던 그들로서는 스스로가 원하는 것을 스스로가 생각하여 스스로 행동에 옮긴다는 것이 어쩐지 낯설고 어렵기만 하다. 내가 하고 싶은 일이 있다 해도, 주변의 친구들도 그것을 함께하고 싶어 해야, 아니면 적어도 그것에 동조를 해주어야만 마음이 놓인다. 이렇게 그들은 기꺼이 '친구 따라 강남 간다'. 그들은 쇼핑도 함께하고 싶어 하고 시험공부도 함께해야 잘된다. 이런 '함께하기'를 통해 물론 인격적 교우의 계기가 마련되기도 하겠지만, 우선 그들의 내면에 자리 잡고 있는 심리적 요구는 허약한 자아의 유지를 위한 의타적 관계다. 의지하는 그 타자가 좀 더 큰 집단이 될 경우 그들은 그 속에서 강한 지지대 같은 것을 발견하게 되어, 행동이 더 강력하고 과감하게 나타나기도 한다. 지난여름의 연세대 시위사건 같은 데서도 우리는 익명성 속으로 자아를 숨기는 허약한 주체의 모습을 읽어낼 수 있으리라고 본다.

꼭 노는 것에만 국한시키지 말고 대학생들이 친구를 사귀고 서로 어울려 생활을 공유하는 모습을 보자. 우선 그들은 깨어 있는 의식을 지키며 주체성 있는 자아를 기르는 대신에, 서로 사귀고 '동아리'를 이루면서 그 익명성 속에 끼어 보호받으려는 타자의존적 태도에 무의식적으로 친숙해진다. 대학생이 되면 거의 예외 없이 음주와 흡연에 빠져드는 것도 이와 무관하지 않다. 아마도 그들이 함께 어울려 생활하지 않고 개별적으로만 생활한다면 음주와 흡연이 그토록 보편적인 현상으로까지 되지는 않을 것이다. 동아리 속에서 교우관계를 시작하는 첫 모임인 신입생 환영회를 보자. 입시공부라는 악몽의 터널을 막 빠져나와 자유로운 공기를 한껏 들이켜고 싶어 하는 대학 새내기들이 이 모임에서 조금은 들뜨고 조금은 우쭐거리게 되는 것은 충분히 이해가 간다. 공부에 짓눌려 살다가 그 주눅 들었던 세월을 떨치고 세상에서 모처럼 기를 펴게 되었다는 생각, 게다가 환영받는 그 주인공이 바로 그들 자신이라는 생각이 그들에게 조금은 터무니없는 객기마저 허용하는 것까지는 이해가 간다. 그러나 이런 객기가 이를 부추기면서 또한 오도하는 '선배님'들의 또 다른 객기와 투합하여 뜻하지 않은 죽음까지 불러왔다면, 우리는 이를 어떻게 보아야 할 것인가? 소주를 대접으로 강권하는 '선배님'과 이를 차마 거절하지 못하고 마신 끝에 그만 숨을 거둔 새내기의 '의리 어린' 만남을 우리는 그저 단순한 우발적 사고로 보아 넘겨도 좋을 것인가? 신입생 오리엔테이션 모임에서 무슨 명목으로였는지 새내기 여학생 하나를 헹가래 치다가 그만 그 여학생이 어쩌면 평생 누워 살아야 할지 모를 만큼 척추를 다치게 됐다면, 이는 또 어떻게 이해해야 할 것인가? 깨어 있는 의식을 지키는 주체로서의 자아였다면 그토록 '목숨까지 걸고' 술을 마셨겠는가? 여학생을 그렇게까지 다치게 한 자는 그 '누구'라고 집어내 말할 수 있는가?

되찾은 자유를 실컷 누리기 위해 논다고는 하지만, 그들은 실은 그 한꺼번에 쏟아지듯 주어진 자유를 감당할 만한 튼튼한 주체성을 지니고 있지 못하다. 그들은 실은 자유로운 행동의 주체가 아닌 셈이다.

거구(巨軀) 속의 지적, 정서적 유아(幼兒)

대학생이 가장 싫어하는 것은 아마도 공부하는 일일 것이다. 이는 특히 신입생이나 저학년 학생의 경우 더욱 현저하다고 본다. 그들이 학업을 기피하게 되는 데에는 몇 가지 이유가 있다. 그들은 대학에 들어오기 전까지 '지옥' 같은 끔찍한 입시공부에 시달렸다. 그들 자신의 지적 호기심이나 관심과는 아무 상관없이 평준화된 정해진 지식을 가능한 한 많이 정확히 암기하는 수동적이고 타율적인 학습에 시달렸기 때문에, 그들은 '공부'라면 일단 진절머리가 난다. 말하자면, 그들은 이 '공부'에서 벗어나기 위해 대학에 온 사람들이다. 그런데 대학에 들어와서 그들이 접하게 되는 대학의 학업내용도 이와 크게 다를 바 없다. 그들 개개인의 지적 관심을 불러일으키고 심화시킬 만한 교과내용이 대학 1학년 과정에는 별반 없는 것이 사실이다. 게다가, 요구되는 학업의 강도가 입시공부 때의 그것보다 훨씬 떨어진다. (대학 1학년의 교양교과목들을 생각해 보자!)

이런 이유들로 인해, 즉 문제 자체를 스스로 찾아내고, 자신의 발상에 따라 스스로 탐색하여 나름대로의 새로운 해결의 방도를 제시해 내는 능동적인 탐구적 학업이 크게 요구되지도 않고 또 스스로 그런 것을 추구할 만한 계기도 주어지지 않기 때문에, 이들은 대체로 지적으로 고양되고 풍요해지는 데 있어 제자리걸음을 한다. 물론 학교수업과 관련된 것만이 이들을 지적으로 성숙시키는 것은 아니다. 오히려 학교수업 외에 다방면의 독서를 통해, 또는 선배나 교수들과의 지적 대화를 통해 이를 도모할 수도 있을 것이다. 그러나 필수적으로 요구되는 것도 소홀히 하는 이들이 요구되지도 않는 것을 스스로 해낸다는 것은 기대하기 어려운 일이다. 흥미 있는 유행물이 아니라 지적 성숙을 위해 필요한 고전을 열심히 읽는 학생이 몇이나 될지 심히 의심스럽다. 4년간의 대학생활을 통해 학교교과 외에 한 학생이 읽는 책이 과연 몇 권이나 될지 의구심이 든다. 대학가에 서점이 가뭄에 콩나듯 하고 그나마 영업부진으로 문닫기 일쑤라는 것이 무엇을 말하는가? 그들은 한자가 섞인 것이 귀찮아 신문도 아예 스포츠 신문을 읽는 사람들이다. 학교공부를 열심히 하는 학생이 있는 것은 사실이지만, 그 가운데에는 자신의 지적 성숙을 위해서라기보다는 오직 좋은 성적을 받기 위해서 그렇게 하는 사람이 더 많을 것이다.

지적 성숙을 위해 노력하는 것과는 별도로 대학생이라면 자신의 예술적 감수성을 키우고 이를 통해 정서적으로 성숙해져서 인격에 균형을 갖도록 힘써야 할 것이다. 이 점과 관련하여 오늘 우리 대학생들의 심미적 성향은 어떠한지 생각해 보자. 우선 그들이 즐겨 듣는 음악이 어떤 것인지 보자. 그들은 깊이 있고 무게 있는 고전음악보다는 가볍고 빠르고 자극적인 팝 음악을 즐겨 듣는다. 음악에도 우리의 영혼에 호소해 오는 것이 있고 감각적인 자극을 주는 것이 있는데, 아무래도 우리 대학생들이 즐겨 듣는 음악은 후자가 아닌가 생각된다. 감각적 자극이란 같은 정도의 것에는 점차 면역이 되므로 그 강도를 높여야만 자극의 효과가 유지되게 마련이다. 근자에 젊은이들이 즐겨 듣는 음악이 점점 더 반음악적, 파괴적(?)으로 되는 것은 바로 이 때문이라고 생각된다. 누구든 경우에 따라서는 카타르시스를 통한 정서적 균형을 위해 이런 음악을 듣는 것도 필요할 것이다. 그러나 정신적 '충일' 없이 감각적 '소모'에만 탐닉한다면 그 정서상태가 균형을 유지하기 어려울 것이다. 음악을 즐기는 데에 국한되는 것이 아니라, 일반적으로 예술적 취향을 계발하고 잘 보살펴 이것이 정서적으로 성숙한 인격의 형성에 도움이 되도록 돌보는 노력이 그들에게 결여되어 있다는 것은, 그 원인이 어디에 있든 부인하기 어려운 사실일 것이다.

오늘의 우리 대학생들은 우리 사회의 경제적 여유를 먹고 자란 세대다. 영양학자들의 관찰 보고에 따르면 그들은 영양상태가 아주 좋아 식생활이 부실했던 그 부모 세대에 비길 수 없을 만큼 신체적으로 더 조숙하고 키도 훨씬 더 크고 몸무게도 더 나간다. 그러나 그들은 지적으로나 정서적으로 어쩌면 그 부모 세대보다도 더 미숙한 상태에 머물고 있는지 모른다. 실존의 고통을 체험하지 못한 그들은 인생과 세계가 무엇인지 알고 싶어 하기보다는 그저 재미있고 즐겁게 살고자 애쓸 뿐이다. 그들은 이지적이기보다는 감각적이다. 부모들의 과보호로 인해 심적, 신체적 고통을 이겨내는 힘을 기를 기회를 갖지 않았던 그들은 또한 정서적으로 의지가 박약한 유아들이기도 하다.

절뚝거리는 에티켓, 도덕적 무궤도차

대학생들은 대학생활을 통해 무엇보다도 사회 구성원의 한 사람으로서, 그것도 지도적 역할을 할 사람으로서 성숙해져야 한다. 그리고 여기에 가장 기초적으로 요구되는 것이 도덕적 품성을 기르고 예의범절을 익히는 일일 것이다. 오늘의 대학생들은 이 도덕교육의 관점에서 볼 때 불행하게도 이중적 태도를 보이고 있다. 물론 이는 우리 사회 전체가 지니고 있는 이중적 규범체계가 적나라하게 반영되어 있는 것이라고 할 수 있지만, 하여튼 그들은 어떤 경우에는 합리적인 서구식 규범의식을 갖고 있으면서 다른 어떤 경우에는 여전히 전통적인 유교적 규범에 따라 행동하기도 한다. 이 현상은 흔히들 지적하듯이 유교적 규범은 무력해지고 그렇다고 새로운 서구적 규범은 아직도 정착하지 못한 과도적 혼란상태로 비치기도 한다. 왜냐하면 실제로는 두 가지 유형의 규범이 일관성 없이 착종되어 작용하는 꼴이 되기 때문이다. 불행한 것은, 서구적인 행동방식 중 썩 바람직하지 못한 요소는 쉽게 받아들이고 진정 바람직한 요소는 여전히 몸에 익히지 못하고 있으며, 마찬가지로 전통적인 행동방식 가운데서도 버려야 할 요소는 여전히 지니려 하고 간직해야 할 요소는 쉽게 버린다는 사실이다. 그들은 이를테면 서구적인 행동방식 중 이기적이고 타산적인 태도라든지 금전적, 물질적, 신체적 가치를 우선시하는 태도 등을 받아들이며 이와 더불어 전통적인 규범 중 효성, 우의, 심정적 동기 등을 중시하는 자세를 버리는 데 있어 별 어려움을 못 느끼는 것 같다. 다른 한편 그들은 이를테면 서구적인 규범의식 중 자립성, 책임의식, 규칙이행의 보편성, 평등의식 등을 받아들여 행동에 옮김으로써 전통적인 행동방식 중 가족주의적, 소집단주의적 행태에서 유래하는 의타성, 무책임성, 혈연 및 지연적 정실주의, 인간관계에 따른 차등적 태도, 보편규칙 경시 태도 등을 극복하는 데 있어서는 답보적이다.

예를 들어보자. 대학생들에게 거의 보편화(?)되어 있는 도덕적 불감증 현상 중의 하나가 아마 시험 중의 '커닝'일 것이다. 커닝이라는 부정행위는 의리와 명분을 중시하는 유교적인 규범에 우선 어긋나는 것이다. 유교적, 전통적 규범을 저버리고 서구적인 행동방식 중 이기적이고 타산적인 것을 피상적으로 수용함으로써 나오는 행동이라고 볼 수 있다. 그렇다고 진정한 의미의 서구적인 규범을 따르는 것이냐 하면 전혀 그런 것도 아니다. 이는 공정성의 원리, 즉 규칙준수의 보편적 당위성을 부인하는 것으로 지극히 비합리적인 행위다. 그런데도 그들은 '커닝'을 하면서, "사정이 딱하니 나만큼은 좀 봐달라"는, 온정에 호소하는 의타적 심정을 무의식적으로 지니고 있다. 그들은 부지불식간에 공정한 게임을 포기하고 인간의 정의적(情意的) 측면을 나쁜 방향으로 몰고 가는 잘못을 저지르고 있다.

교수에게 성적을 구걸(?)하는 학생의 경우는 또 어떠한가? 교수나 학생이나 대등한 인격체로 만나 가르치고 배운다는 것을 그들은 안다. 그런데 그들은 이 생각을 바탕으로 이를테면 승강기에 타면서도 교수에게 굳이 앞길을 양보하려 하지 않는다. 승강기에 교수와 함께 올라서도 하던 잡담을 멈추지 않고 큰 소리로 계속한다. 승용차를 몰고 다니는 학생 중에는 교정에서 우선통행 여부를 놓고 교수와 실랑이를 벌이는 사람도 있다. 인격은 평등하니까 합리적으로 생각한다면 이는 조금도 이상할 것이 없다. 그러나 그들은 교수에게 찾아와 스승과 제자의 '인간적인 의리 관계'를 전제하고 '선처'를 부탁하는 경우도 있다. "교수님 과목 하나 때문에 졸업이 안 된다"며 '제자에 대한 온정'을 호소한다. 성적이야말로 교수와 학생의 대등한 관계를 전제로 각자가 학업에 기울인 노력의 양과 질에 따라 합리적으로 산출되는 것이지, 어디 교수의 온정이 개입될 수 있는 것인가. 이런 요구는 '사제지간'의 참된 의미를 왜곡 변질시키는 것이 아닌가. 이는 온정과 의리를 빙자하여 교수로 하여금 부당한 행위를 하도록 강요하는 것에 지나지 않는다.

이런 일관성 없는 도덕적 태도는 교수 및 대학당국을 대할 때뿐만 아니라 그들의 부모 등 기성세대 일반을 대할 때에도 엿보인다. 그들은 자신의 권익을 주장하고자 할 때에는 사회성원의 한 사람으로서 대등한 인격을 지니는 성인임을 자임하지만, 자신의 결함이나 실수를 덮고자 할 때는 아직도 교육받고 있는 미완성의 형성 중에 있는 사람임을 강조한다. 그리고 그런 결함이나 실수를 마치 대학생활의 낭만이나 되는 것처럼 여겨 스스로에게 어떤 특권이라도 주어져 있는 것으로 착각하기도 한다. '교육'의 이름으로 취해지는 여러 형태의 보호장치가 본래의 뜻에서 벗어나 그들에게 도덕적 허약을 허용하는 것으로 비치고 있는 셈이다.

그들은 일상의 예의범절을 몸에 익혀 자신을 사회공동체의 지도적 성원으로 단련시키는 일에서도 서툴고 엉성할 뿐만 아니라, 그 내면의 도덕의식에 있어서도 일관성 없이 갈팡질팡하고 있음을 부인키 어렵다.

'정치학생'의 정치수련

예전에 '정치교수'라는 단어가 유행(?)한 적이 있었다. 교수가 연구와 교수에만 몰두하지 않고 정치에 관심을 갖고 월권적 언행을 한다 하여 정치권, 특히 이를 억압하려는 정부 측 모처에서 비난조로 만들어낸 말이 아니었나 싶다. 하지만 일반 시민도 정치에 무관할 수 없고 또 그래서 무관심할 수 없는 일인데, 어찌 대학교수가 정치에 무관심할 수 있단 말인가. 더욱이 정치가 국리민복을 위해 순기능을 하지 않고 소수의 권력집단을 위한 전횡으로 내닫는다면, 교수들 모두가 '정치교수'가 안 될 수 없을 것이다. 반독재 민주화 운동의 일환으로 '정치교수'들이 비판적인 발언을 통해 정치적 항거를 할 때, 대학생들은 이를 뒷받침하기라도 하듯 이념적 '운동'을 벌여 하나의 '운동권'을 형성했었다. 한국 현대사에서 대학생들이 벌여온 학생운동이 어떠한 정치적, 사회적 기여를 해왔는지 모를 사람은 아무도 없다. 그런데 오늘 이 학생운동은 어떠한가?

오늘에도 '대학생 문화'에 큰 영향을 주는 것 중의 하나가 학생운동이다. 각 대학의 총학생회를 장악하고 있는 것은 대부분 저 학생운동의 전통을 이어받은 '운동권' 학생들이다. 그런데 이들은 왜 그들의 선배들과 보조를 같이했던 왕년의 '정치교수'들로부터 더 이상 지지를 받지 못하는가? 아니 그보다도 대부분의 동료 학우들로부터 외면당하고 소수집단으로 위축되는가? 정치적 이념의 정당성에 대한 논쟁은 유보해 놓고 '대학생 문화'의 범위 안에만 머물더라도, 그들의 운동의 성격에 대해 한 가지는 말할 수 있으리라고 본다. 이제 필자가 보기에는 운동권 학생은 더이상 아마추어로서 이념운동에 종사하는 것이 아니라 프로가 되고자 '정치운동'을 벌이고 있으며, 그것도 기성 정치권과 맞서 ─ 그것이 간접적으로 대학당국이 되는 경우가 허다하지만 ─ 그들로부터 정치적 힘의 일부를 얻어내고자 힘쓰고 있는 것 같다. 말하자면 지향하고 실현시켜야 할 이념이 있어 이를 위해 운동을 한다기보다는 ─ 이때는 대개 그 이념을 실현시키라고 기성의 지도층에 도덕적 압력을 가하는 모습을 띠게 마련인데 ─ '운동'을 하기 위해, 그리고 그 운동을 통해 개인으로서든 집단으로서든 어떤 정치적 힘을 얻기 위해 운동을 하는 것 같다. 그들은 학교당국과 물리력을 걸고, 때로는 돈을 놓고 협상하기도 하고 타협하기도 한다. 그렇게 그들은 '정치수련'을 한다고 생각하는 모양이다. 경우에 따라서는 부도덕하고 비교육적인 일이 교수와 학생 사이에서, 정확히 말하자면 '관리교수'와 '정치학생' 사이에서 일어나기도 한다고 하며, 대부분의 보통 학생들과 보통 교수들은 이를 잘 알지 못한다.

독립운동, 민주화운동의 전통을 이어받은 학생운동이 도덕성에서 결함이 있어서야 말이 되겠는가. 학생운동도 이젠 건전한 '대학생 문화'의 창조에 눈을 돌려야 한다. 외부에 존재하는 고정적 집단이나 세력을 투쟁을 통해 타도해야 할 대상으로 설정하고 전략을 짜는 운동은 이제 새 시대의 바람직한 학생운동이 되기 어렵다. 학생운동도 이젠 우선적으로 대학생 문화를 선도하는 운동으로 탈바꿈해야 한다. 어리둥절해하는 신입생 전체를 모아놓고 요란하게 '이벤트' 행사를 함으로써 그들을 '오리엔테이션'시키는 일 따위는 이제 그만해야 한다. 술 덜 마시기 운동, 담배 끊기 운동, 학교시설 아끼기 운동, 커닝 안하기 운동, 고전 읽기 운동… 이런 운동은 힘을 과시할 일도 없고, 아닌 말로 생기는 것도 없으니 할 일이 못 되는가?

대학, 무엇 하는 곳인가?

대학생은 대학생활을 통해 모든 가능한 것을 다 체험해 보는 것이 좋다. 물론 한 가지 전제 아래서, 즉 그 체험을 통해 인격적으로 성숙해져야 한다는 전제 아래서. 천민의 고통도 귀족의 오만도 다 수용할 수 있을 만큼 체험의 폭이 커진다면 그의 인격은 그만큼 깊고 너른 것으로 성숙할 것이다. 대학은 물론 학과공부만 하는 곳이 아니다. 교수 아닌 대학생에게는 대학이 실험의 장이고 모험의 장이기도 하며 이를 통한 자기단련의 장이다. 그러나 이 모든 나름대로의 자기실현을 위한 성숙과 훈련에 있어 대학생이 대학에서 끝까지 지켜야 할 기조는 있다.

그 첫째가 지성이다. 대학은 상명하복의 군대도 아니요, 이익에 모든 걸 거는 시장도 아니다. 물론 운명에 몸을 던지는 도박판도 아니다. 대학은 지적 사유를 원리로 하여 지적 훈련과 성숙을 지향하는 교육의 장이다. 지성적이기를 거부하는 자는 대학을 떠나야 한다.

둘째는 자유와 주체성이다. 대학인은 노예가 되기를 거부하지만 또한 전제적 주인이 되고자 하지도 않는다. 자신이 자신의 삶의 주인이 되어, 자신을 오직 자신의 명령에만 복종케 하는 자유인의 이상을 대학인은 버리지 못한다. 지적 태도도 이 자율성을 받쳐주는 지지대일 때 그 의미가 깊어진다.

셋째는 공동체 의식과 이를 토대로 하는 지도적 도덕성이다. 대학은 이 사회에서 지도적 위치에 있는 것이 사실이다. 그리고 더 많은 영향력을 행사하는 주체가 더 많이 책임지는 것은 당연한 일이다. 그리고 이 책임지는 일 중 으뜸가는 것이 도덕적으로 모범이 되는 것임 또한 당연한 일이다. 대학인이 누구보다도 더 강한 공동체 의식을 가져야 하는 이유도 바로 여기에 있다.

대학생들에게 대학이 친구 만나 놀기나 하는 곳이라면 그 사회의 앞날은 기대할 수 없을 것이다. 대학은 대학생들에게 준비하는 곳이다. 그들 자신의 개인적 생뿐만이 아니라 그들의 공동체의 앞날을 준비하는 곳이다. 대학생은 가까운 장래에 우리 사회의 지도적 주체가 되기 때문에 특히 더, 대학은 새로운 진보적이고 창조적인 문화적 활동의 원천이 되어야 한다. 21세기의 문턱에 서서 우리의 대학생 문화가 더 이상 지금처럼 이렇게 비틀거리고 있어서는 안 된다.

[이 글은 지나치게 비판적인, 그래서 아주 비관적인 관점에서 쓰인 것일지도 모른다. 필자의 시야에 한계가 있을 것이고, 또 좋은 일은 잘 안 보여도 좋지 않은 일들은 눈에 더 잘 띄게 마련이니까 그럴 수도 있다.

아니, 필자는 의도적으로 최악의 경우를 염두에 두고 이를 우려하는 교육자적 근성(?)을 떨치지 못하고 있는지도 모른다. 필자의 요구가 현실을 모르는 터무니없는 것이요 필자의 우려가 실은 기우(杞憂)에 지나지 않는 것이라면, 이는 필자 자신도 반가워할 일이다. 이 글에서 서술하고 있는 바와는 판이하게 아주 훌륭한 대학생활을 보내고 있는 대학생들에게는 이 글은 그저 쓸데없는 '잔소리'일 뿐이다.

또 한 가지, 많은 대학생들이 그렇게 바람직하지 않은 대학생활을 보낸다 해도 그 가운데는 역시 훌륭한 인물로 성장하는 사람도 있다고 말한다면, 이 글은 의미를 잃는다. 사실 대학의 교육제도나 교육환경이 아무리 나빠도 훌륭한 사람이 몇몇 나올 수는 있다. 그러나 우리가 바라는 것은 우리의 대학에서 '대다수의' 대학생이 지적, 정서적, 도덕적으로 성숙한 인성을 갖춘 그런 인물로 성장하게 되는 것이다. 대학 내외의 문화적 환경과 이에 기반한 대학생 문화의 개선을 위해 노력할 일은 별로 없다고 믿고 몇몇 예외적인 특출한 인물이 나오게 되기를 바라고 앉아 있겠다면, 이 글은 찢어 내버려야 할 것이다.

〈철학과 현실, 1997 봄호〉

대학의 자율성과 캠퍼스 내 무질서

다원적 개방성과 자율적 질서

오늘 우리 사회는 자율의 시대에 들어서고 있다. 자유민주주의라는 정치 사회적 이념이 드높이 외쳐지긴 했지만, 해방 이후 진정 시민의 자율에 기초한 민주주의가 공동체적 생활 속에서 실현돼 왔다고는 볼 수 없는 것이 어제까지의 현실이었다. 독재적, 전횡적, 권위주의적 국가경영 방식이 사회 각 부문에도 강한 영향력을 행사하여 획일적 상의하달(上意下達)의 공동체 생활방식이 이 사회에 만연해 있었고, 이를 혁파하려는 세력은 늘 위험시되고 억압받아 왔다. 우여곡절을 겪은 민주화운동 끝에 이제 우리는 가히 민주화의 과정에 들어섰다고 말할 수 있을 것이다. 공동체 성원의 운명이 어느 정점에서 일방적으로 결정되어 내려오지 않고 이제는 성원 각자에게 어느 정도의 결정권이 주어지기 시작한 것이다. 획일적으로 하달되던 배타적, 전제적 의사가 더 이상 공동체 성원에게 준수만을 강요할 수 없게 된 것이다. 오히려 오랫동안 지배해 오던 중앙

집중적 폐쇄구조가 약화됨으로써 공동체 성원의 다양한 욕구와 의사가 병존하는 개방적, 다원적 사회가 전개되기 시작한 것이다. 그래서 획일적으로 하달되는 전제적 의사에 의해 억압받아 왔다고 생각되는 욕구나 의견일수록 더 강렬하게 분출되고 있는 실정이다. 오늘날의 일견 혼란스러워 보이는 사회상도 바로 이러한 배경에서 유래하는 것이라 하겠다. 바로 여기서 우리는 이 새로이 전개되는 다원적 개방사회에 절실히 요구되는 가장 근본적인 규범적 원리가 무엇인지 생각해 보아야 할 것이다.

다원적 개방사회에서는 성원 각자가 자신의 의사에 따라 자신의 행동방식을 결정한다. 이것이 곧 자율이다. 다원적 개방사회는 성원의 자율성을 전제로 하는 자율의 사회다. 성원 각자의 의사와 욕구가 다양한 모습 그대로 허용되어야 하기에, 획일적 폐쇄사회에서는 중요치 않던 규범적 원리가 여기에서는 새로이 요구된다. 다양한 욕구와 의사가 다양한 그대로 수용될 수 있는 최대공약수로서의 기본질서가 바로 그것이다.

얼핏 보기에는 질서야말로 획일적, 전제적 사회에서 가장 중요한 것으로 생각되겠지만, 실은 그렇지 않다. 겉으로는 질서가 크게 강조되는 것이 사실이지만, 이는 다만 전제적 의지의 정당화를 위한 위장일 뿐이다. 그러한 사회에서 실제로 가장 중요한 것은 전제적 의지 그 자체의 강력성이다. 질서는 이에 자연히 뒤따르는 피상적 현상일 뿐이다.

다원적 개방사회에서 질서가 중요한 이유는 무엇일까? 다원적 개방사회를 가능케 하는 자율성이란 그저 타의에 의해 자신의 행동이 규정되지 않음만을 가리키는 것이 아니다. 그것은 성원 모두가 자신의 행동을 스스로 규제하고 조정함을 말함이다. 그렇게 함으로써 자신의 행동에 대해 자신이 책임짐을 뜻하는 것이 또한 자율성이다. 이때 만일 성원 모두가 공동으로 따를 수 있는 자기규제의 공통치, 즉 최대공약수 같은 것이 없다고 한다면, 성원 각자는 자기규제의 폭을 정하기 어려울 것이요, 자연히 책임의 영역을 정하기 어렵게 될 것이다. 그리고 그렇게 된다면 이른바 자율적 행위들은 서로 충돌하여 상호 파괴적으로 될 것이요, 결과적으로 욕구와 의사의 다양성은 그대로 견지되지 않을 것이다.

욕구와 의사의 다양성이 깨지는 사회가 다원적 개방사회에로의 이행이 어려운 이유가 바로 여기에 있고, 개방화 과정이 종종 자율성을 부인하려는 반동적 세력에 의해 역행되기도 하는 이유가 바로 여기에 있는 것이다.

따라서 다원적 사회가 성원 각자의 다양한 욕구와 의사를 수용하여 이를 공존시킬 수 있기 위해서 필수적으로 요구되는 근본적 규범원리는 바로, 자율성을 해치지 않으면서도 다양한 욕구를 담아내고 의사를 주고받는 개방적 상호 교통의 기본 틀인 질서의 견지에 있다고 아니 할 수 없다.

대학의 자율성과 캠퍼스 내 무질서

다원적 개방성과 자율적 질서 — 이것이 곧 민주사회를 지탱해 주는 원리가 아니겠는가? 상반되는 듯하면서도 상호 요청적인 이 두 원리에 비추어 볼 때 오늘 우리 대학사회의 실정은 어떠한가?

연구와 교수라는 그 본래의 과제에 비추어 볼 때, 그 어느 영역보다도 자율성이 더 절실히 요구되는 대학사회가 그동안에는 다른 영역보다도 더 직접적으로 민감하게 전제적 의사에 의해 타율적으로 지배돼 왔다고 할 수 있다. 물론 이것은 시대를 앞서 가는 새로운 사회적 기풍을 선도하려 하는 대학인의 본성적 경향에 대한 두려움 때문에 그랬던 것이요, 그것이 학문 외적, 교육 외적, 정치적 이유에서였음은 주지의 사실이다. 부단한 민주화운동의 진원지가 대학이었다는 사실이 이 모든 것을 설명해 주는 것이리라.

그러면 오늘 우리 대학사회는 민주화운동의 성과로 얻어진 이만큼의 다원적 개방성을 그에 걸맞은 자율적 질서 아래에서 만족스럽게 성숙시켜 가고 있는가? 물론 오늘 우리의 대학이 교육행정면으로 볼 때 자율성을 확보하고 있다고 볼 사람은 없을 것이다. 교육과정, 학과 및 대학 신설, 신입생 선발, 학생 정원, 대학 재정 등 여러 면에서 대학은 교육행정부의 규정에 따르도록 되어 있다. 여기에서 지금 논하고자 하는 것은 이러한 교육행정적, 법제적 문제영역이 아니라 대학 내에서 대학 구성원이 보이는 행동방식에 관한 것이다. 특히 캠퍼스 내의 가시적 무질서를 문제 삼다 보니, 그것도 특히 대학생의 행동양태에 집중하게 된다.

우리 사회의 장래가 무엇보다도 건전한 사회윤리의 확립 여부에 달려 있다고 보는 사람들은 오늘의 대학 구성원 중 특히 대학생의 행동방식에 대해 우려하는 바가 크다. 대학생의 행동방식이 개인적 도덕의식, 공중도덕, 대인관계에서의 예의범절, 그리고 정치적 내지 공공적 성격의 문제에 관한 의사표명 및 집단행동에 있어 다원적 개방사회가 두루 요구하는 자율적 질서(또는 자율적 질서의식)의 결핍을 보여주고 있다. 더욱이 이러한 경향이 근래 이른바 민주화운동의 결과로 우리 사회가 전제적, 획일적 폐쇄구조에서 민주적, 다원적 개방구조로 변모하면서 더욱 뚜렷해졌다는 것이 이러한 우려의 근거가 되는 것이다. 민주화의 쟁취에 있어 이들의 투쟁적 기여는 마땅히 평가받아야 하겠지만, 그 쟁취 자체에 심취되어 그렇게 쟁취한 다원적 개방성을 실질적으로 내실 있게 성숙시켜 나가는 건설적 도정이 자율적 질서의 결핍으로 인해 만족스러운 성과를 거두지 못한다는 것이 우려와 더불어 내려지는 진단이다.

그러면 (대학의 다른 구성원에게도 부분적으로 적용되겠지만) 특히 대학생의 행동방식 중 자율적 질서의 결핍으로 나타나는 캠퍼스 안에서의 행태를 위에서 말한 네 가지 범주로 구분해서 크게 눈에 띄는 것을 점검해 보기로 하자.

(1) 개인적 도덕의식과 관련되는 무질서 행태
  · 시험 중 커닝
  · 대리출석 및 대리시험
  · 학점구걸 또는 청탁
(2) 공중도덕상의 무질서 행태
  · 담배꽁초, 휴지 등을 함부로 버리기 또는 침뱉기
  · 강의실 내 흡연
  · 캠퍼스 내 음주
  · 고성잡담으로 강의 방해
  · 학교 시설물 파괴 및 훼손
  · 교정 아무 곳에서나 공놀이 등으로 소란 피우며 보행 및 강의 방해
  · 강연, 강좌, 모임 등을 알리는 현수막, 포스터, 스티커 또는 대자보 등을 난잡하게 부착, 설치하고 기일이 지나도 계속 방치
  · 연구나 학업을 방해하는 운동연습
  · 교직원 식당 등의 무단이용

· 규정을 무시하는 캠퍼스 내 차량운행 및 주차행위

(3) 타인에 대한 예절상의 무질서 행태

· 교수 등 연장자(年長者)에 대한 비례(非禮), 폭언, 폭행

· 학생들 간의 폭력 위협

(4) 정치적 내지 공공적 의사표명 및 집단행동에서의 무질서 행태

· 캠퍼스 분위기를 완전히 파괴하는 정치집회 및 기타집회(확성기, 쾡과리 등의 소음으로 인한 피해가 가장 큼)

· 학교시설물(총장실, 전화교환대 등) 점거농성으로 학교기능 마비시키기

· 집회를 위한 무단 집단 강의 불참

질서의식 결여와 반(反)질서의식

질서를 경시하고 규정을 무시하는 이상의 여러 행태에 공통적인 첫째 경향은 전체를 고려하지 않는 개인적 혹은 집단적 이기주의다. 이 이기주의는 획일적 폐쇄사회가 다원화, 개방화되기 시작하면서 등장하게 되는 행동경향이다. 정의롭지 못한 전제적 억압에 의해 나의 이익이 희생당해 왔으므로 나의 이익이 확보되는 것이 곧 정의의 실현이라고 생각하기 쉽기 때문이다. 그러나 이는 방종이 자유로 오해되었을 때 나타나는 경향으로, 고질화될 경우 민주사회의 성립 자체를 위협하는 우려할 만한 것이다.

불의에 의해 희생당한 것은 나의 이익만이 아니었으므로 정의는 단순히 이 희생되었던 이익을 되찾는 것으로 세워지는 것이 아니라, 그것을 균형 있게 회복시켜 줄 때 비로소 세워지는 것이다. 그리고 이 균형을 위

해 각 개인의 자유는 제약받을 수밖에 없다.

사회윤리상 정당한가 부당한가를 따져보기에 앞서 내게 혹은 우리에게 유익한가 아닌가를 먼저 헤아려 이에 따라서만 행동한다면, 이러한 근시안적 이기주의 앞에서 질서가 보편적 원리로서 견지되기 어렵다는 것은 자명한 일이다. 예를 들어 학생이 학교당국에 이른바 '농성수당'을 요구하거나 '민주장학금' 지급을 강요한다면, 이는 보편적 정의의 이름 아래 소집단의 이익을 도모하려는 왜곡된 개방성, 왜곡된 자율성의 한 극단적 예라 할 수 있다.

질서의식의 결여에 크게 작용하는 둘째 경향은 '힘겨루기주의'라 일컬을 수 있는 것이다. 행위의 정당성 여부는 규정 내지 질서라는 기본적 규범에 비추어 판명되는 것이 아니라, 그 행위가 관철되었느냐 좌절되었느냐 하는 것에 의해 결정된다고 보는 태도가 암암리에 그 배후에 깔려 있다는 것이다. 정당한 주장이라도 현실적으로 실현되지 못하고 좌절되면 물론 그 정당성에 대한 신념이 약해질 수가 있다. 그러나 행위의 정당성이 곧 그 실현 여부에 의해 결정되는 것은 아니다. 전제적 억압구조의 사회에서 정의로운 주장이 번번이 좌절되는 것을 경험해 본 입장에서 볼 때, 관철되지 않은 정의란 무의미한 것이라는 생각이 절실하게 들 수는 있을 것이다. 바로 이러한 좌절의 체험에서 이 '힘겨루기주의' ― 힘의 대결에서 이기는 편이 정당성을 확보한다는 주의 ― 가 태동된 것으로 이해는 할 수 있다. 그러나 정당성의 원리는 '힘'에 있는 것이 아니라 규정 및 질서에의 부합에 있는 것이다.

이러한 자세와 관련하여 '패거리주의'를 그 세 번째 요인으로 지적할 수 있다. 힘의 대결에서 이김으로써 이익 추구의 자기 주장을 관철시키

264

는 것이 곧 정당성을 확보하는 길이라고 믿게 되면, 힘의 증대를 위해 이해를 같이하는 사람을 될 수 있는 대로 많이 자기 편으로 끌어들이려 할 것이다. 정의의 보편적 가치를 위해 단합된 무리가 아니고 그저 힘의 증대를 위해 모아진 무리라면, 이는 '패거리'라는 표현이 더 적합할 것이다. 이 패거리에게는 이해를 달리하는 적과 동지가 있을 뿐, 정의와 질서에 대한 집념이 없을 것이다.

이상의 세 가지 질서 경시의 태도는 모두 정당성과 부당성 즉 옳고 그름과, 이익과 손실 즉 좋고 나쁨이 전혀 다른 두 척도임에도 불구하고 양자를 혼동하거나 전자를 후자에게로 환원시키는 오류를 범하고 있다. 전체의 이익을 도모하기 위해 요구되는 것이 질서라 한다면, 질서란 유익성의 원리가 아니라 그것의 근거가 되는 정당성의 원리인 것이다.

또 한 가지 경계해야 할 것은 타율적 구(舊)질서에 대한 반감이 질서 자체에 대한 거부로 이어지기도 쉽다는 점이다. 질서라는 이름 아래 강요당했던 것이 대체로 보편가치로서의 정의가 아니었고, 바로 그 질서의 이름 아래 자율성이 박탈당해 왔기 때문에 반(反)질서의식이 자율의식 및 정의감과 궤를 같이하는 것으로 생각될 수도 있다는 것이다.

그러나 정의에 대해, 진정한 자율성에 대해 좀 더 반성해 본다면 반질서가 이들과 연결되어 있는 것이 아니라, 오히려 질서가 이들을 가능케 해주는 기초가 됨을 쉽게 알 수 있다.

캠퍼스 내의 무질서가 오직 우리 사회의 개방화, 민주화에만 연관돼 있다고 말하는 것은 물론 아니다. 사회상의 변혁이 대학 캠퍼스에 영향을 미쳐 대학생의 행동방식을 변화시키는 것도 틀림없는 사실이지만, 실은 이에 못지않게 가정과 학교에서의 보이지 않는 인간교육 내지 도덕교육이 차지하는 몫이 더 크다고 보아야 할 것이다. 사회의식을 갖고 사회상에 눈뜨기 전에 이미 보이지 않는 도덕교육을 통해 내면화된 행위의 규범이 행동방식을 크게 좌우할 것이기 때문이다.

자율성 제고와 질서 확립

이렇게 생각해 볼 때, 캠퍼스 내에서의 질서를 확립하는 일은 멀리는 유년 시절의 청소년 도덕교육에서부터 시작되어야 할 것이다. 이는 물론 옳은 생각이다. 다만 질서 확립을 위해 좀 더 구체적인 방안을 생각해 보고자 하는 이 글의 의도에 비추어 보자면 너무나 멀리 있는 주제일 따름이다.

우리가 생각해 보고자 하는 것은 따라서 대학 내에서 실천될 수 있는 방안, 특히 개방화, 민주화라는 사회상의 변화와 연관시켜 반드시 실천되어야 할 방안에 국한된다. 그러나 이를 생각해 보기에 앞서 먼저 고려해야 할 독특한 여건이 있다고 본다.

개인도덕적 내지 사회윤리적 관점에 있어 대학생의 행동에 대해서는 학내에서는 물론이고 학외에서도 대체로 관대한 태도를 취하는 것이 보통인데, 그 이유는 다음과 같은 데에 있다고 본다.

첫째, 대학생의 자율적 자기규제 능력에 대한 신뢰가 그 이유 중 하나다. 대학생은 사회적 이해관계에 얽혀 있지 않은, 순수한 중립적 위치에 서 있으므로 그들은 누구보다도 도덕적 자율성을 견지할 수 있다고 보는 것이다.

둘째, 대학생은 아직 사회생활을 위한 학습이 완료되지 않은 교육과정 가운데 있는 사람이기 때문에 이들에 대해서는 사회적, 법적 제재를 가

하기에 앞서 교육적 교려를 먼저 해야 된다는 생각이 또 다른 이유다.

셋째, 우리 사회의 민주화에 결정적 기여를 한 것이 바로 대학생이라 보고 이를 상찬하는 것이 또한 그 이유가 된다.

이러한 이유들은 모두 타당한 것이요, 이로 인해 대학생에 대해서 도덕적으로 관대한 태도를 취하는 것 또한 타당하다고 본다. 그러나 그렇다고 해서 대학생의 행동방식이 질서를 무시하거나 파괴하는 것까지 허용될 수는 없는 것이다. 우리는 여기서 이러한 여건까지도 감안해서 캠퍼스 내의 질서 확립을 강구해야 할 일로 다음 몇 가지를 열거해 본다.

첫째는 학사관리에 있어 엄정성을 철저히 기해야 한다는 것이다. 연구와 교수가 대학의 근본과제임에 틀림없을진대 교수와 학업에서의 무질서는 대학의 기본을 흔드는 것이 될 것이다. 교수가 먼저 강의와 학습평가를 철저하고 엄정하게 함으로써 학생들도 이와 관련하여 수강과 시험 등에서 규정과 질서를 지키도록 유도해야 할 것이다.

둘째는 누구보다도 교수가 학생들의 무질서한 행태에 대해 더 적극적으로 훈육의 자세를 취해야 한다는 것이다. 오늘의 대학생은 실제로 대학에 와서야 본래적 의미에서의 인간교육을 받을 수 있는 시간적, 심리적 여유를 갖게 되는 것이 부인하기 어려운 현실이다. 따라서 교수는 그저 지적 영역에서만이 아니라 정서적, 도덕적 영역에서도 '가르친다'는 자세를 견지해야 할 것이다. 특히 입학 직후 가능한 한 학생과의 접촉을 늘려 대학생활에 대한 오리엔테이션을 성실하게 해주는 것이 꼭 필요하다고 본다.

셋째는 학생들의 집단행동을 통한 학교당국과의 갈등과 충돌에 있어 학교당국은 학생들과 협의를 통해 의견조정을 할 수 있는 사안과 협의나 협상의 대상이 되지 않는 사안을 분명히 구별하고, 후자의 경우에는 단호한 태도를 보여야 할 것이다. 대학 전체의 균형 있는 이익이 문제되는 경우라면 학생들과의 숙의를 통해 바람직한 절충을 찾아내는 데 노력해야 마땅하지만, 교육적 또는 도덕적 의미에서의 정당성 여부에 관해서는 결코 타협해서는 안 된다고 본다. 행위의 정당성 문제에 있어서는 이해관계의 조정을 통해서 결코 넘어설 수 없는 한계가 있음을 '가르치는' 것이 또한 학생들이 다원적 개방사회에서 자율적 질서를 견지케 하는 데 더 큰 도움이 될 것이기 때문이다.

맺는 말

이상에서 우리는 캠퍼스 내에서의 무질서에 대해 대학 구성원 중 학생의 행동에 초점을 맞춰 그 현상과 의식상의 배경 그리고 이의 극복을 위한 방안 등을 살펴보았다. 우리가 학생의 행동에 초점을 맞춰 캠퍼스 내의 무질서를 논의했다 해서 오직 학생만이 그에 대해 책임을 져야 한다고 생각하는 것은 물론 아니다. 캠퍼스 내의 무질서를 야기하는 원인(遠因)은 대학 전체가 공동으로 안고 있는 대학 내 문제들의 총체에서 찾을 수 있다고 보기 때문이다.

이렇게 생각해 볼 때 우리가 처음에 논의로 제쳐놓았던 법제적, 교육행정적 문제도 따로 상세히 논의해 보아야 할 것이다. 또한 우리 사회 전체에 만연해 있는 무질서 현상에 대한 논의도 관련지어져야 된다고 생각한다.

이러한 독립적 주제의 논의는 여기에서 전개시킬 수 없겠지만, 다만 자율성의 제고와 질서의 확립은 상호 요청적인 것인 만큼 대학에 질서의 확립을 요구하기 위해서는 먼저 대학인에게 자율성을 허용해 주는 일이 선행요건이라는 점만을 지적해 두고자 한다.

시각을 대학 내에 국한시켰을 때 우리가 또한 지적해 두어야 할 것은 학교운영 전반에 있어서의 합법성, 합리성이 학교 내 질서 확립의 보이지 않는 정초가 된다는 점이다. 앞서 학생행정의 철저성에 대해 언급했지만, 학사행정에서 뿐만이 아니라 학교운영이 전체적으로 엄정한 기강 아래에서 이루어질 때, 다른 가시적 학내 질서도 기대할 수 있다는 것이다. 그러기 위해서는 학교운영이 대학 구성원 모두에게 투시될 수 있도록 모든 결정과정이 공개될 수 있는 장치가 필요하다고 본다. 그럴 때 학내 구성원은 모두 참여의식을 가질 수 있고 더불어 자율성의 실천을 스스로 경험할 수 있기 때문이다.

사족을 달자면 학생들의 질서 확립을 위해 별도의 운동을 벌인다든지 하면, 이는 가급적 학생들 사이에서 자발적으로 전개될 수 있도록 후원해 주는 것이 바람직하지, 학교당국이 주도해서는 소기의 성과를 거두기 어려울 것임을 언급해 둔다.

〈대학교육, 1992. 3.〉

대학 민주화와 교수의 권위

마침내는 대학 교정에서 학생이 교수를 폭행하는 사건까지 일어났다. 실로 경악과 개탄을 금치 못할 일이다. 어떤 이념적 갈등이나 사회적 공공성을 띤 문제로 야기된 사건도 아니었다는 데서 문제의 심각성은 더 크다. 이번 사건은 일방통행로를 거슬러 차를 몰고 가던 학생의 몰상식이 이를 시정해 주려던 교수의 상식을 묵살함으로써 생긴 것이다. 가뜩이나 혼탁한 교육풍토 속에서 작은 일에서나마 잘못된 것을 바로잡아 보겠다는 '보통' 교수의 교수로서의 의욕이 무분별, 무원칙에 길들어온 '특수' 학생들의 학생답지 않은 밀어붙이기식 억지에 짓밟혔던 것이다.

그러니 이제 우리 대학사회에서는 민주화니 사회정의 실현이니 하는 '큰' 문제들에서만 교수와 학생의 관계가 허물어진 것이 아니고, 일상생활에서의 도의적 '작은' 문제에 있어서조차도 그 기본적인 관계가 깨어진 것이다. 그런데 이렇듯 '작은' 문제에서조차 교수와 학생의 관계가 깨어지고 있다는 것이 실은 더 큰 문제가 아닐 수 없다. 배우고자 대학에 들어온 학생이 가르치는 교수를 거꾸로 '가르치고자' 한다면, 이는 이미 대학이 존립하기 위해 요구되는 최소한의 규범마저도 파기하는 것이기 때문이다.

우리 사회에서 지성과 양심이 숨 쉬는 최후의 보루는 역시 대학이라 하여 대학에 거는 사회적 기대는 사뭇 크다. 연구하고 교수하고 학습하는 일이 모두 지성에 의거하고 양심을 바탕으로 하지 않으면 이루어지기 어렵기 때문이리라. 대학이 우리 사회에서 중요한 위상을 차지하는 또 다른 이유는 바로 그곳에서 우리 사회의 장래를 짊어질 젊은이들이 과제를 수행할 역량을 기르기 위해 힘쓰고 있기 때문이다. 그럼에도 이 지성과 양심의 도장(道場)에서 일어난 반(反)지성과 반(反)인륜의 극치를 달리는 일을 어떻게 이해해야 할 것인가?

굳이 대학운동의 변화된 양상에 국한시키지 않더라도 오늘의 대학생 일반에게서 보이는 무분별한 행동방식은 우선 '민주화'로 집약되는 근년의 정치 사회적 변화와 밀접한 연관이 있는 것으로 생각된다. 오늘 우리 사회에서 민주화에로의 변혁에 동의하지 않는 사람은 없을 것이다. 민주화란 그 핵심에 있어 전제적, 권위주의적인 하향식 의사결정방식을 철폐하고 구성원 모두가 평등하게 참여하는 민주적 의사결정방식을 정착시키는 것 외에 다른 것이 아니다. 그러니 대학생이, 그것도 이러한 민주화에의 변혁을 실제로 주도해 왔고 아직도 주도해야 한다고 확신하고 있는 처지에, 크게는 국정에 참여하고 작게는 대학운영에 참여하려 하는 것도 일견은 타당한 듯하다.

그러나 여기서 오늘의 대학생은 대등한 참여만을 고집하기에 앞서 참된 의미에 있어서의 '민주화'된 질서가 무엇인지, 그 질서를 정착시킬

'민주적' 방식은 어떠해야 하는지, 또 거기에 동등하게 참여하는 구성원 모두의 '민주적' 태도는 어떠해야 하는지 생각해 보아야 할 것이다. 아직 배우는 자, 준비하는 자로서의 처지를 고려하지 않는 무차별적 동등은 민주적 평등이념에 부합하는 것이 아니요, 민주적 질서를 '쟁취'하자고 반민주적 수단을 동원한다면 그렇게 쟁취된 것마저도 민주적인 역능(力能)을 발휘하지 못한다는 것, 그리고 무엇보다도 내면의 인격적 도덕성이 결여될 때에는 아무리 훌륭한 제도적 장치도 바람직한 민주사회를 보장해 주지 못한다는 것을 명심해야 할 것이다. '민주시민'이라는 표현도 있지만, 대학 내에서 그러면 '민주학생'의 모습은 어떠해야 하는가? 대등한 학내 구성원이라 해서 교수 앞에서 배우려는 자세마저도 버려야 하는가? 인격적 평등성을 견지하면서도 가르치고 배우는 본분상의 차이를 존중할 길은 과연 없는가? 바로 여기에서 민주적인 대학사회에서의 교수의 권위가 다시 음미되어야 한다.

교수라는 신분만을 내세워 학생 위에 군림하려는 낡은 권위주의는 청산되어야 한다. 그러나 가르치는 자로서의 교수의 권위는 살아남아야 한다. 권위란 우리의 행동을 제약하는 외적 강제성이 아니라 우리의 마음을 움직이는 내적 설득력이다. 교수가 교수로서의 권위를 잃으면 학생은 그에게서 배움을 얻기 어렵다. 권위란 스스로 부여한다고 하여 얻어지는 것이 아니라 주변 사람들이 그의 능력과 덕성을 인정할 때 저절로 생겨나는 것이다. 교수의 권위는 누구보다도 학생에 의해 부여되는 것이다. 학덕이 결여된 교수가 억지로 권위를 자부하고 내세우려는 권위주의는 배격되어야 하지만, 교수와 학생 사이에서 교수의 권위가 사라진다면 대학교육은 그만큼 부실해지게 되는 것이다.

민주화에의 변혁을 위해 지난날 학생이 쏟아온 희생과 노력은 마땅히 존중되어야 한다. 그러나 그렇다고 그 희생과 노력이 이제 학생이 교수의 권위를 거부하고 교수와 동등한 권한을 가짐으로써 '보상'되어야 한다고 생각한다면, 이는 큰 잘못이다. 이러한 잘못된 생각이 대학생 일반에 확산된다면 교수와 학생 간의 교육적 관계는 파괴되며 대학교육은 왜곡되고 부실화될 수밖에 없다. 교수에게 폭행까지 할 수 있는 대학생의 생활감각이 바로 이러한 교육적 위기상황에 대한 경고라고 생각되기도 한다.

6공화국 출범 이래 대학의 교육적 상황이 줄곧 악화되는 와중에서 그 책임의 일단을 분명히 학생에게 돌리며 이를 질책, 교정하려는 교육적 노력이 얼마나 있었는지 교수들은 이를 크게 반성해야 할 일이다. 지난날 정치권력의 횡포 앞에서 무기력했듯이 이제는 그 횡포를 이겨냈다고 자임하는 학생들의 물리적 억지 앞에서 무력한 모습을 보이는 것이 혹 오늘의 교수상은 아닌는지? 교수 모두에게 이러한 의구(疑懼)가 다 돌아가는 것은 물론 아니다. 그러나 많은 경우 대학운영의 직책을 맡고 그 책임을 다하지 못한 이들에게는 이 자책조의 비난이 누구보다 먼저 고통스럽게 들려야 할 것이다.

교수는 이제 용기를 갖고 대학생들의 민주화에 대한 그릇된 시각을 바로잡아 주어야 한다. 정상적인 대학교육과 학생들의 장래를 위해서다. 그러려면 먼저 교수로서의 권위를 회복해야 한다. 나태, 용기 부족, 세속적 욕망 등으로 인해 스스로 포기한 권위를 되찾기 위해서는 치열한 학문적, 인격적 연마의 길 외에 다른 것이 없다.

〈대학교육, 1991. 5.〉

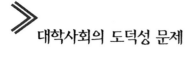

대학사회의 도덕성 문제

대학의 도덕성에 대한 사회적 요구

대학사회의 도덕성에 대한 일반의 회의 내지 불신이 근자에 들어 논란의 대상이 되고 있는 모습이다. 대학운영의 비리에 대한 의혹의 눈길이 입시부정을 둘러싸고 발생한 최근의 불미스러운 사태로 말미암아 마침내는 실망과 분노로까지 이어진 때문인 듯하다. 사법적 조처까지 감수해야 했던 부정의 사례가 비록 몇몇 대학에 국한되어 드러나기는 했지만, 무엇보다도 우리 사회에서 아직도 몇 안 되는 양심집단의 하나로 여겨져 온 대학사회가 마침내 그 도덕성에 대한 신뢰를 잃게 될 위기를 맞고 있다는 점에서 이는 심각한 문제임에 틀림없다. 대학의 내부적 문제로 인해서라 하더라도, 대학이 일반 국민의 도덕적 신뢰를 잃는다면 대학의 사회에 대한 비판과 선도의 역할에 대한 기대는 걸기 어려워지는 것이 되고, 그렇게 될 때 이는 그저 대학사회만의 문제가 아니라 우리 사회 전체의 문제이기도 하기 때문이다.

물론 우리는 여기서 근래 추진되어 온 대학의 자율화가 대학의 부도덕화를 초래했다는 일부의 견해를 경계해야 할 것이다. 우리 사회 전반이 그러하듯 대학사회도 민주화의 변환기에 처해 있는 것은 사실이다. 그러나 이러한 시기에 저 불상사가 발생했다 해서 자율화와 부도덕화를 동궤(同軌)로 이해하여 자율화의 유보를 고려한다면, 이는 사태의 구조적 연관을 깊이 보지 못한 피상적인 판단에서 오는 오류다. 저 부정의 사례는 오히려 대학 본래의 자율성이 위축된 가운데 오랫동안 누적되어 온 구조적 병폐의 표출이라는 점에서 더 근본적인 반성을 요하는 것이요, 사실 대학사회의 도덕성의 문제는 입시부정 등에 국한되는 문제가 아니다.

대학에서의 도덕성의 문제는 거시적으로 보면, 근원적으로 대학의 이념에서부터 연원하는 문제다. 이른바 '상아탑'이라는 이름 아래 한동안 대학은 한편으로는 정치적, 사회적으로 '치외법권적' 특권 아래 그 독립성, 자율성을 누리는 동시에, 다른 한편 정치 사회적 현실에 대해 불간섭의 초탈한 자세를 취하는 것을 그 본연의 모습으로 자임했던 시대가 있었다. 프러시아 제정시대 훔볼트 대학의 설립 이념에서 엿볼 수 있는 이러한 대학의 이념은 사실 오늘날 우리의 대학사회에도 어느 정도 그 전통이 온존되고 있다. 이러한 '상아탑'의 이념이 대학을 지배하던 시대에는 대학의 도덕성의 문제도 대학 내적인 학문 탐구에서의 도덕성의 문제로 국한되었을 것이다. 즉 대학인 각자의 학문적 성실성이나 인격적 품성 등의 문제가 대학의 도덕성의 문제를 이루었을 것이다.

그러나 오늘의 대학은 더 이상 이러한 '상아탑'의 이념에 매달려 있지 않다. 우리의 대학 현실로부터 구미 각국의 대학사회로 눈을 돌려보아도 대학이 정치 사회적 현실로부터 유리되어 있는 예는 찾아보기 어렵다.

오히려 대학의 진정한 도덕성이란 곧 지식인 집단의 반사회적 도덕성의 문제라고 여겨질 만큼 대학과 사회현실이 긴밀한 관계 속에서 서로 영향을 주고받는 것이 오늘의 모습이다. 학문 탐구라는 본래의 과제를 수행함에 있어 자율성과 독립성을 견지하되, 현실의 정치 사회적 문제에 대한 비판적인 참여의 활동 또한 기피하지 않는 것이 오늘날 대학이 지녀야 할 바람직한 자세라고 여겨지는 것이다. 따라서 대학의 도덕성의 문제는 대학의 학내적 문제로만 국한되지 않는 것이다.

대학의 도덕성의 요건

대학사회의 도덕성에 대한 사회적 요구가 그러하다면 대학은 어떠한 자세를 통해 그러한 요구에 부응할 수 있는가? 대학으로 하여금 '시대의 지성'으로서 사회적인 비판과 선도의 기능을 수행할 수 있도록 해주는 '도덕적 권위'를 갖기 위해 대학은 어떤 요건을 갖추어야 하는가? 더 구체적으로 말해 대학의 어떤 자세가 일반 국민으로 하여금 '대학의 목소리'에 승복하고 이를 따르게 하겠는가?

첫째 요건으로 우리는 대학의 자율성, 즉 대학인의 자율적 자세를 들 수 있다. 외부적인 압력이나 유혹에 굴하지 않고 오직 자신의 이성적인 사려에 의거하여 자율적으로 판단하고 행동할 때, 대학은 사회에 대해 도덕적 신뢰를 바탕으로 하는 설득력을 갖고 또한 지도적 역할을 할 수 있다. 눈에 보이지 않는 간접적인 압력일지라도 일단 그것이 대학을 타율적 존재로 만들게 되면, 이는 어김없이 국민에 의해 감지되고 대학의 목소리는 그 내용에 상관없이 더 이상 정의로운 것으로 경청되지 않는다.

둘째로는 대학의 불편부당성을 들 수 있다. 대학이 사회적인 문제에 대해 비판적인 의견을 공표하고 경우에 따라 어떤 행동을 취했을 때, 그 것은 어디까지나 정의의 이름 아래 민족과 국가의 공익을 추구하기 위한 것이어야지, 사회 속의 특정 정파나 진영 또는 계층의 편에 서서 그것의 이익을 도모하고자 하는 것이어서는 아니 된다. 대학인의 비판적 언행은 바로 이 점 때문에 현실적으로 기존의 어느 이익집단으로부터도 환영받지 못하는 것이다.

셋째로 우리는 대학인의 순수성을 들 수 있다. 사회문제에 대한 대학인의 비판적 언행은 어떤 보상을 전제로 하는 것이어서는 안 된다. 문제를 제기하고 그 문제의 해결을 촉구할 뿐이어야지, 이러한 비판적 활동 자체에 대한 반대급부를 요구하거나, 또 제기된 문제의 해결을 통해 대학인 자신의 이익을 도모코자 해서는 안 된다는 것이다. 이를테면 분배의 균형을 주장한다 할때, 이것이 대학인의 이익의 증대를 위한 것이어서는 안 되고, 독재정권의 비민주성을 규탄한다 할 때, 이것이 대학인 스스로 정권을 담당하고자 하는 의도에서 이루어질 수는 없는 일이라는 것이다. 직접적인 이해관계에서 한 걸음 물러서서 사태를 바라볼 때 대국적인 입장에서 문제를 냉정하고도 긴 안목으로 바로 파악할 수 있거니와 대학인은 바로 이러한 순수성을 지녀야 한다는 것이다.

자율성, 불편부당성, 순수성 — 이는 곧 지성의 본성이기도 하다. 지성이 이러한 요건을 소홀히 한다면 온전한 학문적 탐구 자체가 불가능할 것이다. 학문적 탐구와 이의 전수를 본래 과제로 삼는 대학사회가 저와 같은 요건을 그 자세에 갖춰 지님으로써만 그의 부차적 과제라 할 수 있는 사회에 대한 비판과 선도에 요구되는 도덕적 신뢰를 얻을 수 있는 것이다. 우리 사회에서도 그동안 대학사회의 비판적 주장과 활동이 일반 국민의 보편적 지지를 얻고 이를 바탕으로 사회 전반에 영향을 미칠 수 있었던 것은 바로 대학인의 이러한 지성적 자세 때문이었다고 하겠다. 대학인의 사회 진단과 방향 제시가 언제나 반드시 옳다고 볼 수는 없겠으나, 그 비판과 주장의 내용에 앞서 그 비판하는 자세가 일반 국민으로부터 도덕적 인준을 받을 때 대학은 그 사회적 영향력을 행사할 수 있는 기본적 요건을 갖추게 된다는 것이 강조되어야 하겠다.

도덕성 문제의 성격

이렇듯 대학의 도덕성의 문제는 대학에 주어지는 다른 구체적이고 현실적인 문제들과는 다른 차원의 것이다. 한마디로 말해 대학이 안고 있는 모든 문제가 근본적으로는 도덕성과 관련이 되겠지만, 어느 문제도 그 자체로는 '대학'이라는 공적 실체의 도덕적 문제로 구체화되기 어렵고, 따라서 도덕성의 문제는 다른 문제로 호도되기가 쉽다.

앞에서도 대학인의 '자세'라는 표현으로써 도덕성의 문제와 성격에 대해 암시한 바 있지만, 우리는 대학의 도덕성의 문제에 대해 다음과 같이 그 성격 규명을 해보고자 한다.

첫째, 도덕성의 문제는 업적 성취와는 엄격히 구별된다. 대학이 연구 및 교육에 있어 얼마만한 학문적 업적을 성취해 내느냐, 또는 이를 통해 사회에 대해 얼마만큼의 기여를 하느냐 하는 문제는 대학사회의 도덕성의 문제와는 무관한 것이다. 물론 대학사회가 도덕적으로 건전할 때 저와 같은 학문적 성과나 사회적 기여도 기대할 수 있다고 보겠으나, 그렇다고 '도덕성'이 업적 성취의 양으로 환원되어 측정될 수 없는 일이다.

따라서 도덕성의 문제는 대학운영의 '현실적인' 목표나 지표와도 직접적으로는 무관한 문제다. 대학을 어떤 방향으로 어떻게 육성, 발전시키느냐 하는 문제도 결국은 대학이 어떤 업적을 성취해 내느냐 하는 문제로 귀착할 것이기 때문이다.

둘째, 대학사회에서의 도덕성의 문제는 대학의 구조나 운영에 관한 제도적 장치의 문제와도 구별된다. 대학마다 학칙이 있고 경우에 따라 정관 등 여러 법규적 틀이 있겠지만, 이러한 규정의 내용 자체는 도덕적 성격을 띠는 것이라고 볼 수 없다. 경우에 따라 그 규정내용이 대학사회의 도덕성을 보전, 강화하는 데 유리할 수가 있고 또 그것을 위협하기 쉽도록 만들어질 수는 있겠지만, 그렇다고 그 내용 자체가 도덕성의 문제가 되는 것은 아니다. 재정문제, 인사문제, 학사문제 등 제도적 장치에 관한 법규는 실은 대학이 그 과제를 충실히 수행할 수 있도록 해주는 기능적이고 방법적인 성격의 것이라 하겠다.

도덕성의 문제는 이렇듯 대학사회가 수행하는 구체적 활동내용에 관한 것이 아니라 그 수행의 정신적 자세에 관련되는 문제요, 대학사회를 틀지어주는 외적인 법규적, 제도적 장치에 관한 것이 아니라 그러한 것을 정하고 운영하는 주체적 동기와 지향에 관련되는 문제다. 대학은 보편적 가치의 추구를 그 이념으로 삼고 있거니와 이 보편적 가치에는 무엇보다도 인간의 사회적인 삶의 의의와 목적을 제시해 주는 도덕적 가치가 내포되어 있는 만큼 대학은 그 이념상 도덕적 가치를 추구하는 도덕적 주체가 아닐 수 없기 때문이다.

따라서 대학사회가 유리한 물질적, 제도적 여건 아래서 기능적으로 높은 학문적, 사회적 업적을 성취한다 하더라도 이것이 곧 대학사회의 도덕성을 말해 주는 것은 아니다. 대학의 도덕성의 문제는 대학의 이념에 연관되는 원칙과 원리의 문제요, 따라서 절충되거나 타협될 수 있는 성격의 것이 아니다. 그렇게 가감, 조정될 수 있는 것은 원리 자체가 아니라 원리의 실현 내지 적용의 범위나 방법에 관해서일 따름이다. 이런 의미에서 도덕성의 문제는 절차에 있어서의 '형식적 정당성'의 문제라고도 할 수 있다.

원리와 원칙의 문제인 만큼 도덕성의 문제는 대학사회에 있어서도 모든 문제에 대한 근본적인 숙고와 반성을 선결요건으로 갖는다고 볼 수 있다. 그러나 그렇다고 해서 그 모든 문제에 대한 해답이 주어짐으로써만 도덕성의 문제가 해결되는 것은 아니다. 오히려 도덕성의 문제가 먼저 확고한 방향에서 정리됨으로써 이를 정초로 하여 다른 모든 방법적이고 기능적인 문제가 그 해결의 길을 찾아나갈 수 있다고 보아야 할 것이다.

도덕성을 위협하는 요인

이러한 관점에서 우리는 오늘날 대학 내에서 대학의 도덕성을 위협하는 요소가 무엇인지 살펴보고, 나아가 대학의 도덕성의 회복을 위해 무엇이 요구되는지 생각해 보도록 하자.

대학이 사회 일반을 떠나서 존립할 수 없는 이상 대학의 도덕성의 문제도 사회 일반의 도덕성의 문제와 관련이 없을 수는 없다. 그러나 사회의 영향이 대학사회에서는 대학에 고유한 모습으로 나타날 수 있다는 점에서 우리는 대학사회에 국한시켜 오늘날 대학의 도덕성을 위협하는 경향을 대학인 자신 속에서 찾아보기로 한다. 그리고 '대학사회'가 총체로서는 하나의 공동체이지만, 그 안에는 몇몇 서로 혼동되거나 교체될 수 없는 구성요소가 그 기능, 역할, 위상을 달리하며 서로 다른 성향을 띠고 있으므로, 이 구성요소들, 즉 학생, 교수, 직원, 대학운영당국, 재단 또는 문교당국 등을 구분하여 고려해 보는 것도 좋을 것이다.

대학의 도덕성을 내면적으로 약화시키는 요인으로서, 첫째로 우리는 문교당국이나 대학당국의 권위주의적 행정을 들 수 있다. 도덕적 건강은 어디까지나 자율성과 자발성에 기초하는 것인데, 대학행정에서의 상명하달식의 권위주의적 발상 및 행태는 외면적인 추종은 가능하게 하지만 내면적인 승복의 분위기를 위축시키는 경향이 있다. 최근 이러한 경향이 크게 개선된 것은 다행한 일이다. 문교당국이나 대학본부의 행정 책임자가 그 능력과 성실성을 토대로 마땅히 지녀야 할 참된 권위를 가질 때 대학인은 이에 대해 승복하는 자세를 취할 것이요, 이럼으로써만 대학의 도덕성에 역행하는 권위주의는 사라질 것이다. 그리고 이를 위해서는 근본적으로 문교당국의 정치권력에 대한 자율성이 확보되어야 할 것이다.

둘째로 우리는 사립대학의 운영주체라 할 수 있는 학교재단의 상업주의적 경향을 들 수 있다. 해방 후 우리나라의 사립대학들은 몇몇 경우를 제외하고는 대부분 다른 활동을 통해 축적된 재산을 교육문화사업에 기여하는 방식으로 설립되었다기보다는 학술과 교육의 목표로 대학을 설립했다 하더라도 그 운영의 재정적 부담을 대학 자체가 가져야 하는 형편에 있었으므로 대학운영 자체가 기업경영의 성격을 띠지 않을 수 없었다. 최악의 경우 기업활동의 한 방도로 대학을 설립, 운영하는 예도 아주 없었다고 할 수 없는 형편이어서 기업활동의 본질적인 속성인 이익 추구의 상업주의가 대학사회에 보이지 않게 숨겨져 있었다고 할 수 있다. 대학의 이념 및 과제와 병립할 수 없는 상업주의가 대학재정의 부실 및 파행적, 편법적 운영을 야기함으로써 대학이 그 본래의 과제를 온전히 수행해 낼 수 없게 했던 것이다. 다른 무엇보다도 대학재정의 불건강이야말로 대학사회의 도덕성을 위협하는 가장 실질적인 요인이 된다는 것을 최근의 불상사가 분명히 말해 주고 있다 하겠다.

셋째로 대학의 행정 책임자 및 행정 사무 직원들의 관료주의적, 편의주의적 업무 자세 또한 대학의 도덕성을 저하시키는 요인이다. 대학이 새롭고 다양한 변화에 탄력적으로 대처할 뿐 아니라 지적 탐구와 반성을 통해 이를 선도할 수 있기 위해서는 대학운영의 방향 설정 및 사무적 지원 또한 구습에 매달려 편의와 안일을 도모해서는 안 될 것이다.

새로운 변화가 가치관, 세계관의 새로운 지평을 요구해 올 때 대학의 행정이 이를 가로막는다면, 이는 그 자체가 불성실의 부도덕일 뿐 아니라 대학사회가 그 도덕적 과제를 올바로 수행할 수 없도록 하는 장애이기도 하다.

넷째로 방관주의, 세속주의, 독선주의, 파벌주의 등 교수들이 빠지기 쉬운 이 그릇된 자세는 대학의 도덕성을 실추시키는 가장 중대한 요인이라 하겠다. 자신을 '상아탑'의 주인으로 생각해 모든 사회적 현실로부터 연구실 안으로 도피하여 대학 내외의 문제를 외면하는 방관주의, 연구와 교육이라는 교수 본래의 과제에 충실하려 하기보다는 대학 내외의 직책이나 또는 다른 활동을 통해 소시민적 자기이익을 도모하려 하거나 세류에 편승하여 대중으로부터의 인기나 명예를 얻고자 급급하는 세속주의, 학술적인 활동이나 대학 내의 학사에 관한 문제의 처리에 있어 학생이나 주변의 의견을 듣기보다는 자기 주장만을 내세워 그릇된 권위를 지키려는 독선주의, 또 이러한 문제에 있어서 학연, 지연 등을 매개로 무리를 지음으로써 학계나 대학 내에서 분열을 조장하는 파벌주의…. 교수들 사이에 이러한 경향이 심화된다면, 바로 그만큼 대학의 도덕성은 훼손될 것이다. 교수들의 자세는 실로 대학의 도덕성을 직접 나타내 보이는 바로미터요, 그렇기 때문에 저러한 경향이 외부에 드러날 때 대학의 도덕성에 대한 일반의 불신은 심각한 정도에 이른다 하겠다.

다섯째로 근래 대학의 학내문제에서 학생들의 활동이 차지하는 비중이 커짐에 따라 학생들의 이념적인 독단주의도 대학의 도덕성을 위협하는 요인으로 등장하고 있다. 도덕성의 문제에 있어 대학 구성원 중 누구보다도 순수하고 높은 도덕성을 견지해 온 것은 학생이라 할 수 있다. 그런데 근래에 들어 학생운동이 정치적 투쟁의 한 부문 내지 한 방도로 변모되는 가운데, 이에 열중하는 학생들이 보여주는 이념적 독단성은 왕왕 대학인으로서의 도덕성을 의심케 하는 경향을 띠기도 한다. 목적이 정당하면 이의 실현을 위한 수단도 바로 그때문에 정당화될 수 있다는 속단이 과격하고도 극단적인 행동의 밑바탕에 깔려 있다고 생각되거니와, 목적의 정당성에 대한 확신 또한 경직된 교조적 태도에서 나온 독단이라면, 이는 실로 도덕성을 위협하는 것이 아닐 수 없다.

도덕성 회복을 위한 원리

이러한 부정적인 요인을 극복하고 앞에서 언급된 자율성, 불편부당성, 순수성을 견지할 수 있을 때, 진부한 표현으로 말해 오직 진리와 정의만을 주창할 수 있을 때, 대학은 그 도덕성을 회복할 수 있을 것이다. 즉 대학은 일반의 도덕적 신뢰를 전폭적으로 얻기 위해서는 돈과 권력과 폭력으로부터 자유로워서 오직 스스로의 지성적인 염려에 의해서만 자신의 말과 행동을 결정할 수 있어야 하고, 어느 편으로도 치우치지 않음으로써 특정집단의 이익이 아닌 국가 사회 전체의 이익을 정의롭게 도모할 수 있어야 하며, 나아가 이렇게 함에 있어 냉정한 이성적 사려를 위협하는 자기이익에 대해 초탈할 수 있어야 한다.

그렇다면 이렇게 대학이 도덕성을 회복하기 위해서는 어떤 노력이 있어야 할 것인가? 우리는 여기서 도덕성 회복을 위한 구체적인 처방을 제시하기 어렵다. 문제되는 상황이 저마다 다르기 때문이다. 그러나 적어도 그러한 노력이 좇아야 할 원리는 제시할 수 있을 것이다.

그 원리로서 우리는 첫째로 공개의 원칙을 제시한다. 무엇보다도 명분과 합리성으로 호도되어 감추어져 있는 대학 내외의 모든 실제적인 현실이 명백하게 대학인 모두에게 공개되어야 한다는 것이다. 그리고 이를 토대로 문제 해결을 위해 기울여지는 모든 숙의와 행동이 또한 모든 대학인에게 공개되어야 한다는 것이다. 문제가 무엇이고 문제 해결을 위해 선택되는 방도가 무엇인지 공개됨으로써 대학인은 모두 그 서로 다른 위상에도 불구하고 가능한 공정하고도 객관적인 태도를 견지할 수 있을 것이기 때문이다.

둘째로 우리는 명분과 실질, 관념의 체계와 행동의 체계, 내적 의도와 외적 행동 사이의 일치를 도모할 일치의 원칙을 제시한다. 도덕성의 근본이 정직에 있다면, 이러한 '이중화'의 구조가 해소될 때에 대학인의 언행은 도덕성의 기초를 얻을 수 있을 것이기 때문이다.

이 공개의 원칙과 일치의 원칙은 상호 의존적인 것으로서 분리될 수 없는 것이다. '일치'의 원칙이 지켜져야만 '공개'도 가능해지며, '공개'가 이루어지지 않고서는 '일치' 여부가 드러나지 않을 것이기 때문이다. 이 두 원칙을 통해 우리는 대학의 불편부당하고도 순수한 자세를 도모할 수 있는 것이다.

그러나 이 두 원칙은 우리가 셋째로 제시코자 하는 참여의 원칙을 동반할 때만 그 의의를 갖는다. 아니, 대학의 구성원 모두가 학내외의 문제에 참여할 수 있어야 한다는 참여의 원칙은 저 두 원칙의 전제라고도 할 수 있다. 참여의 길이 막혀 있을 때 자율적이고 자발적인 자세는 위축되고 말 것이기 때문이다.

대학인 모두가 '이중화'로 왜곡되지 않은 현실 그 자체를 있는 그대로 인식하고 그 문제 해결을 위한 공개된 절차를 밟을 때, 대학은 그 사회적 도덕성의 기초를 확보할 것이요, 일반의 도덕적 신뢰는 이에 뒤따라 자연스럽게 구축될 것이다.

〈대학교육, 1989. 11.〉

신문명을 선도할 대학인의 윤리

윤리의 보편성과 특수성

도덕성 그 자체는 인간적 가치 일반의 실현이자 표현으로 이해되는 한에서 보편적 가치라고 보아야 할 것이다. 그러나 그것이 실현되는 현실이 시대적, 문화적으로 다양할 수밖에 없음을 시인한다면, 그 보편가치를 실현하는 데에 구체적 지침이 되는 도덕적 규범은 상대적으로 변화하는 것이라고 보아야 할 것이다. 인류의 이상은 보편가치를 실현하는 데에 있음이 분명하지만, 바로 그러한 이상을 실현하기 위해서라도 도덕적 규범의 상대성과 다양성은 그 실천의 출발점으로서 개방적으로 수용되어야 할 것이다. 현실을 떠나서 보편가치를 실현시킬 곳이 따로 있지 않기 때문이다. 현실 안주를 합리화시키려는 인간의 세속적 이기성을 극복하려는 노력을 전제한다면 말이다.

세계화된 정보사회의 윤리

우선 먼저 숙고해야 할 것이 이 시대의 문명적 특성이 요구하는 도덕적 규범이다. 우리가 마주하고 있는 시대상을 올바로 이해하는 것은 그래서 중요하다. 21세기를 맞으며 인류문명이 그 기본패턴에서부터 변하고 있다는 진단은 이제 이론의 여지가 없는 듯하다. 그리고 이 문명사적 전환의 구체적 양상이 '정보화', '세계화'로 나타난다는 인식도 보편적으로 공유되어 있다고 본다. 그렇다면 이 현상들이 인간의 도덕적 규범 형성에 끼치는 영향은 어떤 것일지 먼저 생각해 볼 일이다.

정보사회란 인간의 모든 활동이 정보통신기술이 제공하는 서비스의 지원을 받아 이루어지는 사회다. 이 정보사회는 커뮤니케이션의 양식이 디지털 기술에 힘입어 획기적으로 달라짐에 따라 인간의 사회적 관계와 공동체적 삶에 '유목화' 현상이 나타난다는 것이 가장 주목할 만한 특이점이다.

개인의 삶에서는 개인 간의 직접적인 인격적, 인간적, 사적 관계가 축소, 약화, 피상화된다. 혈연적, 지역적 연고에 의한 공동체적 유대도 약화, 와해한다. 사회 구성원의 개체화가 강화된다. 그 대신 익명적 '사이버 커뮤니티'의 형성, 해체가 늘어난다. 공동체적 삶에서는 계층의 다원화, 분산화가 이루어지고, 사회조직의 탈위계화, 네트워크화가 진행된다. 사회조직은 점차 축소된다. 거대하고 강고한 고정적 피라미드형 체계에서 작고 유연한 유동적 네트워크로 변화한다. 즉 중앙이 주변을 통제하고 지시하는 중앙집중적 조직에서 정보를 고루 공유하는 모든 노드(node)가 서로 대등하게 연결되는 분산적 네트워크로 바뀐다. 그 결과 사회적 활동영역의 경계가 흐려지고, 사회조직의 그 폐쇄적 독자성이 와

해되는 가운데 개방적 관계가 지배한다.

이러한 유목화 현상이 가장 넓은 영역에서 전개되는 것이 곧 세계화 현상이다. 세계화란 결국 인간의 활동공간이 지구촌 전체로 확장되어 간다는 현상이요, 지식 및 정보의 지구적 확산을 가리키는 것이다. 일차적으로 경제적 관점에서 보면 이는 물질적 욕구와 그 충족방식이 지구적으로 보편화됨을 뜻하는 것이요, 따라서 자연히 수요 및 경쟁이 탈국경화되어 국제화가 불가피해짐을 뜻하는 것이기도 하다.

이러한 세계화 현상은 그러나 다만 경제영역에서만 진행되는 것이 아니다. 삶의 토대가 되는 경제생활에서의 변화가 그 상위에 자리하는 문화생활 전반에 영향을 미치는 것은 당연한 일이기 때문이다. 세계화는 과학, 기술, 산업, 경제 영역에서 시작되지만, 나아가 법체계, 정치체제, 교육제도 등 외적인 사회제도를 거쳐 가족관계, 습속, 도덕 등 내적인 사회적 규율에도 변화를 일으키게 된다. 물론 거기에 한계가 있고, 그 때문에 그 경계지점에서는 갈등이 생기기도 한다. 윤리를 논하는 우리로서 특히 주목해야 할 점은 문화적 교류가 활발해져 생활양식, 사고방식, 인간관계뿐 아니라 종국적으로 세계관, 인간관, 가치관에 있어서조차 상이하고 다양한 것들이 공존, 교차하는 다문화적-교류문화적 사회가 확산되고 있다는 사실이다.

새로운 규범 모색의 요건

이러한 시대상을 고려한다면, 새로운 규범의 모색을 위해서는 다음과 같은 점을 숙려해야 할 것이다.

첫째, 종전처럼 집단, 민족, 국가 등 그 어떤 사회집단도 개인에 우선

하는 것으로 전제될 수 없다.

둘째, 그것들을 도덕적 규범의 타당 영역으로 한정지을 수 없다.

셋째, 따라서 보다 널리 타당한 규범체계를 모색하기 위해 개방적 자세를 취할 수밖에 없다.

넷째, 이 과정을 통해 도덕적 규범의 상대성 및 상이성을 수용하고 이를 극복하여 보편가치로서의 도덕성 자체를 구현하는 데에 더 가까이 갈 수 있기 위해 인류문화의 보편가치에 대한 인식을 심화시켜야 한다.

다섯째, 이를 위해 광의의 도덕교육, 즉 여러 방면과 여러 차원에서 사회 구성원의 도덕적 사회화를 강화하되, 그에 병행해 반드시 인문적 가치의 내면화가 가능하도록 인문교육을 강화시켜야 한다.

대학인의 윤리

신문명의 문법에 걸맞은 새로운 규범을 정립하는 일을 선도할 그룹은 역시 대학인이다. 지적 발견과 창의를 통해 새로운 시대상을 선취하는 것이 그들의 본분이기 때문이다. '대학인의 윤리'를 논하자면, 대학인은 스스로 대학사회의 구성원으로서 지녀야 할 도덕적 품성과 규범을 모색하고 이를 실천해야 하는 과제도 일차적으로 안게 되지만, 이러한 솔선수범의 자세를 통해 더 나아가 새로운 시대에 사회 구성원 전체의 도덕적 사회화를 이끌 비전을 제시하기도 해야 할 것이다.

대학인 스스로 지녀야 할 품성과 규범에 대해 숙고하자면 우리는 우선 대학인의 본분이 지적 활동에 있다는 점을 으뜸으로 고려해야 할 것이다. 그렇다면, 앞서 살펴본 시대상의 요구가 지적 활동을 핵심으로 하는 대학인에게는 어떤 규범을 요구하게 될지 아울러 생각해야 할 것이다.

편의상 그 도덕적 주체를 교수진, 학생, 그리고 대학의 운영자 세 그룹으로 나누어 생각해 보기로 하자. 어느 경우든 지적 자세의 개방성, 다양성의 수용, 자유정신의 견지, 그리고 보편가치의 지향 등이 그 규범 가운데 용해되어 있어야 할 것이다.

먼저 교수진의 경우를 살펴보자. 교수의 본분은 연구와 교육에 있다. 우선 연구자로서 교수는 진리를 향한 모든 통로를 용허해야 한다. 세속적인 이해관계나 소속집단의 통념에 사로잡히지 말고 지적 개방성을 견지해야 한다. 다른 견해나 이론에 진지하게 귀 기울이며 그 낯설고 상이한 사고내용으로부터 진리 탐구의 새로운 단초를 발견하려는 노력을 기울여야 한다. 자신에게 친숙하고 유리한 교조에 고착되지 말고 끊임없이 자신의 사고를 변양시킬 수 있는 여유를 잃지 말아야 한다. 이러한 지적 태도의 견지가 곧 연구자의 으뜸가는 도덕적 규범이다. 이러한 규범을 지킬 때 그의 자유정신은 방종과 오만으로 타락하지 않고, 가능한 한 보편타당한 진리에 가까이 다가가게 한다. 정직과 겸손 같은 고전적 덕목이 더욱 빛을 보게 된다. 이로써 쓸데없는 논쟁, 표절, 진리의 왜곡 등은 자리 잡지 못하게 된다. 지식의 유포가 지극히 용이해진 정보사회에서 표절은 그 명백한 부도덕성에도 불구하고 저질러지기 쉬운 행위다.

교육자로서 학생에게 지식을 전하고 지적 탐구능력을 길러주는 데서도 교수는 이와 같은 지적 자세를 견지해야 한다. 자신의 이론을 고집하지 않고 그에 대한 비판까지도 학생에게 전하는 개방성이 요구된다. 학생 스스로 사고하고 탐색하는 자유공간을 허용하는 것이 대학교육에서 필수적임은 말할 나위가 없다. 학생의 학업 성과에 대한 평가에서도 이 점이 똑같이 적용되어야만 공정한 평가가 학생의 지적 성장을 돕는다.

학생의 지적 성장을 돕는 교수에게는 학생의 학업상의 우열이 문제되어서는 안 된다. 차별이 허용된다 하더라도 그 차별은 열등한 학생에게 더 많은 지도 기회를 배분하는 방식으로 이루어져야 한다.

다음으로 학생의 경우를 살펴보자. 이러한 도덕적 규범은 배움의 과정에 있는 학생에게 특히 더 요구된다. 아직 지적으로 성숙하지 않은 상태에서 그 지적 자세가 폐쇄적이고 교조적이라면 그 배움이 지적 성장을 돕는 게 아니라 오히려 지적 장애를 가져올 것이기 때문이다. 모든 것을 수용하는 개방된 자세를 견지하여 이질적이고 다양한 지적 자양을 섭취하는 것이 지적 성장에 결정적으로 중요하다. 성실, 근면, 정직 등의 고전적 덕목이 이를 뒷받침해야 함은 물론이다. 보고서나 논문 작성에서의 표절, 시험 중의 부정행위 등은 말할 것도 없이 부도덕의 극치다. 배움의 과정에서 이에 대한 확고한 도덕적 엄격성이 체화되지 않으면, 이는 훗날 지식기반사회에서의 사회적 활동에 결정적인 불행의 원인이 될 것이다.

마지막으로 대학 운영진의 경우를 보자. 대학의 운영은 여러 가지 상이한 요인들을 복합적으로 고려하며 추진해야 하는 일이므로 다른 공공단체나 회사 등을 운영하는 일보다 훨씬 대단히 어려운 일이다. 특히 학문 탐구나 교육 수행이 그 독자적 자율성을 가져야 하는 일임에도 불구하고 이를 떠받쳐주는 행재정적 활동은 왕왕 이에 상반하는 일을 추진하게 되는 경우가 있기 때문이다. 교수진이나 학생들이 저와 같은 도덕적 규범을 지니고 활동할 수 있게 하는 것이 대학경영의 전략에 부분적으로 상충하는 수가 있기 때문이다.

대학운영은 고등교육과 학문 탐구의 진작(振作)이라는 대학 본연의 목표를 위해서만 이루어져야 한다. 정치적, 경제적, 혹은 여타의 사회적 의도를 갖고 대학의 운영을 교육 외적, 학문 외적 목적을 위한 수단으로 삼아서는 안 된다. 대학 본연의 사명에 충실하려 하는 경우에도 방법적으로 삼가야 할 일은 많다. '대학도 경영'이라는 천박한 슬로건 아래 상업주의에 지나치게 경도되어 대학을 교육기관이 아니라 교육과 지식을 상품으로 하는 상업기관으로 변질시켜서는 안 된다.

대학의 평판을 위한 근시안적인 홍보경쟁도 지양해야 한다. 대학 간의 쓸모없는 과당경쟁으로 인해 한국 대학 전체의 잠재적 역량이 소모되는 것은 불행한 일이다. 대학이 어디까지라도 지켜야 할 '아카데미즘'은 '상품광고'를 통해 '판매고'를 높일 수 있는 것이 아니기 때문이다. 서로 경쟁도 하긴 해야겠지만, 그것은 연구나 교육에서의 경쟁이어야 한다.

흔들림 없는 대학의 사명

분명 신문명은 디지털 기술의 출현과 더불어 전개되기 시작했다. 디지털 기술이 불러온 문화적 파장은 종래와 같은 규범으로는 도덕성의 보편가치를 실현하기 어려운 여건을 조성하고 있다. 디지털 기술은 논리적 사유와 감성적 지각의 융합 및 호환을 비생명적, 물리적 공간 속에서 실현시키고 있으며, 또 의사소통을 축으로 하는 인간의 문화활동에서 시공적 제약을 무력화시키고 있다. 사유와 감각의 호환이 가능해짐에 따라 사람들은 일상에서 선형적(線形的) 사유를 위한 긴장을 피하고 모자이크적 감각지각의 이완을 즐기게 된다. 젊은이들이 도서보다는 영상물을 즐기는 이유가 여기에 있고, 비디오 컨텐츠의 범람이 이를 말해 준다.

그런가 하면, 자연적, 물리적 세계의 시간적 순차성과 공간적 배타성을 극복하는 이 디지털 기술은 거리의 소멸, 시간의 증발을 결과로 가져와 사람들로 하여금 욕구충족의 순차성과 단계성을 뛰어넘어 동시적, 총체적 욕구충족의 가능성을 기대하게 만들고 있다. 이런 현상들은 모두 삶의 구심점을 해체시키는 데에 기여함으로써 도덕성의 실현 또한 어렵게 만들고 있다.

그럼에도 불구하고, 아니 바로 그런 배경 때문에 더더욱, 대학은 마땅히 교육의 이념을 재정비하여 새 시대에 부응하는 인재 양성의 지적 산실이 되어야 한다. 대학은 더 이상 현실로부터 고립된 '상아탑'이 아니다. 대학은 현실의 한복판에 서서 현실을 호흡해야 한다. 특히 젊은이들의 절실한 현실적 요구를 살펴 교육의 목표를 다양하게 설정하고 그에 따라 대학을 유형별로 차별화, 특성화해야 한다. 그렇게 함으로써 교육 수요와 교육 공급의 괴리를 극복해야 한다. 학문 탐구의 사명과 직업교육의 목표를 구분하고 이를 호도하려 하지 말아야 한다. 그렇다고 현실에 순응하기만 해서는 아니 된다. 대학은 드높은 이상을 향해 현실을 끌어올리는 힘을 잃지 말아야 한다. 불투명한 미래를 살아갈 학생들에게 지적 저력을 심어주는 교육을 행해야 한다. 졸업생의 취업이 중요하다고 하여 대학을 단순한 취업준비기관으로 전락시키는 근시안적 우(愚)를 범해서는 안 된다.

교육을 통해 현실을 끌어올리는 힘은 결국 끊임없는 연구에서 나온다. 대학의 학문적 탐구는 그 어떤 시대적 변화에도 불구하고 흔들릴 수 없는 본연의 사명이다. 참다운 학문 연구는 자유정신을 전제로 한다. 지적 자발성이 없이는 진정한 탐구가 이루어질 수 없다. 자유정신이 나태나 불성실과 혼동되어서도 안 되지만, 강압을 통해서도 연구는 결실을 맺기 어렵다.

연구 여건의 조성과 지원도 연구 그 자체를 낳는 것은 아니다. 연구의 심화를 위해 재정적 지원이 강화되는 것이 현실이지만, 재정적 지원을 얻기 위해 그 수단으로 연구를 수행한다면, 이는 참된 학문 발전에 기여하지 못한다. 본말이 전도되어서는 안 된다. 단순히 업적평가를 위한 연구도 길게 보면 학문의 발전에 도움이 되지 못한다. 지적 활동의 자발성을 존중하는 분위기에서 재정적 지원이 탐구를 원활하게 하고 보람을 느낄 수 있도록 하는 적절한 상호작용이 필요하다.

인류역사의 발전은 지성의 성장을 토대로 이루어지는 것이다. 선진 사회일수록 대학의 위상이 확실한 것은 대학이 바로 이 지성의 산실이라는 점 때문이다. 척박한 토양에서 부실한 영양원(營養源)을 가지고도 어렵사리 산업화의 시대적 소명을 다했다고 자부하는 한국의 대학은 이제 제2의 도전에 응전해야 하는 문명사적 사명을 앞에 두고 있다. 환골탈태의 자세로 자기혁신을 수행하고 이를 지렛대로 하여 21세기 한국의 앞날을 견인할 각오를 다져야 할 시점이다.

〈대학지성, 35호, 2012. 10.〉

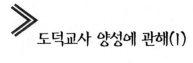

도덕교사 양성에 관해(1)

　교육부가 일을 부당하고도 불공정하게 처리한 결과로 뒤늦게 뒷북치듯 벌이게 된 논쟁이라서 솔직히 나서고 싶은 심정이 아니다. 철학계에는 알려지지도 않은 채 이루어진 교육부의 조치가 교육학과 측의 이익에는 너무나도 잘 합치하는 것이 놀랍기만 하다. 집단이기주의가 교원정책에도 반영되는가 싶어 허탈하기까지 하다. 교육학과 출신들이 교육부 및 그 주변기관에 많이 진출해 업무를 주도하고 있다는 것, 도덕교육론을 전공한 교육학과 교수로서 교육학과가 도덕/윤리교육에 참여할 수 있는 기틀을 마련키 위해 이론적, 실무적 노력을 해왔던 분이 교육부장관이 되어 문제의 조치를 취했다는 것 등이 그저 예삿일로 여겨지질 않기 때문이다.

　공명정대치 못한 절차와 배경은 그렇다 치고, 조치의 내용은 무엇이 잘못인가? 거두절미하고 말하자면, 교육부는 교육학과를 현실적으로 도덕/윤리교사를 양성하는 중심학과로 만들어놓았는데, 이것이 잘못이다.

도덕/윤리교사는 도덕/윤리에 관한 전문적인 학업을 한 사람이어야 하며, 그러한 전문적인 학업은 곧 철학이라는 자명한 사실에 비추어 볼 때, 이 조치는 출발부터 잘못된 일이다.

형식적으로는, 교육학과에서도 도덕/윤리교사를 양성하려면 42학점 이상의 윤리전공 교육과정을 별도로 편성 운영하도록 규정하고 있다. 또 이 교육과정을 편성할 때는 관련학과와 협의할 것을 요망하고 있기도 하다. 얼핏 보면 그럴듯도 하다. 그러나 관련학과와의 협의란 현실적으로 불가능한 것이기도 하고, 또 강제요건도 아니다. 그러니 교육학과에서는 이 별도의 '윤리전공' 교육과정이란 것이 명목에 불과하다. 즉, 42학점 중 최악의 경우 윤리학 관련 강의 6학점만 취득해도 형식적 필수요건은 충족시킬 수 있게 되어 있다. 결과적으로, 약간 보충된 교육학과 커리큘럼의 틀 안에서 도덕/윤리교사 양성이 이루어지는 셈이다. 그것도, 비사범계라는 이유로 정원의 10퍼센트만이 허용되는 철학과와는 달리 원하는 대로 100퍼센트 모두 허용되는 가운데서 말이다. 이것이 어찌 교육의 전문성을 살리는 길이고 자유경쟁을 통해 교사 자질을 향상시키는 길이겠는가?

교육부 및 교육학계에서는 어이없게도 철학보다도 교육학이 도덕/윤리교육을 담당할 더 적합한 전공이라는 주장을 한다.

(1) 우선 철학과 교과과정 안에도 윤리학 관련 강좌는 네댓 개밖에 없으니 철학과에서도 도덕/윤리교사 양성을 전담할 수 없다고 말한다. 하지만 이는 윤리학과 철학을 별개로 생각하는 '무지'에서 유래하는 오류다. 철학적 논구란 동서고금을 막론하고 대부분 윤리적 실천의 문제에서 출발해 다시 그리로 돌아온다. 철학은 어떤 특수 세부주제에서는 윤리적

인 문제를 직접 다루지 않지만, 그것도 근본에 있어서는 인간존재를 포함한 세계 전체의 근본원리에 대한 총체적 탐구와 연관된다. 그래서 이를테면 '중세철학' 강좌에서도 "어떻게 살아야 하나, 어떤 행동이 옳은 행동인가, 최고선이 무엇인가?" 하는 윤리적인 문제가 그 중심에 놓인다. 나아가 현대의 문화적 상황이 가져온 성윤리, 환경윤리, 정보윤리, 생명의료윤리 등의 문제는 실로 윤리학적 전문교육을 받은 사람만이 담당할 수 있는 도덕/윤리교육의 교과내용이다.

(2) 또, 중고등학교 현행 도덕/윤리교과의 내용이 철학적인 것 외에 정치, 사회, 역사에 관한 내용이 있으니, 역시 철학이 도덕/윤리교육을 전담할 수만은 없다고 말한다. 이에 대해선 다음과 같이 반문하고 싶다. 현행의 도덕/윤리교과는 과거의 불운했던 반민주적 정치상황의 산물이었던 '국민윤리'의 기본 틀을 그대로 지니고 있는데, 앞으로도 이를 그대로 견지해 나갈 것인가, 아니면 그 틀을 바꾸어 윤리교육의 참된 모습을 찾아 나아갈 것인가?

(3) 교육부 및 교육학계에서는 더 적극적으로 교육학과의 교육과정에도 이미 도덕/윤리교육에 관련되는 강좌들이 있음을 내세운다. '발달이론', '심리상담이론', '상담지도', '도덕교육론' 등이 바로 그들로서, 이들이 인성교육에 기여한다는 것이다. 얼핏 들으면 그럴듯하지만, 여기에 심각한 혼란이 있다. 청소년의 심리발달에 대한 지식과 심리상담의 기술은 분명 청소년을 상대로 하는 교육활동에 큰 도움이 될 것이다. 그러나 그것 자체가 도덕/윤리교육의 주된 내용이 될 수는 없는 일이다. 그것은 다만 교육활동에 주변적, 방법적 도움이 되는 것일 뿐이다. 그리고 이는 윤리교사뿐 아니라 모든 교사에게 다 필요한 것이다. 그러하기에 비사범

계 학과에서는 과목에 상관없이 21학점에 달하는 별도의 교직과정을 이수하지 않는가. 정작 저 이론들이 도덕/윤리교육에서 중심적 역할을 해야 한다면, 차라리 심리학과에서 도덕/윤리교사를 양성해야 할 것이다. 인성교육이란 올바른 사람을 기르는 것이요, 여기에 으뜸으로 필요한 것은 올바른 도덕적 판단력을 길러주는 것이다. (교육)심리학과 윤리학, 어느 것이 이에 기여할 것인지, 판단하기 어렵지 않다.

(4) 또 다른 항변이 있다. 도덕/윤리교육은 단순한 지식교육이 아니라 도덕적 품성을 길러주는 덕성교육이어야 한다는 것이다. 지당한 말이다. 만일 철학이 지식교육에 그친다면, 그런 철학은 윤리교육의 마당을 떠나야 할 것이다. 그러나 철학은 지식을 전달하는 학문이 아니다. 철학에는 그런 고정된 누적적 지식이 처음부터 없다. 도덕철학, 즉 윤리학은 무엇이 선(善)이며 무엇이 정의인지를 탐색하는 사고의 과정을 보여줄 뿐이다. 윤리학적 사고의 훈련을 받은 교사는 학생들에게 스스로 무엇이 선한 것이며 옳은 것인지를 생각하도록 함으로써 그들의 도덕적 각성을 돕고 그들의 도덕감을 강화시켜 줄 것이다. 반성적 자기설득 없이 습관적 강제나 정서적 호소 등으로는 규범의식의 심화를 기할 수 없을 것이다. 그리고 이런 반성은 단순히 지적 활동에 그치지 않고 심성의 정의적(情意的) 변화를 동반하기도 할 것이다. 규범과는 무관한 상담심리 기술이나 발달심리 지식으로 어떻게 학생들의 덕성을 기를 것인지, 교과교육의 틀 안에서 그것이 과연 가능한 일인지가 오히려 의문스럽다.

그렇다. 사범대학은 중고등학교 교사양성 전문대학이다. 그런데 교육학과는 사범대학에 있으면서도 담당 교과목이 없다. 현실을 직시해 보면, 화근은 여기에 있다. 교육학과는 '교육' 자체를 탐구하는 학과지 교사를 양성하는 학과가 아니다. 이 나라의 교육을 위해 이 기회에 사범대학, 그리고 교육학과의 위상에 대해 심각하게 생각해 볼 일이다.

〈교수신문, 2001. 6. 19.〉

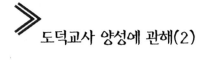

도덕교사 양성에 관해(2)

〈6월 19일자 박부권 교수의 '해명'을 읽고〉

박교수의 글은 문제의 교육부 조치에 대한, 글로 쓰인 교육학계의 첫 반응이라는 점에서 필자에게는 소중한 자료다. 박교수의 의도는 물론 교육부의 조치에 대한 철학계의 반발이 부당함을 지적하는 데 있었다. 아무튼 필자로서는 그의 반박문에 반영된 교육학계의 의견을 명료히 접할 수 있었고, 그것이 곧 교육부의 의견과 정확히 합치함을 다시 한 번 명백히 확인할 수도 있어서 도움이 되었다. 견해가 다르다고 해서 무시해서는 물론 안 되지만, 거기에 오해 내지 무지에 근거한 확신이 있거나 특히 불합리한 점이 있다면, 생산적 논의를 위해서라도 이는 지적하는 것이 바람직하다고 본다. 이런 뜻에서 몇 가지 명백히 해두고자 번거로이 다시 붓을 든다.

박교수의 글은 "교육부의 조치가 교육학과에 대한 특혜가 아닌데도 불구하고, 철학계가 이를 특혜라고 보고 교육학과에 비난과 매도를 퍼부은 것은 부당하니, 이에 대해 정중히 사과하라"는 것이 그 요지다. 그는 실제로 글 전체를 상기 조치가 왜 교육학과에 특혜가 아닌지를 해명하는 데 바치고 있다. 그런데 그러면서도 그는 "학문의 성격으로 볼 때 도덕/윤리교사 양성은 어느 학과가 담당하는 것이 더 타당한가 하는 문제 등은 별도로 논의할 가치가 있다"는 말로 글을 마무리함으로써 이제까지의 자신의 해명 자체를 무너뜨리는 자가당착을 범하고 있다.

생각해 보자. 학문의 성격으로 볼 때 도덕/윤리교사 양성은 어느 학과가 담당하는 것이 더 타당한가 하는 문제가 아직 논의거리라고 한다면, 이런 논의를 거치지도 않고 (논의는 그만두고 철학계에는 알려지지도 않은 채) 교육학과를 윤리교사 양성의 담당학과로 기정사실화시킨 교육부의 조치가 어찌 교육학과에 대한 '특혜'가 아니라고 할 수 있겠는가.

실은, 필자도 그렇지만 철학계에서는 상기 조치가 "교육학과에 대한 특혜조치이니까" 철회하라고 주장하는 게 아니다. 그것이 학문 및 교육이론상 "부당한 조치이니 이를 바로잡으라"고 교육부를 향해 외쳤을 뿐이다. 박교수가 단정하듯이 교육학과를 비난, 매도하고 있는 것이 아니며, 더욱이 교육학이라는 학문을 폄하하고 있는 것은 결코 아니다. 조치 자체가 정당한 것이었다면 시행과정에서 교육학과 측에 다소 유리하게 되었다 하더라도 철학계 전체가 이렇게 분노하지는 않았을 것이다. 도대체 원칙적으로 정당함과 부당함을 먼저 가리고 정당한 일에 한해 이를 시행해야 하며, 이때 비로소 방법적으로 어떻게 하는 것이 더 나은지 하는 것이 협의되어야 하지 않는가. 원칙적인 문제는 은폐된 가운데서 어물쩍 넘기고, 그 시행상의 형식적 적법성의 요건을 갖추느라 온갖 꾀를 다 짜낸 것이 이 조치가 아닌가. 이를 가장 잘 알고 있는 사람은 아마도 문용린 장관일 것이다. 이런 조치를 놓고 박교수 또한 이 형식적 차원에 머물며 교육부 관리들이 늘어놓던 내용과 똑같은 항변을 하고 있으니 참으로 답답한 것은 바로 철학과 측이다.

한번 따져보자. 박교수나 문장관이나 교육부 관리나 입을 맞추어 주장하는 것이 바로 "도덕/윤리교사 자격을 얻으려면 42학점 이상으로 편성된 도덕/윤리교사 양성과정을 이수해야 하니까 어느 과 학생이라도 문제될 것은 없다"는 것이다. 거기에 더하여 "이 42학점 상당의 교과과정은 교육학과, 철학과, 정치학과 등의 과목들로 이루어지니까 어느 과에서 주관을 하든 문제가 안 된다"는 것이다. 여기에 일반인들은 간파하기 어려운 함정이 있다. 이 42학점 중 의무적으로 지정된 과목 혹은 영역이 얼마나 되나? 14학점뿐이다. 그것도 우리가 보기에 윤리학 관련 과목은 그 중 단 두 과목 6학점뿐이다. 42학점 전체를 도덕/윤리 교직과정으로 지정해 놓는다면 모를까, 그렇게 하지 않는 이상, 교육학과에서 이 과정을 설치할 때와 철학과에서 이를 설치할 때, 그 교과내용이 현격히 달라지는 것은 현실적으로 명백한 일이다. 과연 교육학과에 설치된 그 과정이 도덕/윤리 교직과정으로 합당한 것인가? 박교수도 스스로 자문해 보면 알 것이다. 이 물음에 대해 합당하다고 대답할 수 있도록 교묘히 엮어놓은 것이 바로 교육부의 새 규정이다. 그러니까 이 규정을 바꾸라는 것이다.

그러니, 이런 시행상의 세부사항을 두고 적법성 여부를 따지기에 앞서, 교육학과의 교육과정이 대체적으로 약간만 보충하면 윤리교사 양성에 적합한 내용을 담고 있는지, 이 원칙적인 문제를 공개적으로 논의하고 따져보았어야 할 일이다. 이제라도, 박교수 자신도 "논의할 가치가 있다"고 한, "학문의 성격으로 볼 때 도덕/윤리교사 양성은 어느 학과가 담당하는 것이 타당한지", 이 문제를 철저히 따져보아야 할 일이다. 그리고 거기서 얻은 결론을 토대로 이 교원정책을 바로 세워야 할 것이다. 그러기 전에는 이 정책의 시행을 멈추어야 할 것이다. 철학계에서 "토론할 필요를 느끼지 않는다"는 교육부 관리들까지 초청해 공개토론회를 갖자고 제의하는 이유가 여기에 있다.

한 가지 더. 오해하지 마시라. 교육학과 학생들의 부전공 자격제도를 놓고 우리가 이를 특혜라고 주장하는 것은 결코 아니다. 처음부터 우리 주장은 어느 과 학생이든 도덕/윤리교사가 되려면 적어도 철학을 부전공으로 하여 윤리에 관한 철학적 학업을 이수해야 한다는 것이었다. 교육학과 학생들이 철학을 부전공으로 수학하여 윤리교사가 된다면, 이는 장려할 일이지 특혜 운운하며 막을 일이 결코 아니다.

〈교수신문, 2001. 8. 29.〉

논술교육에 대한 몇 가지 생각

1.

이제까지의 교육은 자라나는 세대가 능동적으로 참여하여 '스스로' 무엇인가 새로운 것을 모색할 수 있는 '교육적 자유공간'이 거의 없었다고 생각한다. 모든 것이 이토록 급격히 변화하는 문명사적 전환기에 교육이 이렇듯 '보수적 전승'의 기능에만 충실하려 한다면, 이는 자라나는 세대를 시대의 흐름에서 낙오하게 하는 일이 될 것이다. 진정한 의미에서 전향적, 진보적인 교육은 기존의 진보적인 사상을 피교육자에게 주입시키는 교육이 아니라, 피교육자 스스로가 새로운 생각으로 자신의 세계를 열어 나가도록 교육적 공간을 열어놓는 교육이라고 생각한다. 미래는 바로 그들의 세계이기 때문이다.

2.

이런 관점에서 볼 때 논술교육은 매우 중요하다. 이것이야말로 학생들에게 주어지는 '교육적 자유공간'이 될 수 있기 때문이다. 그리고 반드시 그렇게 되어야 한다.

'논술'에 있어 가장 중요한 것은 '글 쓰는 사람 자신의 독창적인 생각을 펴는 데' 있다. 이 독창적인 새로운 생각은 아무렇게나 쉽게 얻어지는 것이 물론 아니다. 또 독창적이라 해서 그 새로운 생각이 반드시 타당한 것일 수도 없다. 새로운 생각일수록 오히려 미숙한 것이기 쉬운 것도 사실이다. 그러나 피교육자가 그야말로 피동적으로 학부모가 가르쳐주는 생각만을 '받아먹는' 것으로 교육이 이루어진다면, 그들의 시대가 왔을 때 그들은 그 시대의 주인공이 되기에는 지적으로 허약할 것이다. 이는 미래를 여는 열린 교육이 아니다. 설익은 것이든 위험한 것이든 무엇인가 새로운 나름대로의 생각을 품어볼 수 있도록 열린 공간을 학생들에게 허용하고 독려하는 것이 논술교육의 으뜸가는 원리이어야 한다.

3.

그렇다면 이 '자신의 독창적인 생각'은 어떻게 얻어지는가? 교사가 어떤 생각을 넣어주는 것이 아니라, 학생 스스로가 그 자신의 독창적인 생각을 품게 하기 위해 교사가 할 수 있는 일은 무엇인가? 문제는 바로 여기에 있다. 교사가 적극적으로 어떤 견해나 사상을 주입시키지 않으면서 학생 스스로가 생각하고 견해를 갖게 하는 일이 어떻게 가능할까?

이 물음에 확정적인 하나의 답을 주기란 불가능하다. 말하자면 왕도 (王道)가 따로 없다는 것이다. 그러나 그렇다고 아무런 방도도 없다는 말은 아니다. 사실 교육의 근본은 자연과 인간과 사회와 역사, 그리고 무엇보다도 자신의 삶에 대한 많은 '생각'을 깊고 넓게 심어주고 키워주는 데에 있다. 이러한 의미에서 '생각'을 키워주고 '생각하는 힘'을 길러주는 교육은 실은 모든 학과목의 궁극적인 과제다. 오늘 우리의 잘못된 교육이 이 과제의 대부분을 저버리고 있다는 데 문제가 있는 것이다. 암기능력과 감각적 순발력(즉 눈치)만을 요구하는 학습이 지식교육뿐 아니라 도덕교육, 정서교육, 체육 등 모든 교육내용의 거의 대부분을 차지하게 되어버렸다는 것이다.

'생각'을 키우고 '생각하는 힘'을 기르기 위해서는 자꾸만 많이 생각해 보는 수밖에 없다. 마라톤 선수가 더 잘 달리기 위해서 자꾸만 더 많이 달리는 연습을 하는 것과 똑같다. 그러나 마라톤 연습에도 코치가 있듯이 '생각'의 훈련에도 코치가 없을 수 없다. 더 깊이 더 넓게 생각하려면 많은 다른 사람들의 '생각'을 코치로 삼아야 한다. 그중에서도 훌륭하다고 정평이 나 있는 '생각'의 대가들에게서 사사를 받는 것은 무엇보다도 큰 도움이 된다. 이것이 바로 '고전'을 읽어야 하는 이유다. 실질적으로 모든 사유는 무엇인가를 따라가며 사유하는 것이다. 사유의 길에도 목적지를 알리는 표지판이 있고, 또 징검다리가 있다. 글 쓰는 사람의 관심사가 사유의 길을 인도하는 표지판이라 한다면, 같은 관심을 갖고 쓴 다른 사람의 글은 바로 저 징검다리가 될 것이다. 독창적인 새로운 생각이라 해도 그것이 그저 허공에서 떨어질 수는 없는 일이요, 실은 이제까지 있었던 많은 생각들을 새로이 결합시키거나 그것들 중에서 몇몇을 변형시켜 봄으로써 얻어지는 것이 보통이다. 좋은 책을 많이 읽는 일은 논술교육에서 첫 손가락으로 꼽아야 할 필수사항이다.

4.

독서 못지않게 중요한 것이 대화와 토론이다. 독서가 '따라 생각하기'라면, 대화와 토론은 '함께 생각하기'다. 독창적인 생각이라 하더라도 그것이 실제에 비추어 볼 때 타당치 못한 것이라면, 그 논술은 실패하고 말 것이다. 따라서 여기서 필요한 것이 자신의 견해를 지지해 줄 수 있는 논거(論據)를 충분히 제시하는 논변(論辯)과정이다. 그런데 바로 여기서 꼭 필요한 것이 사유의 '파트너'다. 논변이란 가능한 반박에 대항하여 자기 생각을 뒷받침해 주는 일인데, 이때 '파트너'가 있으면 저 가능한 반박을 더 날카롭고 강하게 하게 되어 이에 대항하는 본인의 논변도 더 튼튼해지기 때문이다. 이렇게 '파트너'와 더불어 대화하고 토론함으로써 우리의 생각은 그저 단순히 '떠오른' 생각이 아니라 단련받아 여문 생각이 되는 것이요, 이러한 것이 논술의 내용이 될 때 그 논술은 성공적인 것이 될 것이다.

5.

교육현장으로부터의 호소, 특히 입시지도를 맡은 교사들이 호소하는 어려움을 들어보면, 많은 경우 거기엔 논술교육에 대한 두 가지 잘못된 생각이 깔려 있음을 알게 된다. 하나는 논술교육을 '논술문 작성법 지도'로 축소시켜 놓고 그 지도상의 어려움(개별지도 및 수정, 보충, 첨삭 등의 지도가 현실적으로 어렵다는 점)을 말하는 경우이고, 다른 하나는 가능한 논술주제의 다양성 및 광범성 때문에 이에 일일이 대비할 수 없는 어려움을 말하는 경우다.

논술문 작성의 기법을 지도하는 것도 중요하고 필요한 일이다. 국어 정서법에 맞도록, 어법에 틀리지 않게, 적절한 표현과 문장을 활용하여 글을 쓰도록 지도하는 것은 국어교육의 기본 중 하나다. 논술문이라고 해서 예외가 될 수는 없는 일이요, 따라서 이를 지도하는 것은 당연한 일이다. 이에서 더 나아가 논술문의 특성을 숙지하고 특히 논술문 작성에 요구되는 기법, 이를테면 간결한 문체를 사용한다든지, 서론-본론-결론으로 이루어지도록 글을 구성한다든지, 논지를 제시하고 이를 입증하는 논변의 방식을 적절히 활용한다든지, 적절한 사례를 들어 논거를 보완한다든지 하는 여러 기법을 익히도록 도와주는 일도 꼭 필요하다. 그러나 이것이 논술교육의 전부라고 생각하거나 아니면 적어도 논술교육의 핵심부분이라고 생각한다면 이는 큰 오산이다. 논술문 작성법은 어디까지나 논술의 형식을 마련하는 방법이요, 그 내용을 장만하는 일과는 크게 관계되는 바가 없다 하겠는데, 논술교육에서 실로 핵심적인 것은 바로 이 내용을 스스로 생각해 내도록 도와주는 일이기 때문이다. 한마디로 말해, 어떻게 쓸 것인가가 중요한 것이 아니라, 무엇을 쓸 것인가가 중요하다는 말이다.

6.

논술교육을 바로 세우기 위해서는 실제로 대학에서 논술시험을 제대로 시행하는 일이 무엇보다 중요하다. 논술시험의 진정한 의의는 어디에 있는가? 논술시험을 통해 우리가 '시험'코자 하는 것은 무엇인가? 수험생의 '어떤 능력'을 재고자 하는가? 논술문을 작성하는 기술적 능력, 즉 요령이나 기법인가? 아니다. 논술시험은 국어시험이 아니다. '논술'을 잘하기 위해서는 물론 논술문을 잘 쓸 수 있는 어문(語文)능력이 있어야 한다. 이를 위한 훈련이 꼭 필요하고 이것이 곧 국어교육의 과제다. 그러나 그렇게 길러진 어문능력을 갖고 '논술'할 자신의 '생각'이 없다면 이는 무의미한 것이다. 논리적으로 조리 있게 잘 논술하되, 그 논술되는 내용, 즉 생각이 타당하고 창의적이고 또 깊이와 넓이를 갖는 것이어야 할 것이다.

대학에서도 교육이 제대로 되려면, 많은 것을 외워 알고 있는 눈치 빠른 학생을 선발할 것이 아니라, 문제를 스스로 찾아내고 또 그 문제의 해결을 위해 스스로 '생각'할 줄 아는 학생을 선발해야 된다. 물론 이러한 신입생 선발방침의 변화는 중고등학교의 논술교육 내지 교육 전반에 좋은 영향을 미쳐, 교육의 근본이 바로잡히게 될 것이다.

7.

요즈음엔 이른바 '논술과외'라는 것이 성행하고 있다고 한다. 논술시험을 위한 참고도서가 수십 종 출간되어 엄청나게 팔리고 있다고 한다. 논술시험이란 것은 본래 참고서나 문제집으로 연습을 하거나 '과외지도' 같은 것을 받아서는 대비할 수 없는 시험이고 또 마땅히 그래야 하는데, 대체 이게 어찌된 일일까? '생각'을 키우고 '생각하는 힘'을 기르는 일조차 요령껏 손쉽게 빨리 해치우려는 수험생들의 조급한 '경제적' 발상과 이 절박한(?) 수요를 십분 활용해 돈 좀 벌어보겠다는 교육 종사자들의 얄팍한 '상업주의적' 발상이 영합함으로써 나온 현상일 것이다. 이래서는 안 된다. 이래서는 논술시험도 다른 학과목 시험과 다를 바 없는 또 하나의 시험과목이요 수험생에게 부담만 가중하는 것이 된다.

아닌 게 아니라 시험범위가 있나, 문제의 성격이나 설문방식에 어떤 정형이 있으나, 수험생으로서는 황당하고 불안하기까지 할 것이다. 원론대로 말하자면 실은 논술시험에 대비해서는 아무것도 '별도로는' 준비해야 할 것이 없어야 한다. 논술문을 작성하는 훈련은 국어학습에서 할 것이요, '생각'을 키우고 '생각하는 힘'을 기르는 일은 국어까지도 포함하여 모든 학과목에서 할 것이니 말이다. 하지만 이렇게 되려면 모든 학과목에 있어 그 학습내용과 학습방법이 획기적으로 바뀌어야 하고 그러자면 교사들도 바뀌어야 할 것이다. 시간이 걸리는 일이요, 치밀한 연구와 실험을 통해 구체적인 '프로그램'을 개발해 내야 할 일이다. 실은 이러한 준비가 전혀 되어 있지도 않은 상태에서 대학에서 먼저 논술시험을 치르게 하니까 엉뚱한 부작용(?)이 생기는 것이다.

그렇다고, 서울대학교를 위시한 각 대학이 그렇게 하듯이, 좋은 취지에서 발의해 시행하기 시작한 논술시험의 역할을 대폭 위축시키는 쪽으로 뒷걸음질을 쳐야 하겠는가. 좀 더 솔직히 말하자면, 객관적 평가를 비롯한 시험관리의 어려움 때문에, 그리고 이에 대한 여론의 비판이 두려워 뒷걸음질 치는 것이 아닌가. 구더기 생길까 무서워 장 담그는 일을 그만둔다면, 우리의 학교교육은 언제까지 이대로 방치될 수밖에 없단 말인가.

그러니 우선 할 수 있는 일이라도 먼저 시행에 옮겨야 한다. 논술시험에 대비하도록 고전 가운데서 자료도서를 선정 제시하는 일은 이와 같은 맥락에서 생각해 볼 때 우선은 '차선책'으로 바람직한 것이다. 수험생으로서는, 일종의 '시험범위'가 제시되는 셈이니 일단 안심하고 이 자료도서를 통독하는 것으로 시험에 대비할 수 있을 것이다. 이 고전들은 대학교육을 받을 사람이라면 언젠가는 한 번쯤 읽어볼 만한 책들이 아니겠

나. 대학으로서는, 출제에 다소 제약을 받긴 하겠지만 평가의 객관성을 확보하는 일에도 큰 도움이 될 것이요, 간접적으로나마 대학마다 지향하고 있는 교육이념을 살릴 수 있는 계기로 활용할 수도 있을 것이다.

〈철학문화연구소, 1996. 8.〉

대학교육의 혁신 요구와 교양교육의 재인식

대학교육 혁신의 핵심

대학교육의 혁신에 대해 많은 사람들이 말하고 있다. 혁신이란 쉽게 말하자면 낡아 쓸모없이 된 것을 쓰임새 많은 새로운 것으로 갈아 치우는 것이다. 그렇다면 대학교육에서 갈아 치워야 할 것은 무엇인가?

대학이 달라져야 한다는 주장과 함께 근래 대학사회 안팎에서 거론되는 화두들로 우리가 자주 듣는 단어들은 이런 것들이다. '반값 등록금', (전국 대학의 양적) '구조조정', '입학사정관제', '총장 직선제', '국제화' 등등

생각해 볼 일이다. 과연 이 주제들이 한국의 대학교육을 한 단계 격상시켜 국제경쟁력을 갖게 하는 데 핵심적인 중요사항들인가? 이들은 겉으로 선명히 드러나 보이는 변화를 가리키고 있다는 점에서 사람들의 관심을 집중시키기에 충분한 것은 사실이다. 그러나 이 이유만으로 이 '논란거리'들이 대학교육에서 진정 변화해야 할 핵심요인들인가?

'반값 등록금' 문제는 대학의 재정 문제다. 그 점에서 물론 중요하다. (전국 대학의 양적) '구조조정' 문제는 쉽게 말해 대학교의 수효 문제고, 달리 보면 대학생 수 대 대학교 수의 문제다. '입학사정관제' 문제는 학생 모집의 방식 문제다. '총장 직선제'는 대학의 총장을 어떤 방식으로 정할 것인지를 묻는 인사문제요, 좋게 봐도 '거버넌스' 문제다. '국제화'는 현실적으로 얼마나 많은 국제어 강의를 설강하고 얼마나 많은 외국인 교수나 학생을 유치할 것이며, 국제적인 교류활동을 얼마나 활발히 할 것인지 하는 대학교육의 양상 문제다. 과연 이것들이 대학교육의 혁신대상으로 핵심적인 것일까?

필자가 보기에는 이 모든 것들이 겉으로 보기에는 우리의 관심을 끄는 뜨거운 주제들이긴 하지만, 그 내실에 있어서는 모두 대학의 '운영' 내지 '경영'에 관한 문제들이지, 그 운영 내지 경영의 목적, 즉 대학의 근본 과제인 '연구와 교육' 그 자체에 있어서의 변화를 문제 삼는 것들 같지는 않다. 대학의 '근본(根本)'에 관한 것이라기보다는 오히려 그 '지엽(枝葉)'에 관한 것, 즉 본래의 목적 자체에 관한 것이라기보다는 오히려 이를 위한 수단에 관한 것을 문제 삼고 있는 것이 아닌지 의문시된다. 이들 '초미의 관심사'들이라는 것이 정말 필자가 생각하듯 주변적인 것이라면, 그래서 연구와 교육의 내용 그 자체의 변화에 대한 숙고(熟考)와 숙의(熟議)가 뒷전으로 밀려나 실종된다면, 이야말로 수단이 목적을 압도하는 본말전도(本末顚倒)의 근시안적 우매가 아니겠는가?

대학교육의 혁신이 연구와 교육 그 자체를 문제 삼아야 한다면, 연구와 교육에서 실질적 변화는 어떤 것이어야 할까? 필자는 '교육의 내용과 방법'에 변화가 있어야 한다고 생각한다. 여기서 변화가 있어야 진정한 의미에서 대학의 혁신이 이루어지며, 대학운영상의 다른 변화도 이 변화에 초점을 맞춰야 의미 있는 것이 될 것이기 때문이다. 필자는 (1) 대학에서의 연구는 반드시 교육과 연계되어야 한다는 것, (2) 연구야 일차적으로 교수들의 주관적 지향에 따른 것으로 외부에서 그 내용에 대해 관여하기 어려운 것이지만, 교육에 대해선 학생이라는 상대가 있는 만큼 최소한의 요구사항이 있을 수 있다는 것, (3) 그리고 교육내용은 교육방법과 긴밀히 연관되어 있다는 것, 이 세 가지 사항을 전제하고 '교육의 내용과 방법' 두 가지에 대해 생각을 나누고자 한다. 필자는 물론 구체적 디테일이 아닌, 일반적 방향에 대해서만 언급할 것이다.

필자가 보기에 가장 중요한 것은 역시 교육내용이다. 필자가 말하고자 하는 것은 강좌 하나하나의 내용에 대해서가 아니다. 거시적으로 대학교육 전체를 볼 때 학생들이 받는 교육의 전체 내용에 변화가 올 수 있도록 교육과정을 개선하자는 것이다. 이 교육과정 개선의 바람직한 방향은 다음과 같은 것이다.

첫째, 어떤 전공을 선택하든 학생들이 기초학문 분야의 학업을 충실히 수행한 후 이를 토대로 응용학문 분야의 학업을 수행하도록 한다. 오늘의 현실을 보면 대학교육의 비중은 어느 대학이나 거의 예외 없이 기초학문 분야보다는 응용학문 분야, 특히 직업교육을 위한 실용적 응용학문 분야의 교육에 치중되어 있고, 이에 비해 기초학문 분야의 교육은 소홀히 취급되고 있다. 대학이 직업학교는 아니라고 명분상 말은 하지만, 실은 거의 모든 학생들이 졸업 후의 취업에 초점을 맞추어 학업을 수행하고자 하는 현실이 반영된 것이라고 볼 수 있다. 그러나 바로 이러한 사정 때문에 기초학문 분야의 학업을 충실히 수행한 후 이를 토대로 응용학문

분야의 학업을 수행하도록 해야 한다는 주장을 하게 된다.

둘째, 기초학문 분야의 학업을 함에 있어서도 이질적인 복수의 학문분야를 균형 있게 택할 수 있도록 한다. 특히 인문학이나 사회과학 분야를 전공할 학생은 자연과학 분야에서, 자연과학 분야를 전공할 학생은 인문학이나 사회과학 분야에서 반드시 심도 있는 학업을 수행할 수 있게 한다. 종래 한국의 대학에서는 대체로 전공을 정해 학업을 시작하면, 대체로 그 하나의 학문분야에만 국한해 공부하도록 되어 있었고, 근래에 부전공 또는 복수전공을 허용, 권유하는 대학도 많이 늘어나고 있지만, 그 실상을 보면 다양한 기초학문 분야에서의 균형 잡힌 학업과는 거리가 먼 양상을 보이고 있는 것이 사실이다.

문제는 기초학문 분야의 학업이 과연 취업 및 졸업 후의 직업활동에 도움이 되는가 하는 것과 이질적 학문분야를 함께 아우르는 균형 잡힌 학업이 어떤 점에서 꼭 필요한 것인가 하는 것이다. 겉보기와는 달리 실은 직업활동 자체를 위해서도 기초학문 분야의 학업이 반드시 필요한 이유와 이질적 분야를 가로지르는 균형잡힌 학업이 가져다주는 이점이 무엇인지, 좀 더 숙고해 볼 일이다.

대학교육 혁신의 배경

좀 멀리 에둘러 이러한 요구의 근원, 즉 이 시대의 문화적 변화와 그에 따른 지식사회의 지형 변화에 대해 생각해 보자.

21세기는 어떤 시대인가? 디지털 기술이 새로운 문명을 준비하는 시대다. '디지털 기술'은 지능의 강화인 '정보기술(IT)'과 감각의 확장인 '커뮤니케이션기술(CT)'을 '정보통신기술(ICT)'이라는 하나의 기술로 융합한 데에 그 위력이 있다. 이러한 융합된 디지털 기술의 혁혁한 성과는 이른바 '유비쿼터스 커뮤니케이션(Ubiquitous Communication)'의 실현과 가상현실(Virtual Realty)의 출현에서 확연히 드러난다. 그리고 이 기술융합이 가져온 전대미문의 혁명적 성격은 첫째, 사유와 지각의 융합 및 호환을 비생명적, 물리적 공간 속에서 실현시키고 있다는 점과, 둘째, 인간의 의사소통 또는 정보교환 활동에서 자연세계의 시공적 제약을 최소화시키거나 무화시키고 있다는 점이다.

시간과 공간은 인간이 세계를 경험하는 근본방식이다. 시간적인 세계경험에서 근본원리는 시간적 선후를 거스를 수 없다는 순차성이고, 공간적인 세계경험에서 근본원리는 두 개의 사물이 동시에 한 공간을 차지할 수 없고 한 사물이 두 공간을 동시에 차지할 수 없다는 독점적 배타성이다.

자연의 일부인 인간존재로서 자연적 현실 속에서 삶을 영위하는 한, 인간의 모든 행동은 이 두 원리를 엄격히 따를 수밖에 없다. 모든 사태에서 원인-결과의 고리를 찾으려는 인간의 인과적 사유는 시간의 순차성에 대응하는 생존의 한 방식이라 할 수 있고, 모순을 허용하지 않는 인간의 논리적 사유도 궁극적으로는 물리적 세계의 공간적 배타성에 적응하려는 노력의 결과로 얻어진 것이라고 볼 수 있다.

그런데 '유비쿼터스 커뮤니케이션'에서는 시간적 순차성과 공간적 배타성이 더 이상 극복 불가능한 인간의 한계로 작용하지 않는다. 더욱이 '가상현실'이란 시간경험에서 순차성 대신 동시성 및 즉시성이, 그리고 공간경험에서 매개성(간접성) 대신 무매개성(직접성)이 구현되는 곳이므로 자연현실에서의 시공적 원리가 더 이상 경험의 원리로 작동하지 않는다.

삶의 근본적 토대가 되는 시공체험의 방식에 이런 획기적인 변화가 오는 한, 세계를 향한 인간의 욕구와 이의 충족을 위한 행동의 방식에 변화가 없을 수 없다. 인간의 생존조건인 동시에 한계이던 시간적 순차성과 공간적 배타성이 무력해짐으로써 인간의 욕구 자체가 동시성과 직접성을 추구하는 방향으로 확장되고, 그 충족의 방식 또한 동시적, 직접적인 것으로 변모하게 된다. 이와 병행해 여러 가지 욕구의 동시적 충족에 대한 기대 또한 일상화된다. 즉 장소의 이동을 통해서만, 혹은 시간적 지속이나 대기를 통해서만 가능하던 욕구충족이 이러한 종래의 전통적 행동 방식을 넘어서서 가능해지게 된다. 한편으로는 한 가지 욕구의 즉시적, 무매개적 충족 가능성을, 다른 한편으로는 여러 가지 상이한 욕구들의 총체적, 동시적 충족 가능성을 기대하게 된다.

새로운 욕구충족의 기대는 이를 충족시키는 새로운 기술의 개발을 촉진한다. 그리하여 복수의 여러 기술들이 통합하게 되고 이로부터 새로운 융합기술이 등장하게 된다. 기술 간의 경계가 약화되어 고유영역이 붕괴되고, 그 기술들이 새로운 형태로 융복합화한다는 것이다. 근래 어떤 기술분야에서든지 정보통신기술을 이용하지 않고 이와 연계되지 않는 기술개발이란 생각하기 어렵게 된 사정이 이를 말해 주고 있다. 기계공학기술, 전자공학기술, 재료공학기술, 화학공학기술, 광학기술 등이 융합되어 나온 휴대전화 제조기술은 그 대표적인 예다.

디지털 정보통신기술의 문화 사회적 파장은 실로 광범하고도 심대하다. 특히 우리의 관심사가 되는 것은 지식사회의 지형 변화다. 새로운 기술의 출현과 발전, 그로 인한 공동체 삶의 변화 등이 지적 탐구에 광범한 영향을 주기 때문이다. 지식이 장기간에 걸쳐 어렵게 창출, 전수, 활용되던 과거와 달리 매우 용이하게 산출, 복제, 유통, 소비된다는 점, 산출되는 정보의 양이 천문학적으로 급증하며 이렇게 생산되는 정보의 유통에는 시간적, 공간적 제약이 거의 없다는 점, 문맥과 기원이 소실된, 파편화된 정보들이 범람하여 삶의 질을 고양시키는 정보를 취사선택하는 일이 어렵다는 점, 정보의 효용기간, 즉 수명이 급속히 단축된다는 점 등등이 이 지형 변화의 주요현상이라고 할 수 있을 것이다.

대학교육의 방향 전환

그렇다면 지식 창출의 본산이라 할 수 있는 대학에서 교육은 이러한 변화에 어떻게 조응해야 할까?

우선, 지식교육에서 능력교육으로 전환해야 할 것이다. 기성 지식의 전수가 아니라 새로운 지식을 스스로 창출하고, 응용하고, 적응할 수 있는 기초적 사고능력의 함양에 중점을 두어야 한다. 즉 엄청난 양의 정보 가운데서 적실성 있는 유용한 정보를 선별할 수 있는 비판적 사고의 능력, 새로운 정보를 산출할 수 있는 창의적 사고의 능력, 주어진 사태 속에서 핵심적인 문제를 찾고 그것을 해결하는 능력을 길러야 한다. 이와 더불어 자신의 사유내용을 공동체 구성원과 공유할 수 있는 사회적 의사소통능력을 길러야 한다.

그러나 더욱 중요한 것은 특정 학문분야 내에서 전문지식을 쌓도록 하는 것과 나란히 세분화된 분야들의 위상을 전체 속에서 가늠할 수 있는 깊은 통찰력, 가치관, 종합적 안목을 길러주는 교육이 되어야 한다. 이는 구체적으로 보자면 전문영역들 간의 '지적 연결지평'을 갖도록 하는 일이다. 이제는 대학교육은 전공학업으로 이루어진다는 통념, 아니면 적어도 전공학업에서 대학교육이 완결된다는 통념에서 벗어나야 한다. 왜 이러한 전환이 필요할까? 앞에서 우리는 정보사회에 들어서면서 인간의 욕구 자체가 동시성과 총체성을 추구하는 방향으로 확장되고, 그 충족의 방식 또한 복합적, 직접적인 것으로 변모하게 된다고 말했다. 따라서 정보사회에서 주어지는 중요문제는 대체로 여러 지식분야에 걸쳐 있는 복합적인 문제다. 그러므로 문제연관을 총체적으로 조망하는 능력이 없으면 부분에 관한 전문지식도 무력해지기 쉽다. 따라서 문제연관 전체를 조망할 수 있는 안목의 함양이 무엇보다 중요하다.

앞서 우리가 '기초학문 분야의 균형 잡힌 학업'이 직업활동을 위해서도 꼭 필요하다고 한 것은 바로 이 때문이다. 기초학문의 탐구 성과는 다른 지식의 토대가 되며, 또 그 효용성의 수명이 길고 그 타당 범위가 넓기 때문에 급변하는 지식사회의 지형에서 우리가 의존할 수 있는 거점은 역시 기초학문이 될 수밖에 없다.

교양교육의 재인식

한국도 이젠 정보사회다. 앞서 암시했듯 정보사회에서는 지식도, 기술도, 산업도 분화, 전문화보다는 융합, 종합화의 길을 가야 더 큰 산업적 성과를 가져온다. 각 전문분야들의 지식도 서로 결합되지 않는다면, 문제의 해결에 도움을 주지 못한다. 오늘의 문명적 삶이 영역별로 분립되어 있지 않고 서로 융합되어 통합되기 때문이다. 정치와 경제가 융합됨은 물론, 산업과 문화가 융합되고 예술과 공학이 융합된다. 해결해야 할 문제들이 총체적 맥락 속에서 그 맥락과 더불어 한꺼번에 다가온다면,

문제 해결의 방식도 총합적일 수밖에 없다.

바로 여기에 각 전문분야들의 지식을 폭넓고 깊이 있는 안목 아래서 조망하고 연결시켜 주는 '지적 연결지평'이 요구되는 것이다. 이러한 지적 연결지평은 '균형 잡힌 다학문적, 학제적 학업'을 통해 얻어질 수 있다. 복수전공 혹은 연계전공이라는 이름으로 시도되는 교육과정의 개선이 목표로 삼는 것도 실은 이러한 '균형 잡힌 융합교육'이다.

그런데 한국의 대학교육과정에는 이러한 새로운 교육수요에 부응하기에 적합한 영역이 이미 처음부터 갖추어져 있어왔다. '교양기초교육 영역'이 바로 그것이다. 이 교양기초교육 영역을 어떻게 운영하느냐에 따라 새로운 시대에 걸맞은 대학교육의 새로운 수요가 상당 부분 충족될 수 있다. '교양기초교육'의 본래 취지와 의의가 바로 앞서 언급한 기초적인 능력교육과 균형 잡힌 융합교육에 있기 때문이다.

2001년 국내 최초로(처음이자 마지막으로) 여러 대학의 교양교육을 평가하기 위해 대학교육협의회에서 제시한 '교양교육의 목표'는 다음과 같았다.

"교양교육의 목표는 성숙한 인격체가 지녀야 할 품성, 세계시민으로서의 소양, 정보화 사회에 요청되는 판단력과 도덕성 등을 지향해야 한다. 나아가서 교양교육은 제반 학문분야에 대한 지적인 호기심을 일깨우고 자기표현력과 의사소통능력 등을 계발시킬 수 있어야 한다."

필자는 교양교육에 대해 이렇게 정리한 적이 있다. "교양교육이란 올바른 세계관과 건전한 가치관을 바탕으로 세계화된 새로운 정보사회에서 비판적, 창의적 사고와 원활하고 개방적인 의사소통을 통해 공동체적, 문화적 삶을 자율적으로 주도할 수 있는 주체적인 지도자로서의 자질을 함양하기 위한 것으로서, 학문계열을 넘어서서 모든 학생들에게 동질적인 내용을 교수하는 교육이다."

교양교육에 대한 정의가 다양하여 그 강조점에 다소 편차가 있기는 하나, 대체로 우리가 앞에서 언급한 기초능력교육과 균형 잡힌 융합교육의 이념은 핵심적인 내용으로 포함되어 있다고 할 수 있다. 문제는 이렇듯 훌륭한 취지의 교양기초교육이 그동안 한국의 대학에서 방치되어 왔다는 사실이다. '하면 좋지만, 안 해도 되는 불요불급한 여분의 교육'으로, 교수나 학생에겐 학문적 성격이 미약하고 수준도 낮은 입문적, 예비적 교육이며, 일반인이 보기엔 구청 노인대학에 있는 교양강좌처럼 취미, 상식과 유사한 것으로 비쳐온 것이다. 그래서 학문적으로 아직 미숙한 젊은 강사의 연습용 과목으로, 학생에겐 '공부 안 해도 되는 학점관리용' 과목들이 바로 교양과목이었다. 그러면서도 실제로는 대학교육 전체의 3분의 1 이상을 차지하고 있으니, 전체적으로 대학교육이 부실해진 사유가 이 교양기초교육에 대한 그릇된 인식에 있었다 해도 과언이 아니다.

교육방법의 선진화

그렇다면 '통념'에서 벗어난 진정한 교양기초교육은 구체적으로 어떤 내용을 담아 어떻게 해야 할까?

앞서 언급했듯, 교양교육의 구체적 내용은 기초학문 분야, 즉 인문학, 기초사회과학, 자연과학의 연구 성과여야 할 것이다. 학문적 가치의 보편성 때문이다. 특정 영역의 직업교육과 직결되는 응용학문 분야의 내용은 배제되는 것이 합당하다. 학문적 성격도 약한 '시민생활적 교양'을 위한 과목들이 청산되어야 함은 두말할 나위도 없다.

기초학문 분야의 고전적인 연구 성과가 교양교육에 담겨야 함은 물론이지만, 이에서 더 나아가 새로이 등장하는 문화 사회적 문제영역에 대한 창의적인 연구 성과 및 이질적인 학문분야들을 가로지르며 주어진 주제를 여러 각도에서 입체적으로 논구하여 얻는 연구 성과도 담아내야 한다. 전자에는 인간, 문화, 문학, 예술, 종교, 사회, 역사, 국가, 자연, 과학, 기술 등 인간과 세계의 여러 근본적인 문제영역에 대한 고전적인 탐구 성과가 포함될 것이고, 후자에는 현대문명, 환경, 인공지능, 디지털 기술, 신과학 등 새로운 주제영역이나, 예술과 기술, 철학과 경제, 문학과 정치, 심리와 법 등 이질적인 문제영역에 대한 복합적 연구 성과가 포함될 것이다.

교양기초교육의 내용에 대해 확고한 원칙을 세우는 것도 물론 중요하지만, 그 다음 교수방법의 선진화에서도 꼭 실천해야 할 것이 있다. 교육의 성과를 내실화하기 위해 필요한 일이다.

교육은 구체적으로 교실에서 교수와 학생 사이의 '상호작용'에서 수행되는 것이다. 교육학자들은 교육의 과정을 ① 지식과 정보의 전달 및 견해의 제시, ② 이의 확인을 위한 질의응답 및 지식 확장을 위한 토론, ③ 학업 성과에 대한 점검 및 평가, ④ 점검 및 평가 결과 발견된 오류의 교정 및 이해 부족에 대한 보완의 단계로 나눈다고 한다. 그런데 한국의 대학교육에서는 대체로 ①과 ③의 단계로 교육이 다 이루어진 것인 양 마무리한다. 교육과정의 거의 전부가 ①단계로 이루어져 있는 것이 현실이다. 그리고 ②단계가 부실한 것도 사실이지만, 제일 중요한 마지막 ④단계는 대개의 경우 이루어지지 않는다. 소위 '상대평가'라는 방도를 채택

하여 만족스러운 학업 성과가 미흡한 학생도 그대로 방치하여 두는 것을 '공정한' 평가라고 합리화하는 것은 교육적 관점에서 보면 타당한 것이 아니다.

다른 전공교육에서도 마찬가지이겠지만, 특히 기성의 지식을 전수하거나 수단적 기능을 터득케 하는 교육이 아니라 기초능력교육이자 균형 잡힌 융합교육을 통해 전인적 인격과 종합적 통찰력을 함양하는 교양기초교육에서는 특히 ②단계에서의 토론과 ④단계에서의 '피드백' 및 '보완'은 꼭 필요한 과정이다.

정보사회라는 문화적 배경을 고려해 볼 때, 오히려 현실적으로 교육활동의 대부분을 차지하고 있는 ①단계는 과감히 줄일 수 있을 것이다. 지식이나 정보나 견해의 제공은 굳이 교수가 교실에서 직접 할 필요가 없을 것이요, 학생이 그런 내용을 습득하는 일은 풍부한 장서가 비치되어 있는 도서관에서, 또는 시간과 장소에 구애받지 않고 인터넷에 접속하는 것만으로도 대부분은 쉽게 이루어질 수 있을 것이기 때문이다. 학생들은 교수의 지도 아래 수업 이전에 '충분히 읽어오고', 교실에서는 곧바로 ②단계인 질의응답 및 토론부터 시작할 수 있을 것이다. 학생 스스로의 '책 읽기' 없이 교수의 지식 전달에만 의존하는 현재의 방식으로는 진정한 의미에서의 교양기초교육이 어려울 것이다.

또한 '반값 등록금'이라는 말의 등장으로 논란이 되고 있는 교육재정의 문제는 이와 같은 발상 아래 불필요한 교육과정의 생략을 통해 어느 정도 해결할 수도 있으리라고 본다.

교양기초교육의 현실적 강화책

교양기초교육의 필요성에 대한 재인식이 확고하다면 이의 강화, 심화를 위한 방책을 강구해야 할 것이다. 오늘의 한국 대학의 현실에서 교양기초교육의 강화책으로는 다음과 같은 것들이 요구된다.

(1) 전체 교육과정에서 교양기초교육이 차지하는 위상을 확고히 한다. 이를 위해 기초교육은 저학년에서 하되, 진정한 교양교육은 전 학년을 통해 전공교육과 병행하여 시행되도록 한다. 그리고 대학교육 전체에서 교양기초교육이 차지하는 비중이 적어도 30퍼센트는 되도록 교육과정을 편성한다. 또, 교양교육을 기초학문 분야가 전담하도록 하기 위해, 이 분야에서 전공교육과 교양교육을 연계시킨다.

(2) 더 적극적으로, 교육구조를 개편하여 전문적인 직업교육은 전문대학원에게 맡기고 학사과정에서는 교양교육을 교육의 중심과제로 삼도록 한다. 이를 위해서는 명실상부한 '학부제'를 실행해야 할 것이다. 이것이 불여의하다면, 적어도 직업교육의 성격이 강한 응용학문 분야에서 전공을 택하는 학생에게는 기초학문 분야에서 또 하나의 전공이나 혹은 부전공을 의무적으로 택하도록 한다.

(3) 행정적 차원에서, 대학에 교양기초교육을 전담하는 독립적인 교육기관을 설치하도록 한다. 이는 전공교육 중심의 제도에 의탁하여 일반적인 교양기초교육을 시행하는 데에는 근본적인 한계가 있기 때문이다. 아울러, 교양교육을 전담하는 교수진의 구성 또한 이와 함께 요구된다.

〈경상대학교 기초교육원, 2012. 3. 19.〉

| 3부 |　　　내면의 성찰을 향하여

"

I. 철학이론들의 틈새에서

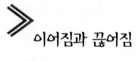

이어짐과 끊어짐

"물에 물 탄 듯 술에 술 탄 듯 흐리멍덩해가지고 구렁이 담 넘어가듯 우물우물 해서야 되느냐. 사람이 맺고 끊는 데가 있어야지." 중고등학교 시절 무슨 일로 해서든 내가 어머님께 꾸지람을 들을 때면 어머님께선 으레 그 훈계의 끝을 이렇게 맺으시기 일쑤였고, 그때마다 나는 마음속 으로 나 자신을 아프게 꼬집으면서 이렇게 다짐했다. 그래 매사에 맺고 끊자. 나는 왜 이렇게 맺고 끊질 못하나. 맺고 끊질 못하기 때문에 쉬운 일을 어렵게 만들고 당하지 않아도 될 괴로움을 떠안게 되지 않느냐. 정 말이지 사내가 모진 데가 없으면 무슨 일을 못하는 거야. 모지다는 게 뭐 냐. 끊고 새로 시작하는 곳에 모가 생기는 것 아니냐. 앞으론 모지게 맺 고 끊는다. 모지게!

그런데… 이것이 문제다. 이 나이가 되도록 나는 아직도 맺고 끊질 못 해 가슴을 앓는 적이 적잖이 있으니 말이다. 어머님께선 그 시절 꾸지람 끝에 가끔은 "아버질 닮아서 그러냐. 그것만은 아버지 닮지 말라"고 말씀하심으로써 은근히 아버님에 대한 불만을 내비치셨는데, 요즈음 내 아내도 이 비슷한 불만을 내게 터뜨릴 때가 있는 것이다. 내가 아무리 각오를 단단히 했다 하더라도 아내 앞에서는 술 끊겠다, 담배 끊겠다, 소릴 쉽게 못하겠다 싶은 건 내 과민일지 모른다. 하지만 나의 이 은근과 끈기가 우리 둘의 결합에 얼마나 크게 이바지했는지를 벌써 잊기라도 한 듯, 집념은 우둔의 소치요 끈기란 우유부단(優柔不斷)과 동의어라고 나를 힐난할 때가 없지 않으니 이는 어찌된 일인가. 한번은, 문체를 고치지 않는 한 나는 글로 큰일 못할 거라고까지 공갈(?)을 치는 게 아닌가. 이제 다시 연애편지 쓸 일이 없다면 그 호박넝쿨 늘어붙듯 줄레줄레 끊어지지 않는, 만연체는 내다 버리라는 것이다.

아닌 말로 그 아버지에 그 아들이고 그 시어머니에 그 며느리란 말인가. 찔러도 너무 아프게 찌른다.

사실은 어머님도 옳았고 아내도 옳다. 내 성품에 결함이 많겠지만 그 중 하나가 바로 저것임은 틀림없다. 드골이 말했던가. "사고는 명석하게 문체는 간결하게, 행동에서는 결단을." 나에게야말로 이는 훌륭한 좌우명(左右銘)감이다.

내 성품 이야기를 하자는 것은 아니다. 맺고 끊으려고 애를 써도 그것이 뜻 같지 않다는 말이었는데, 그 끊으려 하는 나는 무엇이며 그럼에도 불구하고 끊어지지 않는 나는 무엇인지 생각해 보자는 것이다.

나는 감히 이렇게 말해 본다. 끊으려 하는 것은 나의 지성(知性)이요, 끊어지지 않으려는 것은 나의 삶(生)이라고.

지성의 본성이 사고에 있음을 말할 나위가 없다. 그리고 사고는 본질적으로 그 대상을 끊고 잘라놓아야 비로소 그 활동을 시작할 수 있는 것이다. 딱딱한 말로 이른바 분석적, 추론적, 논리적 사고라는 것이 바로 이것이다. 움직이는 것, 흐르는 것, 녹아 엉기어 있거나 스미어 퍼져 있는 것, 이런 것들은 지성이 싫어하는 것이다. 사고로써는 도무지 붙잡히지 않기 때문이다. 그래서 이런 것들을 사고해야 할 때면 지성은 이들을 멈추게 하고 딱딱하게 굳게 하여 사고의 대상으로 삼는다. 그렇게 하지 않고서는 우선 끊고 자를 수조차 없기 때문이다.

지성은 왜 끊고 자르는가? 그 답은 자명하다. 끊고 자르면, 큰 것은 작은 것들로 되고 복잡한 것은 단순한 것들로 되며 이렇게 될 때 지성은 그 대상을 더 잘 알 수 있기 때문이다. 기하학자들은 모든 도형을 자르고 끊고 또 잘라 선, 점에까지 이르렀고, 물리학자들은 물질을 자르고 또 잘라 원자, 미립자에까지 이르렀으며 생물학자들은 생명체를 자르고 또 잘라 DNA에까지 이르지 않았는가?

우리의 삶에 유용한 모든 과학적 지식은 바로 이 끊고 자르는 지성의 활동에서 비롯되는 것이다. 앎이 힘이란 말도 있지만, 우리의 삶에 유용한 무기를 장만하려는 사람은 우선 끊고 자르는 일부터 시작해야 된다.

그러나 이렇게 얻은 지식을 부리며 사는 나의 생, 나라는 삶의 구심점은 어떤 것인가? 끊어지거나 잘라질 수 있는 것인가? 아니다. 끊어지거나 잘라지면 그건 죽음이지 더 이상 삶이 아니다. 멈추지 않고 움직이며 끊어지지 않고 이어지며 굳지 않고 흐르는 것이 삶 아닌가.

하늘 아래 있는 모든 것은 끊어져 잘라지는 측면과 그렇지 않은 측면을 다 가지고 있겠거니와, 삶이야말로 끊어지지 않음을 본성으로 하는 것이겠다.

A는 A요 비(非)A가 아니라 해서 너는 너요 나는 나라면, 우리의 현실

적인 삶이 얼마나 무미건조해질 것인가? 있는 것은 있고 없는 것은 없다 해서, 과거는 지나갔으니까 없고, 미래는 아직 안 왔으니까 없으며 있는 것은 오직 이 찰나뿐이라고 한다면, 나의 삶은 어디에 그 터전을 잡을 것인가? 끊고 잘라서 얻어지는 앎이란 것도 필경은 삶이라는 지평 넓은 속에로 포용되지 않겠는가. 그래야 되지 않겠는가. 끊어지고 잘라지지 않으니 삶이란 무엇인지 잘 알 수 없는 것으로 남는다. 그러나 삶이 무엇인지 확실히 알겠다고 그 삶을 묶어 매 죽일 수는 없지 않으가.

〈밀랍, 1979〉

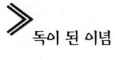

독이 된 이념

험한 세상이다. 꽃다운 젊은이가 입시경쟁에 치여 죽고 이념투쟁에 치여 죽는다. 현실에 희생당하고 또 이상에도 희생당하는 셈이다. 그래도 일반은 그게 그저 어쩔 수 없는 일인 양 바라볼 만큼 세상 분위기가 거칠고 험하다. 이 험한 세상의 탁류 속에서 삶의 제 길을 잃지 않고 자신을 지켜나가는 것이 여간 어려워 보이지 않는다. 사람의 목숨마저 저리 가벼이 보일 정도이니 말이다. 부지불식간에 실족하여 험한 탁류에 휩쓸려 내려가기가 도리어 쉬운 일이 된 듯하다.

하지만 세상이 험하다고 생각될수록 참되고 바른 삶을 원하는 마음은 더욱 간절해진다. 처음부터 참되고 바른 삶에 대한 의식이 없는 사람에게야 험한 세상, 거친 탁류도 아랑곳할 것이 없겠지만 실로 처음부터 그런 사람이 어디 있겠는가. 우리는 모두 참되고 바르다고 생각하여 스스로 택하는 삶의 도정 속에서 보람과 기쁨을 얻고자 한다. 아니 진정한 보람과 기쁨은 그런 삶 속에서만 얻어질 수 있는 것이다. 그러면서도 우리는 정작 무얼 어떻게 하는 것이 참되고 바르게 사는 길인지 몰라 어려움에 빠지곤 하는데, 문제가 심각해지는 것은 바로 여기서부터다. 실상 참되고 바른 것이 무엇인지 아주 모른다고야 어찌 말할 수 있겠는가. 더 배웠건 덜 배웠건 사람이라면 누구에게나 양심이라는 것이 있어 크고 작은 일에 부딪칠 때마다 우리에게 참되고 바른 길을 일러주는 것이 사실이다. 아니 이것이 본래의 모습이다. 그러나 문제는 양심이 움직이는 이 본래의 모습이 사회적 삶 속에서 왕왕 무기력하게 된다는 데에 있다. 양심이 멍들고 눈멀어 제 기능을 못하는 부도덕의 경우도 큰 문제이겠지만, 더 크게 문제되는 경우는 양심이 제 기능을 한다 해도 참되고 바른 삶의 길을 찾기가 어려워질 때다. 삶의 사회적, 역사적 지평에서 우리는 흔히 이런 문제에 직면하게 되는데 이때 사람들은 쉽게 "역사가 심판해 줄 것"이라고 말하기도 한다.

물론 이 말은 틀리지 않은 것으로 받아들여진다. 하지만 이 말은 아무리 진리라 하더라도 '지금 여기서' 참되고 바른 길을 찾고자 하는 우리에게 실질적 도움을 주지 못한다. 우리를 심판할 역사는 우리의 삶이 마감된 후에야 그 법정을 열 것이기 때문이다.

나는 여기서 어떤 주의(主義), 어떤 이념이 내게 그리고 우리에게 참되고 바른 삶의 길을 열어줄 것인가를 묻기 전에 과연 주의나 이념이 그 자체로서 진정 우리에게 참되고 바른 삶의 길을 보여줄 수 있는 것인지를 물어보라고 권하고 싶다.

이념이나 주의가 어떻게 형성되는지 여기서 자세히 설명할 수는 없지만 어느 것이 되었든 그것은 본래적인 인간의 삶이 외화(外化)되는 과정에서 생기는 '문화의 외피'요 '역사의 이끼'임을 또한 알아야 할 것이다.

그 '외피'와 '이끼'를 끊임없이 벗겨냄으로써 그것에 의해 제약받고 때로 소외당하는 삶의 본원적인 모습을 되찾으려는 노력에서 오히려 우리는 참된 삶의 가능성을 확보할 것이다. 추상화되어 고정된 이념이나 주의를 벗어나 넘어서려는 이 노력은 언제나 삶과 세계 그 자체를 선입견 없이 파악하고자 하는 철학적 태도이기도 하다.

〈한국경제신문, 1988. 6.〉

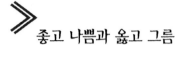

좋고 나쁨과 옳고 그름

　민주주의의 요체는 협상과 타협에 있다는 말을 자주 듣게 된다. 뭔가 잘 해소되지 않는 갈등이 있긴 있는 모양이다. 그런데 솔직히 말해 나는 이 말을 들을 때마다 거부감을 느낀다. 물론 내가, 차라리 독선과 아집이 필요한 것이 혼란스러운 요즈음이라는 엉뚱한 생각을 품고 있는 것은 아니다. 이해관계가 엇갈리고 이에 따라 사람들 사이에 대립과 반목이 있을 때, 이 갈등을 해소하기 위해 우리로서 선택할 수 있는 최선의 길은 역시 대화를 통한 협상과 타협이다. 이 방법이 아니라면 결국 남는 것은 싸움밖에 없을 것이니, 소모적인 싸움보다는 좀 답답하더라도 역시 대화가 더 나은 것임엔 틀림없다. 이 점에 있어서는 나도 전적으로 같은 생각이다.

　내가 못마땅하게 생각하는 것은 그 협상의 주제에 관해서다. 한마디로 말해, 협상될 수 없는 것, 협상되어서는 안 될 일까지도 협상으로 해결하려고 하는 그릇된 자세가 못마땅하다는 것이다. 아니, 민주사회에서 협상으로 타결되지 않을 것이 어디 있겠느냐고 반문할 사람이 있을지 모르겠지만, 이것이 정말 생각해 볼 문제다.

협상이란 말하자면 물건을 사고팔 때의 흥정과 같은 것이다. 파는 사람이나 사는 사람이나 결과적으로 보면 서로가 서로에 대해 더 유리하지도 불리하지도 않은 물건 값을 찾아내기 위해 눈치를 보아가며 밀고 당기는 것이 흥정이다. 즉, 다시 말해 협상이란 이해를 달리하는 양편이 가능한 한 어느 한편에 더 큰 이익이 치우치지 않도록 그 적정선에 대해 양편이 다 동의할 때 타협은 이루어지는 것이다. 따라서 협상에 있어서의 유일한 원리란 다름 아닌 손익계산이다. 그런데 손익계산이란 유익/무익 여부, 즉 '좋고 나쁨'을 재는 것이지, 정당성 여부, 즉 '옳고 그름'을 헤아리는 것은 아니다.

'좋고 나쁨'과 '옳고 그름'이 서로 아무런 관련도 없다고 주장하는 것은 아니다. 그러나 이 두 가지는 일단 서로 구별이 되어야 한다는 생각이다. 옳지 못한 일을 놓고 아무리 손익계산을 잘한들 그 손익계산의 결과 취해진 행동이나 결정이 정당성을 얻을 수 있을 것 같지는 않다. 오히려 도덕적 정당성이 이 손익계산의 전제가 되어야 하지 않을까 생각된다. 즉 모든 협상은 '옳고 그름'에 대한 판단이 내려진 연후에 옳은 일을 도모하기 위해 이루어질 때에만 그 의의를 갖는다고 보아야겠다는 것이다. '좋은 게 좋은 거'요, '누이 좋고 매부 좋으면 그만'이라는 불순한 야합의 자세로 나아간다면, 즉 '옳고 그름'을 가리지 않고 그저 '좋음'만을 안중에 두는 자세로 나아간다면, 그 협상은 타협의 내용이 무엇이든 간에 도덕적으로 용인될 수 없는 것이다. 음주운전자와 교통경찰관의 협상, 탈

세업자와 세무관리의 협상, 부정입학자와 대학당국자의 협상… 아주 합리적인 선에서 적정 액수가 정해져 타결이 잘 이루어졌다면, 그래서 뒤탈 없이 깨끗이 마무리가 되었다면, 이런 협상들도 합당한 것으로 용인되어야 하겠는가. 이른바 '5공 청산'을 놓고 여야 정치인들 간에 벌인다는 협상이야 설마 이런 성격의 것이겠는가. 더구나 민족통일의 과제에 임해 관계되는 법규나 관행을 개선하는 문제를 놓고서야 관계기관이나 정치인들이 설마 이런 식의 협상을 시도하겠는가. 만에 하나라도 그렇다면, 이는 부릅뜬 눈으로 '옳고 그름'을 가리는 준엄한 역사의 판관 앞에서 이 판관이 내리는 형벌도 모르는 채, 일순간에 허망한 것이 되어버릴 '좋고 나쁨'에 현혹되는 우매에 지나지 않는다.

　얘기가 좀 거창해졌나. 하지만 거창한 문제라는 것도 따지고 보면 원리는 단순하고도 소박한 법이다. 사실 '좋고 나쁨'에는 정도의 차이가 있지만 '옳고 그름'에는 그런 것이 있을 수 없다는 것을 알면 된다. 더 좋고 덜 나쁘다는 것은 있을 수 있지만, 더 옳고 더 그르다는 것은 있을 수 없다는 말이다. 정도의 차이가 있으니까 좋고 나쁜 것은 계산될 수 있는 것이요, 그러니 이것이 문제라면 협상이 있어야 하는 것이다. 하지만 옳고 그름은 그렇지가 않다. 옳으면 옳고 그르면 그르지, 더 옳고 덜 그르고 할 수가 없는 일이다. 그러니 '옳고 그름'의 문제에 관해선 계산도 협상도 있을 수 없는 셈이 된다. '옳고 그름'에 관해선 오직 그것을 밝히는 일만이 있을 수 있다. 밝히자니 조사도 하고 청문도 하고 증언도 듣는 것이다. 못 알아듣는 사람이 있으면 설명, 해명을 해서 설복을 시키기도 하지만, 대화라 해서 이것이 협상이 될 수는 없는 일이다.

'옳고 그름'은 인간의 행위와 세계를 질서짓는 가장 근원적인 원리의 문제다. 그것은 사실의 세계에 있어서의 '참과 거짓'에 해당되는 것이다. 과학자들끼리 협상을 통해 '참'을 발견해 내지 않듯이, 또 협상을 통해 '거짓'을 '참'으로 바꾸어놓을 수 없듯이, 사회 속에서 도덕적 삶을 살아 가지 않을 수 없는 우리들도 협상을 통해 '옳음'을 타결해 내거나, 더욱 이 '그름'을 '옳음'으로 바꾸어놓을 수는 없는 일이다.

'옳고 그름'은 원리의 문제요, '좋고 나쁨'은 방도의 문제라고 말한다 면 지나친 단순화일까. 그러나 이 두 가지 문제가 구별되지 않고 왕왕 혼 동까지 되는 것을 나는 안타깝게 지켜볼 때가 많다. 협상이 어차피 손익 계산이라면 유리한 타결을 위해 손익의 변수를 여러 가지 동원하여 협상 에 임하는 것은 현명한 자라면 피할 일이 아니다. 손익의 변수 — 여기서 현실적으로 가장 영향력이 있는 것은 무엇일까? 지성적 사려일까, 아니 면 '힘'일까? 권력이 있는 자는 권력으로, 금력이 있는 자는 금력으로, 이것도 저것도 없는 자는 물리력으로 손익의 변수를 자신에게 유리하도 록 조성하는 것이 보통이다. 전쟁 중의 정전협상이거나 무역경쟁에 있어 서의 가격협상에서라면 또 모르겠다. 국가 사회의 민주화를 논하는 자리 에서도, 근로자의 인권과 산업의 건전화를 논하는 자리에서도, 아니 국 민교육의 앞날을 걱정해야 할 자리에서도, 대학의 사명과 이념을 정립해 야 할 자리에서도, 심지어는 문화예술의 창달을 상의하는 자리에서도, '옳고 그름'의 원칙 문제에 앞서 우리는 협상부터 한다. 그것도 배후에 저와 같은 '힘'을 동원하면서, 이를 이름하여 파워 게임이라 하던가. 민 주주의라는 이름 아래 파워 게임을 벌임으로써 우리 사회를 질서지어줄 근원적 원리인 '옳고 그름'의 척도가 찾아질 것인가. 정의의 원칙은 실종되고 말았는가. 그릇 인식된 민주주의의 이름 아래 정의와 진리를 흥정하는 천박한 상업주의가 우리 사회에선 언제쯤 수그러들 것인가?

〈생활법률, 1989. 11.〉

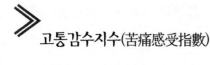

고통감수지수(苦痛感受指數)

　어느 좌석에서 회갑이 멀지 않은 선배 한 분이 "살고 보니 인생에 남는 건 고통뿐"이라고 자못 진지하게 말하는 걸 듣고 가벼운 입씨름을 한 적이 있다. 남는 게 고통이라니. 표현이 좀 어색하다 싶으면서도, "삶은 곧 고해(苦海)"라는 불교적 인생관을 말하는 거겠지 했는데, 실은 그게 아니었다. 말 그대로, 그래도 결실로 남는 건 고통뿐이요, 그 나머지는 모두 허망하게 다 지나가 버리고 말더라는 것이다. 그런 뜻으로 한 말이라는 거다. 아니, 그렇다면 값진 건 고통이지 쾌락이 아니요, 그러니 고통으로 가득 찬 인생일수록 가치 있는 인생이란 말인가. "고통을 회피하고 쾌락을 추구하려는 것이 인간의 본성"이라는 경험주의 철학의 태두 데이비드 흄의 말은 어찌된 것이며, 그보다도 대부분 이러한 본성대로 살아가고 있는 많은 보통 사람들의 인생은 어찌된 것인가? 대부분의 사람들은 가치 없는 인생을 살아가고 있다는 말인가?

　물론 그가 이러한 보통 사람들의 삶의 방식을 부인하는 것은 아니었고, 그 자신 또한 보통 사람들과는 전혀 다른 방식으로 사는 것도 아니었다. 그의 주장은 우선, 고통스러웠던 일이 기억에 남는 법이고, 기억의 총체가 곧 우리에게 남아 있는 지나간 삶의 내용이 되는 것이니, "인생에 남는 건 고통뿐" 아니겠냐는 것이었다. 그도 그럴 법한 생각이다. 즐거웠던 일보다는 고통스러웠던 일이 잘 잊히지 않는 것이 사실이요, 기억나지 않는 것이라면 비록 그것이 그 당시에는 내게 중요한 것이었다 하더라도 이제 와서는 내 인생의 정산서(精算書)에 한 항목이 되기 어려울 것이기 때문이다.

그가 품고 있는 또 하나의 생각은 쾌락보다는 고통이 우리의 삶을 더 견고하게 만들고 더 진정한 것으로 정화(精華)시켜 준다는 것이다. 그도 그렇다. 고통을 맛보고 그것을 극복해 본 경험이 있는 사람이라면 새로이 고통을 당하더라도 그것에 굴복하지 않고 자신을 지키는 데 있어 그런 경험이 없는 사람보다 더 능할 것이다.

보통은 모두들 기를 쓰고 피하고자 하는 고통이라는 것이 이런 값진 것이라면, 고통에 대해서도 좀 긍정적으로 생각해 볼 일이다. 먼저 생각해 볼 것이 에피쿠로스 같은 고대 그리스의 쾌락주의자들이 이미 설파했듯, 육체적 쾌락에는 시간적으로 앞서거나 뒤따르거나 간에 반드시 육체적 고통이 동반한다는 것을 상기해야 할 것이다. 뜨거운 갈증의 고통 없이는 청량음료도 우리에게 별다른 쾌락을 선사하지 못한다는 사실, 마약이 주는 쾌감이 심할 경우 금단증세(禁斷症勢) 같은 신체적 고통을 야기한다는 사실 등에 비추어 보면, 이는 과히 틀림이 없는 말이다. 그러고 보면 육체적 쾌락에 관한 한 고통은 조금도 받지 않고 순전히 쾌락만을 만끽한다는 것은 처음부터 불가능한 일이다. 쾌락을 얻고자 한다면 어느 정도의 고통은 불가피하다는 말이다. (물론 정신적인 쾌락과 고통에 대해서는 이렇게 말할 수 없을 것이다. 감미로운 음악을 들으면서 아무런 심적 고통 없이 즐거움만을 느낄 수 있는 일이니까.)

그런데 나는 육체적 쾌락과 연관되지 않는 순전한 육체적 고통에 대해 오히려 더 관심을 갖는다. 이런 고통이 바로 우리를 견고하게 해주고 우리를 정화시켜 주는 고통이 아닐까 싶어서다. 그저 고통일 뿐인 그런 육체적 고통이라면 누구라도 굳이 감수하려고 하지 않을 것이다. 그러나 이런 고통이야말로 정신의 힘을 강화시켜 주고 정신적 활동의 수위를 높여주는 것이 아닐까 생각해 본다. "젊어서 고생은 사서 한다"는 말의 참뜻은 정신적인 고통을 많이 겪어보라는 말이 아니라, 육체적 고통을 피하지 말고 그것을 이겨내 보라는 권유에 있다고 본다.

사실 정신적 고통은 우리의 정신을 병들게 하기 쉽다. 어린 시절 가정적인 이유 등으로 심적 고통에 시달린 사람은 건전한 성품을 잃기 쉽다. 그러나 육체적 고통은 그것이 정신적 고통으로 전이(轉移)되지 않는 한, 그 자체가 정신을 병들게 하지는 않는다. 육체적인 고통에 대한 경험은 다른 육체적인 고통에 대한 저항력을 키워준다. 일종의 면역체계가 형성된다는 것이다. 신라의 화랑들이 무예를 익히며 마음을 다진 것은 바로 그 신체적 훈련과정에서 이 육체적 고통에 친숙해짐으로써 정서적 안정과 의지적 견고를 도모한 것에 다름 아니라고 본다. 동물행태학자로서 기술문명에 매몰된 현대인의 대죄(大罪)를 역설한 콘라드 로렌츠는 의학적인 마취기술의 발달이 현대인을 정신적으로 무력하게 만들었다는 점을 지적한다. 비스마르크 시절의 외과적 수술 방법을 오늘날 그대로 시술한다면 차라리 안락한 죽음을 택할 젊은이들도 많을 것이라고 진단하기도 하고, 오늘날 평범한 가정의 겨울 실내온도가 프러시아 제국 황궁 내의 실내온도보다도 높다는 사실을 환기시킨다.

신체적 단련이 정신을 다지는 무도(武道)가 되지 못하고 레저와 결합된 스포츠, 레포츠로 타락하는(?) 세태에서, 고통을 값어치 있는 생의 재산목록으로 삼으라는 선배의 말이 의미심장하게 여운으로 남는다. 고통 감수지수가 0에 가까운, 턱걸이 한 번밖에 못해도 사관학교에 입학하게 된 오늘의 젊은이들이여, 그대들이 정말 생애를 통해 정신적인 안락과 평안을 얻고자 한다면, 그대들은 무엇보다도 육체적인 고통을 이겨내는 훈련을 평소에 애써 많이 해야 할 것이다.

〈생활 속의 철학, 2005〉

유리, 세계 확장의 열쇠
— 기술과 철학의 연계에 관한 한 단상 —

대개 문과(文科) 공부를 한 사람들은 물질적인 생활의 속내에 대해 좀 어둡고, 지식 면에서도 도구의 발명이나 기술의 발전에 대해서는 상식적인 선을 넘어서서는 잘 알지도 못하는 것이 보통이다. 그래서 그런지 그 중요성이나 문화적 파급력 같은 것에 대해 별로 관심이 없고 또 그런 것을 다소 경시하는 경향마저 있다. 젊어서부터 철학 공부를 한답시고 해온 나도 크게 예외는 아니어서 그저 그런 사람 중의 하나였다.

대학 시절 〈문화철학〉이라는 강의시간에 기술의 연원이나 속성에 대해 들은 적이 없는 것은 아니었지만, 문화철학적인 추상적 이론이 강의 내용이어서 지금 기억에 남아 있는 것은 철학적 이론과 연관되는 것 한두 가지뿐이다. 그러던 내게 실로 '개안(開眼)'의 기회가 찾아왔는데, 바로 10년 전 연구년을 얻어 미국의 브라운 대학에 객원교수로 1년간 머물던 때였다. 그렇다고 내가 거기서 무슨 공과대학 강의를 듣거나 전문연구를 하거나 하는 학술적 활동을 통해서 그랬던 것도 아니다.

어느 날 우연히 그 대학에 재직 중인 한국계 미국인 교수 한 분이 친분 있는 과학자 몇 분을 초대하는데 같은 한국인이라는 인연으로 나도 거기 끼어 그분 댁을 방문했을 때였다. 좌중이 모두 교수들인지라 자연히 대학 얘기를 하게 됐고, 그러던 중 그분이 마침 공학입문 강의내용에 대해 얘길 꺼냈는데, 공학도들에게 공학 공부의 즐거움을 깨우치게 하기 위해 강의내용을 이런저런 것으로 구성한다는 얘기를 하게 되었다. 좌중의 다른 분들은 그저 그러냐고, 요즘 학생들에게는 그런 동기부여까지 해야 하니까 교수가 더 힘들다고, 그런 반응이었는데, 문외한인 나로서는 눈이 번쩍 뜨이고 귀가 뻥 뚫리는 내용이었다.

그분 자신은 기계공학자였는데, 철학도인 내가 할 수 있는 것보다도 훨씬 더 철학적 함의가 깊은 내용으로 강의안을 구성하고 있었던 것이다. 어느 학기는 '활(弓)'을 주제로 하고 어느 학기는 '바퀴(輪)'를 주제로 하고, 어느 학기는 '유리'를 주제로 한다는 것이었는데, 호기심과 흥미와 놀라움을 더해 가던 나는 이 마지막 주제에 관한 얘기를 듣고선 정말 '경탄(驚歎+敬歎)'을 하고 말았다. 아직도 기억에 남아 있는 그분의 얘기다.

이야기 하나. 인류의 역사가 시작된 이래 크고 작은 전쟁은 끊이지 않았다. 전쟁의 승패는 무기의 파괴력, 살상력에 크게 의존한다. 무기도 원시적인 것에서부터 발전을 거듭해 왔지만, 가장 오랜 기간 광범하게 활용되었던 무기는 활이다. 활은, 적어도 총이 등장하기 전까지는, 공간적 제약을 가장 크게 극복하여 멀리까지 공격력을 발휘할 수 있었던 무기였다. 활의 이러한 공격력을 좌우하는 것은 화살의 날렵함과 예리함보다도 근본적으로는 활 자체의 투사력(投射力)이다. 활을 어떤 재료로 어떤 크기로 어떤 모양으로 만드느냐에 따라 이 투사력이 결정되는데, 이것이 모두 기본적으로 '역학을 토대로 한 기계공학적 사고'의 수준에 의존하는 것이다. (고구려인들의 활이 굉장히 우수했는데, 그 이유 중 하나는 이미 그 선조들은 활을 아래 위 두 군데서 굴곡을 만듦으로써 화살을 밀어내는 가운데 부분으로 모아지는 탄력을 배가시키는 '기계공학적' 지혜를 갖고 있었기 때문이다. 이 점에 있어 '동이(東夷)'의 활은 그런 굴곡이 없는 윌리엄 텔이나 로빈 후드의 활보다 훨씬 더 우수했다.) 그래서 기계공학은 … 결국 인류의 역사를 움직여온 힘의 원천이다. 자, 기계공학 공부를 열심히 하자! ― 이 정도 얘기를 듣고도 기계공학에 흥미를 느끼지 않을 대학생이 있을까?

이야기 둘. 이스터 섬에 살던 사람들이 '바퀴'라는 물건을 알았더라면, 그 종족이 그렇게 멸종을 하여 역사의 뒤안길로 사라지진 않았을 거다. 그들은 엄청나게 크고 무거운 돌을 운반하기 위해 여러 개의 통나무를 바닥에 깔아놓는 방법을 '꾀'라고 생각해 냈는데, 그러다 보니 경쟁적으로 조금이라도 더 큰 석상(石像)을 만들어 부족의 권위를 세우고자 결국은 숲이 남아나지 않을 때까지 나무를 베어 통나무를 구했던 것이다. 섬 안에 숲이 없어지고 마니, 동식물의 생태계가 깨어졌을 뿐 아니라 수자원이 고갈되고 기상(氣象)도 변해, 결국 농경이 피폐해지고 인구가 줄다가 급기야는 멸종하고 만 거다. 자, 바퀴 달린 수레나 탈것이 없었더라면 인류의 문화사는 아직도 원시상태에 머물러 있을 것이다. 자동차 공학은 인류의 문화사가 '바퀴 타고' 비약하는 걸 가능케 하는 학문이다. ― 여기까지만 해도 덜 철학적이다. 그 다음 얘기가 정말 놀라운 것이다. 이 얘기를 들으면, 공학을 하려던 학생이 철학으로 진로를 바꿀지도 모를 일이다.

이야기 셋. 유리로 그릇 따위를 만들어 쓰는 일은 고대 이집트 시대부터 있었다고 하지만, 그것이 사물을 일그러진 모양으로, 즉 크게 혹은 작게 바뀌 보이게 하는 기능이 있다는 것을 알고 이를 활용할 생각을 한 것은 르네상스 시대 이후다. 무역선이, 아니 해적선이 수평선 위로 모습을 드러내면 항구의 장사꾼들은 그 배에 어떤 물건들이 있는지를 알아내기 위해 높은 언덕 위나 건물, 혹은 망루 위에 올라 실눈을 하고 배가 다가오는 것을 응시하는데, 그 이유인즉 배에 실려오는 물건을 짐작해 그에 걸맞은 장사판을 벌이기 위해서다. 이때 이 수요를 충족시키기 위해 등장한 기이한 물건이 있으니, 그것이 바로 요새 우리가 망원경이라고 부르는 것이다. 유리가 사물을 크게 부풀려 보이게 하는 수도 있다는 것을 안 사람들이 이를 정교하게 가공해 '멀리보개(telescope)'를 개발한 것이다. 장삿속으로 개발한 이 '멀리보개'가 마침내는 우리에게 밤하늘의 먼 별을 가까이 보게 함으로써 점성술(horoscopy, astrology)을 천문학(astronomy)으로 발전시켰다. 어찌 여기서 멈추었겠는가? 사물을 크게 보이게 하는 유리의 이 이상한 성질을 이용해 작은 사물의 내부를 크게 확대시켜 들여다 보는 꾀도 낸 것이다. 현미경(microsocope)이 바로 그것이다. 이 유리 덕분에 미시세계와 거시세계가 동시에 인간에게 또 다른 체험공간으로 떠오르게 된 것이다. 정말이지 현미경이 열어 보인 미시세계가 아니었다면, 또 망원경이 보여주는 거시세계가 아니었다면, 현

348

대문명이 있을 수 있었을까?

이 셋째 얘기가 철학적인 것은 그것이 우리의 세계경험과 관련되는 것
이요. 그것도 현대문명의 특징 중 하나인 '세계확장'의 핵심을 건드리는
것이기 때문이다. 세계란 우리의 주관성 바깥에 우리와는 상관없이 그
자체로 주어져 있는 고정된 사물의 총합이 아니라, 감각과 사유로 이루
어지는 우리의 경험양식이 구성해 내는 것이다. 철학자 비트겐슈타인은
"세계는 사물(things)의 총합이 아니라 사실(facts)의 총화"라고 말한
다. 사물이 전자라면 사실은 후자다. 우리의 감각적 지각과 이성적 사유
가 구성해 내는 세계가 우리가 사는 세계다. 그 세계는 확장될 수도 축소
될 수도, 또 변양될 수도 있다. 기술이 앞서가며 세계를 확장시킨다면,
철학은 뒤따라가며 그 확장된 세계의 의미를 새기는 일을 한다. 기술의
문화적 파장을 철학적으로 성찰해 보는 일이 중요한 것은 이 때문이다.

사람들은, 특히 문과생들은 철학이 과학을 정초하고 과학은 기술을 정
초하고 기술은 생활을 뒷받침한다고 생각한다. 이론적으로는 그럴 것이
다. 그러나 구체적인 일상생활사를 돌아보면 그 순서가 정반대일 수도
있다는 것을 알 수 있다. 기술의 현실적 역량을 아는 것은 기술의 문화적
의의를 철학적으로 이해하기 위해 선행되어야 할 일이다.

〈한기대, 2008〉

철학이론들의 틈새에서

■ 관념론은 이론으로서는 실재론을 이길 공산이 크다. 그러나 관념론을 토대로 하는 실천이 실재론을 토대로 하는 실천을 이기긴 어렵다. 이론이란 그 자체 관념이요, 실천은 언제나 실재와의 만남에서 이루어지기 때문이다. 만일 관념론에서 출발하는 실천이 실재론에서 출발하는 실천을 이겼다면, 그 승리는 관념론이 우매한 민중을 기만함으로써 가능했던 일시적인 것일 가능성이 크다. 실재밖에 모르는 우매한 민중에게 관념을 실재인 것처럼 보이게 하는 일은 그리 어려운 일이 아니기 때문이다. 그러나 우매한 민중은 결국 실재밖에 모르기 때문에 실재인 줄 알고 기댔던 관념이 그들을 받쳐주지 못하면 길게 생각할 것 없이 그 자리를 떠난다. 경우에 따라 그들이 기만당했다는 사실을 모를 수도 있으나, 결국 관념론에서 출발한 실천이 실재론에서 출발한 실천에게 패배하고 마는 데에는 이것이 아무런 변수도 되지 못한다.

■ 존재론은 죽음을 거부하는 데서부터 출발한다. 아니 좀 더 솔직히 말하자면 죽음에 대한 공포에서부터 출발한다. 죽음을 담담하게 받아들일 수 있다면, 다시 말해 삶과 죽음의 차이를 대단한 것으로 생각하지 않는다면, 존재의 물음이 많은 형이상학적인 물음들 가운데서 으뜸가는 것으로, 더욱이 이 많은 물음들의 기초에 놓이는 것으로 여겨지지는 않을 것이다. 나 자신의 삶과 죽음이, 즉 나의 있고 없음이 서로 크게 다를 바 없는 것으로 생각되는 바에야 다른 사물들의 있고 없음이 뭐 그리 중차대한 근본문제이겠으며, 더욱이 그 사물들의 무엇이고 아님은 뭐 그리 대단한 문제이겠는가. 존재론에 머무는 사람은 철학적으로 죽음을 맞이할 수 없다.

■ 제아무리 숭고하고 원대한 이상인(理想人)의 이념이라 하더라도 그것이 민족공동체, 국가공동체, 신앙공동체의 경계를 넘어 보편적으로 수용되고 실현되는 것을 우리는 본 적이 없다. 이것도 종국적으로는 인간의 시간적, 공간적 유한성에로 환원될지 모르겠지만, 아무튼 이것이 인간의 사회성의 한계라면, 우리는 오히려 '보편성'이라는 이름의 사술(詐術)에 넘어가지 않도록 경계해야 한다. 보편적인 것이라고 주창되는 이념이란 대개의 경우 강자의 권익에 봉사하는 논리로 무장되어 있기 때문이다.

■ 가장 숭고한 사랑은 정신적 사랑일지 모른다. 그러나 그렇다 해도 그것을 지켜내는 것은 우리의 육체다. 육체의 순결이 정신의 순결을 보장해 주지는 못하겠지만, 육체의 순결에 의거하지 않고 어디에 가서 정

신의 순결을 확인할 수 있을 것인가.

'진정한' 사랑에 대해 사람들이 보통 갖고 있는 생각은 좀 혼란스럽다. 사람들은 보통 참된 사랑이란 이른바 플라톤적인 정신적 사랑이라고 생각한다. 그러면서도 그들은 어떤 연유에서든 신체적인 결합이 허용되지 않는 사랑을 '이루어지지 않은' 사랑이라고 말한다. 사랑의 행위가 가능한 모든 신체적 접촉을 통해, 그것도 지속적으로 이루어지지 못한다면, 그런 사랑은 정신적으로 아무리 깊이 있는 것이라 해도 아직 다 이루어지지 않은, 온전치 못한 사랑이라는 것이다. 그렇다면 온전치 못하면서도 참되고 바른, 즉 진정한 사랑이 있을 수 있단 말인가.

신체적 접촉은 그것 하나만으로는 사랑의 한 요건조차 될 수 없으나, 이것 없이는 사랑이 완성될 수 없는, 사랑의 최종적 요건이다.

■ 사물의 인식을 위해서는 다섯 가지 감각 중에서 시각이 최상의 것이겠지만, 생명과의 교감을 위해서는 촉각이 그 자리를 차지한다. 새 생명이 탄생할 때 그가 최초로 경험하는 것은 어미와의 '전신(全身)' 접촉을 박탈당하는 것이다. 개체로서 자립한 새 생명체에게 가장 절실하게 요구되는 것은 바로 이 접촉의 복원이요, 따라서 생명의 약동이나 이에 결합되어 있는 유사한 내면의 흐름을 감지하기 위해서는 저 본원적 접촉을 일깨워줄 에너지로 충일된 촉감이 필요하다. 죽은 사물의 표피를 인식하기 위해서는 오히려 이것이 방해가 되겠지만 말이다. 그래서 이를테면 신체적 접촉이 없는 사랑이란 그저 사랑의 인식이지 사랑함 그 자체가 아니기 쉽다.

■ 상상력은 모든 창조의 원천으로서 칭송받아 마땅한 것이다. 그러나 상상의 세계가 있는 그대로의 현실과는 다르다는 사실에 힘입어 상상력에 대한 칭송이 현실의 왜곡을 은폐시키는 데 동원되는 수도 있다. 상상력이 모자라는 사람일수록 상상력에 대한 칭송을 아끼지 않는 것이 보통인데, 그렇기 때문에 이들은 교활하게 왜곡된 현실을 상상의 세계와 구별하지 못한 채 기만당하기 쉽다. 상상력이 모자라는 사람들은 안타깝게도 상상력을 칭송함으로써 그들이 상상력이 모자란다는 사실을 시인하지 않으려 한다. 또는 그 사실을 감출 수 있다고 생각한다.

■ 칠흑 같은 어두움도 아니고 대낮 같은 밝음도 아닌 그 중간쯤 되는 여명이나 황혼에 예술은 존재한다. 예술 가운데서도 청각예술은 어두움 쪽에 더 가까이 다가서 있고 시각예술은 밝음 쪽에 더 가까이 다가서 있다. 그리고, 굳이 말하자면, 칠흑같은 어두움 속에 갇혔을 때 우리는 종교의 영지(領地) 안으로 들어서게 되며, 어떻게든 밝은 대낮으로 나오려는 사람은 학문의 길을 간다. 철학은 어느 곳에서든 그곳의 어두움 혹은 밝음에 맞는 그만큼의 시력을 갖고 방황한다.

■ 모든 이론(理論)은 내실에 있어서는 이론적(二論的)이다. 그 이론성(二論性)을 그저 차별성으로 볼 것인가, 아니면 모순으로 볼 것인가 하는 문제는 부차적인 것이다. 따라서 어떤 이론을 외양 그대로, 그저 곧이곧대로 그 일관성만을 좇아 따른다면 우리의 실천적 행동은 불구가 될 것임에 틀림없다.

■ 역사학자가 역사가가 되는 데는 큰 무리가 없다. 그러나 철학자가 철인이 되는 일은 거의 불가능할 만큼 어렵다. 우선 이론적 탐구에 있어서만 보더라도, 역사학자의 탐구는 문헌이나 유물 등 이른바 사료(史料)의 탐구에서 완수되는 데 반해, 철학자의 탐구는 인간과 세계라는 현실 전체를 자료로 삼을 때 비로소 수행될 수 있기 때문이다. 철학자가 철인이 되기 어려운 더 큰 이유는 물론 그가 이론에 있어서 뿐만 아니라 실천에 있어서도 '철학적'이어야 한다는 데에 있다.

■ 인간이 그의 삶 가운데서 타자와 맺는 관계는 사랑의 관계이거나 아니면 싸움의 관계다. 그 타자가 사물이 아니라 다른 인간일 때, 이 두 가지 관계의 대비는 더욱 극명해진다. 그래서 사랑의 관계도 싸움의 관계도 아닌 중성적 관계가 자리 잡을 수 있는 공간이 인간관계에 있어서는 참으로 좁다. 대개의 경우 인간은 지극히 제한된 소수의 다른 사람과 사랑의 관계를 맺고 그것을 유지하기 위하여 그 밖의 대다수의 사람들과 격렬한 싸움의 관계를 갖는 것을 불가피한 것으로 받아들인다.

그러나 싸움의 관계가 사랑의 관계로 바뀌어 가능한 한 싸움의 관계는 적어지고 사랑의 관계가 많아질 것을 누구나가 내심으로 갈망하고 있는 것 또한 사실이다. 싸움의 관계는 사라지고 사랑의 관계만 남게 되는 것이 말하자면 인간의 사회적 이상이다. 따라서 언제 누구와도 사랑을 나눌 마음의 준비를 하고 있는 사람이 이상주의자라면, 현실주의자란 언제 누구와도 싸울 준비가 되어 있는 사람일 것이다.

사랑하려고 했던 사람과 싸우려고 했던 사람 사이에 막상 싸움이 벌어진다면 싸울 준비를 했던 사람이 싸움에서 이길 것은 정한 이치다. 사랑

하는 사람, 사랑을 찾는 사람이 사랑하지 않는 사람, 사랑을 단념한 사람
으로부터 늘 상처받고 괴로워하게 되는 이유가 여기에 있다. 또, 현실주
의자가 언제나 이상주의자를 제압하는 이유가 여기에 있고, 도덕적 이상
이 정치적 권력에 의해 번번히 유린당하는 이유가 여기에 있다.

■ 그 어떤 윤리적 덕목도 용기라는 덕과 결합되지 않으면 우리의 실
천적 행위와는 무관한 말로만의 덕목을 넘어서지 못한다. 굳이 용기 없
이도 수행할 수 있는 행위라면 그것은 특별히 어떤 다른 윤리적인 덕을
필요로 하는 행위도 아니요, 결국 윤리적으로 유별나게 칭찬받을 만하다
고 볼 수 없는 행위다.

유교윤리의 집약이라 할 수 있는 사단(四端: 仁義禮智)에, 또 오상(五
常: 仁義禮智信)에도, 용기의 덕목이 들어 있지 않은 것은 유교윤리의 토
대및 한계를 함축하는 중요한 단초일 수 있다. (유교윤리는 바람직한 행
위를 생각해 냄에 있어, 항상 그 행위가 벌어지는 '상황'이나 그 행위에
의해 처리될 '사태'보다는 그에 앞서 그 행위에 관련되는 다른 '사람'을
염두에 두고 있으며, 그것도 도덕적으로 행위하려고 애쓰는 선의의 다른
'사람'을 염두에 두고 있다. 이런 점에서 유교윤리는 고도의 휴머니즘에
입각한 윤리다. 그런데 바로 여기에 유교윤리는 그 약점을 안고 있다. 즉
덕화(德化)되기를 거부하는 거친 '싸움꾼'들을 냉엄하게 다스릴 수 있는
도덕적 이념의 기초를 결여하고 있다는 것이다.)

■ 정직한 사람과 부정직한 사람이 싸운다면 부정직한 사람이 이기는
것은 당연하다. 정직하다는 것은 자신을 드러내 개활지(開豁地)에 선다

는 것이요, 부정직하다는 것은 숲 속에 자신의 몸을 숨긴다는 것이기 때문이다. 싸우러 나가는 사람에게 정직하라고 이르는 것은 곧 지고 돌아오라는 말이다. 정직이 최선의 방책이라는 말은 따라서 사랑의 공동체를 전제하지 않는 한 타당치 않은 말이다. 아니 적진을 교란시키려는 기만적 발언일 수도 있다.

■ 이른바 가치 있는 사물들은 그 자체 가치가 있어서 사람들이 그것을 원하는가, 아니면 사람들이 원하니까 가치 있는 것이 되는가? 닭이 먼저냐 달걀이 먼저냐 하는 이 물음을 온당하게 처리할 수 있기 위해선 먼저 그 순환구조로부터 빠져나오는 것이 긴요하다. 그래서 차라리 우리는, 두 입장 중 어느 입장에 설 때 우리의 행위가 윤리적으로 더 바람직한 것이 될지를 생각하는 편이 나을 것이다. 이른바 주관독립적인 가치 자체의 실재를 믿는(the realistic theory of value) 사람들은 적어도 절대적인 것이라고 여기고 싶은 '가치의 왕국' 앞에서 경건한 마음으로 자신을 낮추게 되기 쉬울 것이고, 가치란 이른바 주관적인 욕구나 이해관계가 기초가 되어 성립되는 상대적인 것이라고 생각하는(the interest theory of value) 사람들은 아무래도 암암리에 자신의 이해관계를 염두에 두고 자신의 입장을 정당화시키려는 경향을 갖기 쉬울 것이다. 민족이니 진리니 역사니 하는 사이비 절대적 가치의 이름으로 민중을 억압하려는 전제주의의 위협이 더 이상 존재하지 않는다면, 그래서 공동체의 성원 각자가 더 이상 기만적 억압에 항거하는 일보다는 참여의 자세로 자신을 보태어 민주적 공동체의 복구에 힘쓰는 일이 중요하다면, '가치'의 존재론적 성격에 대해서도 재고해 보아야 할 것이다.

■ 이상을 향해서는 가슴을 열어놓으라. 그리고 머리로는 현실을 투시하라. 이상을 향한 가슴과 현실을 보는 머리가 그대 속에서 양립하기 어렵다고 생각되거든 이상을 향한 가슴을 잃지 않으려고 노력하라. 그대의 머리는 그대가 원하든 원치 않든 현실에 불려나가 혹사당할 터이니.

〈철학과 현실〉

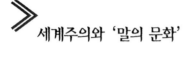

세계주의와 '말의 문화'

하나의 세계

"서울은 세계로" 뻗어나가고 "세계는 서울로" 모여든다고 모두들 흥분도 하고 법석을 떨었던 우리다. "세계 속의 한국"이라는 우렁찬 슬로건과 함께 한반도로부터 전 세계 각처로 힘차게 뻗어나가는 여러 줄기의 화살표들이 화면을 가득 메우는 영상 앞에서 우리는 '세계인'으로서의 자부심을 갖기도 했다. 아니 적어도 그런 자부심을 갖고 싶은 심정이었다.

'지구가족'이라는 말이 생겨날 만큼 인류가 이제는 '하나의 세계' 속에 살고 있다는 세계주의적 인식이, 또 그 '하나의 세계'라는 국제적 무대에 함께 서지 않고선 우리끼리의 생존마저도 위태롭게 되리라는 세계사적인 압력이 우리에게 그런 새로운 몸가짐을 요청해 왔던 것 이다. 사실 교통과 통신의 발달이 지구촌 전체를 동시적 체험권으로 만든 현대에 살면서 '세계'와 '세계사'를 우리의 현실로 받아들이는 것은 당연한 일이요, 이는 우리가 그저 '세계인'이 되기 위해서가 아니라 오히려 한국인으로 남기 위해서도 요구되는 것이다.

그런데 우리는 과연 얼마나 이 '하나의 세계' 속에서 세계주의의 흐름을 타고 살아갈 자세를 갖추고 있는가? 세계주의적 방식의 요체는 무엇이며, 우리는 그것을 얼마나 터득하고 있는가? 10년 내로 새로운 천년대가 열리는 이 세기말에 우리는 우리의 장래가 걸려 있는 세계주의에 대해 생각해 보지 않을 수 없다.

세계주의적 삶의 방식이라곤 했지만 현실적으로 그것이 서구의 문화에 바탕을 두는 것임을 우리는 부인할 수 없다. 아랍인과 중국인이 만난 자리라 하더라도 국제사회에서의 일반적인 통용어는 제3의 언어인 영어이듯이, 오늘날 '하나의 세계' 속에서 통용되는 삶의 방식이란 서구에서 유래하지만 서구인에만 국한되지 않는 서구적인 것이다. 서구문화의 본성에 생각이 미치는 것은 바로 이 때문이다.

충만의 문화, 여백의 문화

서구적인 삶의 방식은 어디에 그 기본을 두는가? 동양화와 서양화를 비교해 보자. 주제(主題), 제재(題材), 재료(材料) 등 여러 가지 점에서 동서양 회화는 물론 서로 다르다. 그러나 무엇보다도 그 일반적인 표현기법에 있어 서양화는 화폭을 남김 없이 채색한다는 점에서 화폭의 대부분을 공백으로 남겨둔 채 몇몇 개의 선(線)만으로 조형을 끝내는 동양화에 대해 본질적인 차이를 드러낸다.

여기서 우리는 먼저, 동양인이 그 삶을 자연에 크게 의탁한 채 자연의 순리를 존중하고 그것이 허용하는 범위 내에서 겸손하게 살고자 했다면,

서구인은 자연에 맞서, 아니 자연을 지배하며, 자신의 삶을 전적으로 자신의 의도적 활동을 통해서만 영위하려고 했다는 것을 읽을 수 있다. 인간 모두가 구하고자 하는 행복이란 것을 인간이 가지고 있는 욕구의 양에 반비례하고 그 욕구의 충족정도에 비례하는 함수관계로 단순화시켜 다음과 같은 공식을 만들어보자.

$$\text{행복} = f \, \frac{\text{욕구의 충족}}{\text{욕구}}$$

동양인이 금욕을 통해 자연과의 조화, 자연에의 순응을 꾀했다면 이는 위의 함수관계에서 분모를 축소시켜 행복을 극대화시키고자 했던 셈이요, 서구인이 자연의 지배와 활용을 통해 욕구의 충족을 꾀했다면 이는 저 함수관계에서 볼 때 분자를 확대시켜 행복을 극대화시키고자 했던 셈이다. 서구인의 이러한 삶의 태도는 근세 이래 그 획기적인 성과를 얻게 되는데, 산업혁명 이후 새로이 등장한 자본주의적 경제질서가 동서양을 막론한 현대의 세계 전체를 지배하게 된 것 이 그것이다. 더 많이 생산해서 더 많이 소비할 것을 지향하는 이 경제질서는 인간이 주체적으로 자신의 삶을 주도해 나가려는 적극적 태도에서 나온 당연한 결과다.

그런데 이 점에서 보자면 우리 한국인은 더 이상 전통적인 동양인이라고 보기 어려울 정도가 되었다. 황금마차를 탈 수만 있다면 그걸 몰고 지옥엔들 못 가겠냐는 것이 한국인의 경제적 성취욕구다. 드높은 성취욕구의 분출이 교육열, 투기열로 나타나 심각한 사회문제가 될 정도인 걸 보면, 욕구충족의 적극성에서만큼은 한국인이 서구인에 뒤진다고 볼 수 없을 것이다.

인간의 능동적 활동을 자제하고 자연이나 전통 등 이미 주어진 세계로 하여금 그 여백을 채우도록 한다는 점에서 동양문화를 '여백(餘白)의 문화'라 하고, 역사를 다시 일구어내고 자연을 탐구, 지배함으로써 삶의 전 영역을 철저히 인간의 활동으로 충만시키려는 서구의 문화를 '충만(充滿)의 문화'라 불러보자. 우리 한국인은 ― 그 장단점은 별개의 문제이겠지만 ― 이미 '여백의 문화'를 버리고 '충만의 문화'를 받아들인 셈이요, 세계주의의 삶의 방식이 이 '충만'의 전략을 요구하는 것이라면 우리도 그것에는 태세가 갖추어진 셈이다.

말의 문화, 침묵의 문화

동서양의 회화에서 우리는 또한 동서양 사람들의 사유의 특성을 엿보게 된다. 화폭 전체를 남김 없이 채색해 나아가듯, 서구인은 사고의 영역도 그렇게 채워 나아간다. 하나씩 하나씩 따져 이유를 밝히며 설명해 나아간다. 추론적이다. 이에 비해 동양인은 몇몇의 선만으로 화폭 전체를 조형해 버리듯이, 사고의 영역도 그렇게 직관적으로 처리한다. 한두 마디의 상징을 징검다리로 삼아 사고의 내를 건너뛰지, 냇물을 일일이 훑어 나아가지 않는다. 생략하고 비약하는 가운데 직감적으로 사물의 핵심을 포착해 내려 한다.

이렇듯 대조적인 사유의 특성은 각기 의사소통방식의 특성으로 이어지고 '말'에 대한 입장의 차이에로 이어진다.

서양 사람은 말이 많다. 말을 잘하기도 하려니와 또한 말하기를 좋아한다. 구미(歐美)를 여행해 본 사람이면 그들이 어울리기만 하면 잠시도 쉬지 않고 지껄여대는 것을 경험했을 것이다. 할 말이 없는 사람은 생각도 없다는 식이다. 추론적인 절차를 통해서라야 사고의 진전을 꾀할 수 있는 사람에겐 의사소통에 있어서도 하나에서 열까지를 차근차근 짚어 보여야 뜻이 전해질 것이기 때문에, 이 모든 과정을 말에 담을 수밖에 없을 것이다.

이에 비해 동양 사람은 말이 없다. 아니 말하기를 꺼린다. 말이 많으면 경박스러워 보여 신뢰를 얻지 못한다. 정말 생각이 깊은 사람은 말이 없다고 믿는다. 직관적인 사고가 차라리 더 쉬운 사람에겐 이심전심(以心傳心) 눈으로 뜻을 전하고 알아들을 뿐, 꼭 필요한 몇 마디 징검다리의 말 외엔 군더더기가 아니면 속뜻을 감추려는 위장으로 여겨질 뿐이다. 가히 서양문화는 '말의 문화'요, 동양문화는 '침묵의 문화'라 하겠다.

이렇게 말하고 보니 '말'보다는 '침묵'이 더 좋은 것으로 여겨질 듯싶다. 그러나 문제는 여기에 있다. '말의 문화'와 '침묵의 문화'를 그저 중립적으로 대조한다고 하면서도 필자자신 은연중 말보다는 침묵을 좋게 보고 높이 치는 성향을 드러내고 만 것이다. 결론부터 말하자면, 세계주의적 삶의 방식은 우리에게 '말의 문화'에 익숙해질 것을 요구하는데, 필자를 포함한 우리 한국인은 생각과 말에 관한 한 아직도 '침묵의 문화'에 친숙한 동양인이라는 것이다.

자, 그렇다면 세계주의적인 삶은 '말'의 어떤 힘 때문에 우리에게 '말의 문화'를 요구하는가? 그리고 우리는 어떤 연유로 그것에 익숙지 못하며, 그것에 친숙해지려면 어떻게 해야 하는가?

말과 사회구조

자연에의 순응, 자연과의 조화에서 삶의 이상적인 모습을 찾았던 동양인에겐 처음부터 '말'이 크게 중요치 않았을 것이다. 본래 말이란 인간과 자연의 관계에서 생기는 것이 아니라 인간과 인간 사이에서 생기는 것이기 때문이다. 인간이 자연에 교섭을 하려 해도 자연은 인간에게 말로써 응답해 오지 않는다. 자연은 말없이 거기 있을 뿐이다. 사람끼리의 말은 오히려 그것과의 합일을 흐트러뜨리는 장애가 될 것이다.

그러나 동양인이 말을 꺼렸던 더 중요한 이유는 그들의 사회생활의 구조에서 찾아져야 할 것이다.

말이란 본래 혼자 하는 것이 아니다. 즉 말의 원초는 대화다. 대화란 그것을 주고받는 상대끼리의 '의미협약'을 전제로 하는 것이요, 말의 이 협약적 성격은 곧 말하는 이들 상호간의 대등한 관계를 합의하는 것이다. 즉 말이란 내가 나 아닌 낯선 타아(他我)를 나와 똑같은 평등한 인간 관계를 갖는 정치 사회적 환경 속에서 우대받고 또 발달도 한다.

그런데 동양에서의 정치 사회적 환경은 어떠했었나? 농경사회였던 동양사회에서는 서로가 대등한 낯선 타인들로 구성되는 이른바 '공공적 시민사회'라는 것이 형성되지 않았었다. 안으로는 1차 집단으로서 수직적 구조의 혈연공동체가 개인에 앞서 자리 잡고 있었고, 밖으로는 이런 가족사회의 수직적 질서가 그대로 고착된 정치적 지배구조인 국가가 있을 뿐이었다. 가족과 국가 사이에 '개인'들로 구성된 수평적 질서의 공공 사회가 존재하지 않았던 것 이다.

가족이란 혈연과 정의(情意)라는 삶의 원초적 요소가 지배하는 곳으로, 여기서는 직감적인 정조(情調) 속에서 마음과 뜻이 통하게 마련이어서 굳이 말이 필요 없었던 것이요, 국가 사회에서는 그 수직적 지배구조 때문에 대등한 입장에서의 '말'이 위에서는 불필요했고 아래에서는 위험한 것이었기 때문에 기피되었던 것이다.

말의 힘

그런데 사회생활이란 처음부터 갈등과 분쟁을 동반하는 것이요 이의 해결을 요구하는 것이다. '말의 문화' 속에서 갖는 '말의 힘'에 대해 우리가 관심을 갖는 것도 바로 이 요구와 연관해서다.

혈연적인 가족사회에서 갈등을 해소하는 실체는 사랑의 감정이다. 그리고 수직적 지배구조의 국가 사회에서 그 역할을 하는 것은 궁극적으로 물리적인 힘이다. 그러나 과연 이 두 가지 방도로써 인간의 사회적 갈등은 다 해소되는가? 사랑의 감정은 인간적 친근관계가 있는 좁은 영역에서만 가능할 것이요, 힘에 의한 방법은 길게 보면 갈등의 확대재생산을 야기할 것이다.

사회생활의 영역이 넓어져 수많은 낯선 사람과 함께 살아야 하고, 또 그 많은 사람들이 모두 동등한 인권에 대한 인식을 갖는 '깨어 있는 자아'들일 때, 사랑이나 힘에 의한 갈등해소의 노력은 무력하게 된다. 여기에 요구되는 또 하나의 방도가 바로 '말'에 의한 것이다. 말은 감정과는 다른 이성적 사고와 연결된다는 점에서 합리성을 가지며, 대등한 상대끼리의 협약에 바탕을 둔다는 점에서 보편성을 지닌다. 따라서 친애의 감정이나 물리적인 힘만으로는 분쟁을 조정할 수 없는, 대등한 낯선 자아들로 구성되는 공공사회(公共社會)가 성립하는 곳에서는 합리성과 보편성을 갖는 '말'만이 가장 바람직한 갈등해소의 길이 되는 것이다.

일찍부터 해외교역을 통해 낯선 사람들과 접했고 경제적인 자립능력을 토대로 권리의식에 깨어 있던 그리스의 '시민'들에게 '말'이 분쟁해결의 바람직한 도구로 등장했던 것은 이러한 이유에서였을 것이다. '말'로써 문제를 해결하려는 그리스인들의 이 태도는 바로 근본적으로 민주주의를 가능케 하는 '말의 문화'의 전통을 세운 것이다.

세계주의 시대의 사회의식

그런데 오늘 우리의 형편은 어떠한가? 우리의 사회의식 속에는 아직도 수평적인 공공(公共)의 시민사회가 정착되어 있지 못한 것 같다. 보통선거가 실시되는 공화정치체제가 자리 잡고 자유민주주의적 경제활동을 추진해 온 지 오래지만, 의식 속에선 아직도 정의(情誼)가 통하는 가족주의적 사회질서와 하향적 전횡이 통하는 국가주의적 사회질서의 유산이 청산되지 못한 것 같다. 오늘날 우리가 가족중심적인 생활을 하면서 그것을 벗어나면 곧바로 국가 차원의 정치에 지나친 관심을 가질 뿐, 지역, 직장, 단체 등 수평적 시민사회의 역할에 대해선 큰 기대를 걸지 않는 것도 이의 표출일 것이다.

도덕의 측면에서 보더라도 우리에겐 아직도 개인의 심정적 태도에 기초하는 개인도덕은 크게 작용하는 반면, 공공의 객관적 정의를 도모하는 사회적 윤리는 빈약하다. 친분이 있는 사람에겐 사리를 따지지 않으면서까지 우호적이면서도 낯선 사람에게는 일단 적대적 태도를 보이는 것이 우리가 아닌가? 우리의 사회의식에 아직도 이와 같은 전근대적 유산이 남아 있는 한, '말의 문화'는 여전히 우리에게 이질적인 것으로 느껴질 것이다.

그런데 과연 우리 앞에 펼쳐질 '세계주의'의 시대는 우리에게 무엇을 요구하는가? 친숙한 사람끼리 패거리를 지어 편을 가르는 심정주의적 폐쇄성을 허용하겠는가? 아니면 전횡적 지배권력으로 하여금 모든 사회문제를 힘으로 척결하도록 허용할 것인가? 아니 벌써 우리 사회의 산업화된 경제질서와 이를 바탕으로 한 국제교역의 수준은 '말이 필요 없는' 친숙한 혈연의 사회를 벗어난 지 오래요, 민중 속에 보편화된 자유와 평등의 인권의식은 '말길이 막힌' 억압의 사회를 허용치 않고 있다.

　전횡적 지배를 은폐하는 화려한 사술(詐術)의 말이 아닌, 진정 평등한 자아끼리 나누는 대화의 말이 무성할 때, 그리하여 참된 '말의 문화'가 감정이나 힘의 지배를 퇴색시키고 우리 사회에 친숙한 것으로 정착할 때, 우리 앞에 다가오는 세계주의의 시대는 '충만'에의 열성을 발산할 우리의 시대가 될 것이다.

〈무역, 1990. 2.〉

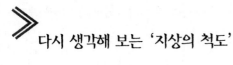

다시 생각해 보는 '지상의 척도'

1.

인간이 그 자연적인 본성에 있어 이기적인 존재임은 아무래도 부인하기 어려울 것 같다. 사람에 따라 상황에 따라 더러 예외도 있긴 하겠지만, 대개의 경우 사람들을 움직이게 하는 것은 무엇이 되었든 그들 자신에게 이익이 된다고 믿는 것이라고 생각된다. 사회적으로 요구되는 어떤 행동의 규범이 아무리 훌륭한 것이라 해도, 그것이 자신의 이익에 보탬이 되지 않고 오히려 손해를 가져오리라고 생각되면 그 규범에 따라 행동한다는 것은 그리 쉽지 않을 것이다. 반면에 어떤 행동이 자신의 이익에 큰 보탬이 될 것이 분명하다고 생각되면, 그것이 사회적 규범에 어긋나는 것임을 알면서도 여전히 그런 행동을 하려는 경향에 빠지는 것이 사실이다. 정부당국에서, 환경운동단체에서, 또 신문 방송에서 쓰레기를 줄이자고 그토록 당부하고 호소해도 별로 줄어들지 않던 쓰레기가, 쓰레기를 많이 버리면 많이 버리는 만큼 버리는 본인에게 그 비용을 물게 하는 '쓰레기 종량제'를 실시하니까 한 달 사이 서울 지역에서 40퍼센트나 줄어들었다니, 역시 이 문제에 있어서도 사람을 움직이게 한 것은 오염되는 자연환경에 대한 심려가 아니라 내 주머니에서 나가는 쓰레기봉투 값 아니었나 싶다.

2.

소자네 텃밭의 배추가 지주 나으리네 채마밭의 배추보다 속이 더 실하게 찬다는 말도 있지만, 사실 근본을 헤아려보면 동유럽의 공산주의 국가들에서 예외없이 모두 그 경제적, 사회적 체제가 붕괴된 것도 바로 이러한 인간의 자연적 본성을 과소평가한 데서 연유한 것이 아닌가 생각된다. 언제 어떻게 나에게 이익이 되어 돌아올지도 모를 일에 땀 흘리며 정진할 사람이 어디 있겠는가. 더구나 내 노력의 결실을 누군가가 실체도 없이 애매하기만 한 '당'과 '인민'의 이름으로 가로챘다는 사실을 알게 되었다면, 그런 사회체제가 계속 유지되기를 바랄 사람이 '당 간부' 말고서야 누가 있겠는가. 공동체의 성원들이 열심히 일하는 가운데 사람마다 잠재해 있는 자질과 능력이 유감없이 발휘되어 사회가 활기에 차고 날로 발전하게 되기 위해서는, 사람들에게 자신의 이익을 추구할 수 있는 가능성의 영역이 넓게 열려 있어야 하며, 이익추구를 위해 노력한 것에 대해 그 대가가 반드시 돌아가도록 사회적 장치가 마련되어 있어야 한다.

자기이익이라는 '인센티브'가 주어질 때 사람들은 자발적으로 일하게 되고 더 많은 이익을 얻기 위해 열심히 노력할 뿐만 아니라 창의적으로 새로운 것을 창출하기도 하거니와, 이러한 것들이 결집되고 축적되어 사회가 성장 발전한다는 것을 우리는 멀리 갈 것도 없이 바로 지난 20-30년 동안의 우리나라에서 확인할 수 있다. 이익추구라는 동기에서 나오는 자발성과 창의성이 사회발전의 활력이 됨은 이렇듯 부인할 수 없는 사실이다. 그렇다면 사회성원 각자의 이 이익추구의 활동은 성장과 발전의 이름 아래 아무런 제약도 받지 말아야 할 것인가?

3.

사정이 결코 그렇지만은 않다는 것을 우리는 그러한 기치 아래 근대화, 산업화의 길을 달려온 우리 사회가 안고 있는 여러 가지 혼란스러운 갈등 속에서 너무도 절실히 읽어낼 수 있다. 사회성원의 자유로운 이익추구를 보장하는 자유민주주의 체제의 국가들이 끊임없이 '복지'의 이름으로 자유를 제한하는 다양한 요소들을 법적, 제도적 장치 속에 수용해 온 것도 근본적으로는 자유방임으로부터 유래하는 사회적 갈등과 혼란을 완화시키고 극소화하려는 자기규제의 노력으로 이해되어야 할 것이다. 어떤 체제의 사회에서든 근본에 있어서는 마찬가지이겠지만, 특히 자유민주주의 사회에 있어서는 성원 각자가 추구하는 이익의 충돌을 어떻게 조정하느냐 하는 것이 국가운영의 기본적인 관건이 되는 것이요, 이는 결국 성원 각자의 이익추구를 어떻게 제한하느냐 하는 문제로 귀착하는 것이다. 그리고 여기서 우리가 필요로 하게 되는 것은 우리 모두에게 두루 적용될 수 있는 보편적 척도다.

4.

두 사람이 싸우고 있다. 말할 나위도 없이 이 두 사람의 이익이 서로 충돌하고 있기 때문이다. 두 사람은 각기 자기이익이라는 자신의 척도를 가지고 있는데, 이 두 척도 사이에는 공통의 눈금이 없다. 이럴 때 이 둘 사이의 싸움은 어떤 의미에서든 강자가 약자의 이익을 희생시킴으로써만 끝난다. 자연적인 야만상태에서의 싸움은 모두 이런 모습일 것이다. 그러나 문화적인 공동체에서의 싸움은 이런 모습으로 이렇게 끝날 수는 없다. 공동생활의 규범이라는 것이 있다. 이 규범은 누구에서나 적용되는 척도요, 누구나가 따라야 하는 척도다. 이 척도를 들고 누군가가 저 두 사람 사이에 개입해 들어가면, 그들은 더 이상 싸울 수도 없고, 싸울 필요도 없고, 싸워서도 안 된다. 이 공동의 척도가 허용하는 범위 안에서 그들은 자신의 이익을 추구할 것이기 때문이다. 누구나 할 것 없이 모두들 이 척도를 지니고 다닌다면, 우리는 모두 자신의 이익을 추구하면서도 처음부터 서로 싸우는 일이 없을 것이다. 우리가 자유롭게 능력껏 자신의 이익을 추구하여 활기찬 사회를 번영시키면서도, 서로 피 흘리며 싸우는 일 없고 싸움 끝에 억울하게 희생당하는 사람도 없는 평화로운 사회를 이끌어나가기 위해서는 이 공동의 눈금을 갖는 보편의 척도가 꼭 있어야 한다.

5.

자, 그렇다면 이 문제의 보편적 척도는 어디서 구해 올 것인가? 지상에 사는 사람이라면 너 나 할 것 없이 모두 지상의 이해관계에 얽혀 있을 터이니, 이 척도를 우리들 중에서 누군가가 만들어낸다는 것은 처음부터 틀린 일일까? 그렇다면 지상이 아닌 천상의 어느 곳에서 찾아와야 한단 말인가. 아닌 게 아니라 많은 종교인들은 오늘도 그렇게 믿고 있을 것이다. 이 척도의 보편성을 절대적으로 보장받기 위해서는 아마도 이해관계가 있을 수 없는 천상에서 그것을 찾아야 할지 모른다. 횔덜린은 "감미로운 푸른 하늘 속에…"라고 시작되는 긴 산문시에서 이렇게 노래하고 있다.

…
천상의 것은 항상 선하여…
덕과 기쁨을 지니고 있으니
인간은 이를 모방해도 좋으리
…
그것은 인간의 척도
…
지상에 척도가 있는가? 아니다, 지상에는 척도가 없다.
…

하지만 누가 천상에 올라가 그 척도를 가져올 것이며, 지상의 사람들이 천상의 척도에 새겨진 눈금을 어떻게 읽어낼 수 있단 말인가. 우리는 천상의 척도 그 자체를 부인할 수는 없다. 그러나 우리는 천상의 것이라고 제시된 척도에 결국은 지상의 사람들의 이익을 반영하는 눈금이 그려져 있는 경우를 너무나 많이 본다. 폭력배까지 동원하여 교세를 장악하려 했던 승려들도, 휴거를 주장하며 헌금을 요구했던 목회자도, 지상의 국권을 장악해 보려는 계획을 세웠다는 옴진리교도들도 결코 지상의 이익을 추구하노라는 말은 한마디도 내비치지 않는다. 천상의 척도가 보편의 척도가 되는 것은 그것을 몸소 실천하는 거룩한 성도들을 통해서이지, 그저 그것이 천상의 것이라는 주장을 통해서도 아니요, 더욱이 그 주장에 대한 분별없는 맹목적 믿음을 통해서도 아니다. 그러고 보면 우리가 모두 같은 의미로 읽어낼 수 있는 공동의 눈금을 갖는 보편의 척도는 어차피 처음부터 우리의 손으로 만들어낼 수밖에 없는 것인지도 모른다.

6.

어느 사회든지 이 지상의 척도가 올곧고 견고하면, 그 사회는 건강하고 그 안에서 사람들은 사람답게 살기 위해 별다른 지사적 투쟁을 하지 않아도 된다. 반면에 지상의 척도가 뒤틀려 있고 취약하면, 그 사회는 병들게 되고 사람들이 그 안에서 사람다운 삶을 영위하기란 매우 어렵게 된다. 사회의 존립에 이토록 중요한 것이기에 공동체적 삶의 사회적 분화는 자연히 이 지상의 척도를 갈고 닦는 일에 전념하는 사람들의 등장을 허용해 왔다. 이들은 늘 이 척도를 마련하는 일에 종사하다가, 어디든 분쟁과 갈등이 있는 곳이면 이것을 들고 찾아가 사람들을 고통스러운 싸움으로부터 해방시켜 주는 일을 수행한다. 정치인, 행정가, 언론인, 성직자, 교육자, 법조인 등이 바로 그런 사람들이다. 이들이 지니고 있는 척도는 저마다 눈금이 다르지 않다. 그들은 이 척도로 천차만별한 사람들의 천차만별한 이익을 측정하고 판정함으로써 그들의 분쟁을 해결해 주어야 하기 때문에, 그 눈금은 오직 한결같아야만 한다. 더욱이, 그 눈금에 그들 자신의 이해관계가 배어 있어서는 안 된다. 두 사람이 싸우고 있는 곳에 뛰어들어 충돌하는 이익을 조정하고 그 싸움을 말려야 할 사람이 그 싸움판에서 또 자신의 이익을 추구한다면, 이는 결과적으로 두 사람의 싸움을 세 사람의 싸움으로 확대시켜 사정을 도리어 더 악화시키는 것밖에 되지 않을 것이기 때문이다.

천상으로부터 가져올 수도 없는 이 척도에 이처럼 불편부당하고 공명정대한, 누구에게나 적용될 수 있는 눈금을 새겨 넣을 수 있으려면 저들은 과연 어떤 사람들이어야 하겠는가. 그렇다. 그들은 우선 이 사회 전체의 공동의 이익이 어디에 있는지 그것을 조망하고 우리로 하여금 그것을 지향하도록 안내해 줄 수 있는 사람들이어야 한다. 우리 모두에게 이익이 되는 일이 무엇인지를 알아낼 수 있어야 하니, 그들은 자연히 더 많이 배우고 더 많은 것을 경험한 지혜로운 사람들이어야 할 것이다. 그리고 무엇보다도 그들은 그 척도에 눈금을 새겨 넣음에 있어 자신의 이익은 도모하지 않을 만큼 도덕적으로 순화된, '마음을 비운' 사람들이어야 할 것이다. 본래는 우리 모두가 다 함께 이 일을 해내야 하는 것이었다. 이 척도에 맞춰 살아야 할 사람이 바로 우리들 자신이기 때문이다. 그러나 모두가 이 일에 매달린다는 것은 현실적으로 생각하기 어려운 일이고, 그래서 우리는 그들에게 이 일을 내맡긴 것이었다. 그러니 그들이 저 척도를 마련하면서 그들 자신의 이익을 먼저 생각한다면, 이는 우리가 고양이에게 생선가게를 맡긴 셈이 되는 것이다. 그들은, 천상에 올라 천사의 척도를 얻어 올 수는 없을지라도, 적어도 마음으로만큼은 이 지상의 이해관계에서 벗어나 휠덜린처럼 천상의 것을 흠모하는 자세를 지닐 수 있어야 할 것이다.

7.

자, 동화 같은(?) 이야기는 그만하고 악착한 우리의 현실로 돌아와보

자. 오늘 우리 사회에서 정치인, 행정관료, 언론인, 교육자, 법조인, 성직자들은 진정 우리가 필요로 하는 보편의 척도를 제시해 주고 있는가? 정치인 가운데 권력욕으로 마음 그득한 권모술수의 낭인들은 더 이상 남아 있지 않은가? 뇌물을 먹고 세금까지 도둑질하는 행정관료는 정말 극소수인가? 사회의 목탁이라는 우리의 언론은 정말 상업적 이익추구로 변질되어 있지 않은가? 이렇게 물어올 때, 모든 우려는 기우에 지나지 않는다고 말할 사람이 과연 있겠는가? 이들이 제시하는 척도가 그들 자신의 이익이 아닌 우리 모두의 이익을 측정해 내는, 우리 모두가 이익 없이 받아들여야 할 척도라고 생각할 사람이 과연 있겠는가?

　'천상의 척도'란 처음부터 우리에게 불가능한 것이었고, 지상의 척도는 어차피 '지상의' 것인 만큼 그 척도가 보편성을 갖는다는 것은 기대할 수 없는 일일까? 우리 사회의 기도적 역할을 자임하는 저들의 척도도 시정잡배 누구나의 그것과 마찬가지로 오직 자신의 이익을 반영하는 것에 지나지 않는 것을 불가피한 사실로 받아들여야 한단 말인가. 정말 그렇다면 우리 선량한 보통 사람들은 힘 빠진 어깨를 추스르며 불안한 심경으로 세상을 나서게 될 것인데, 불행하게도 아무리 주위를 둘러보아도 그게 그렇지만은 않다고 미소 지으며 우리를 맞아줄 사람은 없는 것 같다.

　법조인이라면 우리 사회에서 진정 현실적으로나 이념적으로나 저 보편의 척도를 갈고 닦고 지키는 일에 있어 최후의 보루를 지키는 사람들이 아니겠는가. 그들마저도 자신의 이익을 지키기 위해, 자신의 이익이 허용하는 범위 내에서만 이 일에 종사한다고 한다면, 우리가 갈망하는 보편의 척도는 실로 지상에서는 찾을 수 없단 말인가. 또 교육자라면 자라나는 우리의 후손들에게 무엇보다도 먼저 이 보편의 척도를 말로 행동으로 가르치는 사람들이 아닌가. 그런데 이들마저도 교육을 오직 자신의 이익을 추구하는 일로만 생각하고 말로 가르치는 척도에는 사뭇 어긋나는 행동을 보인다면, 우리의 척도는 언제 가서야 올곧게 바로 설 수 있겠는가. 법조계를 개혁하여 일반 국민의 권익을 신장시키자는 일에 법조인이 반대하고, 교육계를 개혁하여 내실 있는 교육을 도모하자는 일에 교육자들이 반대를 하고 나선다면, 그리고 그 반대의 이면에 그들 자신의 이익에 대한 집착이 있다면, 우리는 희망을 품기가 어려울 것이다. 정말 그렇게 된다면 이 지상은 동물적 야만의 세계로 전락할 것이요, 우리는 모두 동물로 타락할 것이다.

자, 이것이 과연 상상이나 해봄직한 일이겠는가. 우리의 인간적 자존을 위해서라도 우리는 우리의 지상의 척도를 천상의 것 못지않은 올곧은 것으로 지켜내야 할 것이다. 우리 모두, 특히 지도적 역할을 자임하는 자들이여, 천상을 향해, 빛나는 태양 푸르른 하늘을 향해 낯을 들고 심호흡을 할 일이다.

〈철학과 현실, 1995 여름호〉

"

II. 일상의 주변에서

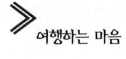

여행하는 마음

어디 피서 다녀왔느냐는 인사를 받는다.

"어디 좀 다녀왔나?"

이렇게 좀 덤덤하게, 다녀왔댔자 별 즐거운 일은 아니었겠지만 그래도 하여튼 그 의무 비슷한 것 이번에도 어떻게 잘 치러 넘겼냐는 투로 묻는 사람은 비교적 허물없이 지내는, 마음으로 가까운 사이다.

"피서 잘 다녀오셨습니까?" "이번 바캉스는 며칠이나 다녀오셨습니까?" "여름휴가 어디서 보내셨습니까?"

이렇게 좀 형식적으로, 말만큼 관심이 있는 건 아니지만, 그러나 나를 금전적으로나 시간적으로나 여유 있는 사람으로 인준해 준다는 외교적인 암시를 풍기며 깍듯이 묻는 이는, 내 주변에 가까이는 있지만 내 삶에는 들어와 있지 않은, 그저 그런 사람이다.

그런데 어느 경우에든 나는 이런 인사말에 대답을 제대로 못하고 머뭇거린다. 사람들이 말하는 그 피서여행이란 것을 내가 제대로 다녀보지 않아서 뿐만이 아니다. 도대체 이 세태 속의 피서여행이란 것에 대해 내가 아직도 뚜렷한 생각을 갖고 있지를 못해 더욱 그렇다.

주변에 좀 가깝게 지내는 사람들로부터 여행 다녀온 얘길 듣기도 한다. 식구들의 기대나 주위의 분위기 등 때문에 피서여행이란 걸 다녀오긴 했단다. 그러나 그게 대체 더위 피하자는 여행이었는지 더위 찾아다닌 여행이었는지 적이 못마땅하더라는 것이다. 더위 피하자고 떠난 여행에서 자칫 더위 먹고 오기 쉽고, 집 떠나면 그저 고생이라는 우스개 말을 우스개 말 아닌 현실로 실감하고 돌아오게 되는 것이 예사더란다.

어디로 가야 사람 구경 덜하고 정말로 좀 시원한 휴식을 취할 수 있을지 행선지 정하는 일부터 쉽지가 않고, 교통문제, 숙식문제 등을 미리 계획하는 일도 실제 사정에 잘 맞는지 어떤지 몹시 신경이 쓰이며, 무엇보다도 제한된 적은 경비가 마음 한구석에서 늘 사람을 긴장케 하더란다. 아이러니한것은, 어떻게 하면 자신도 그렇지만 특히 동행하는 가족들이 조금이라도 더 안락하고 유쾌한 시간을 갖게 할 수 있을지 마음 쓰느라고, 여행길에 올라서도 자신은 짐짓 유쾌함을 가장해야 할 만큼 내심으론 유쾌하지 못하고, 스케줄이 빗나가고 피로가 쌓이면 마침내는 그만 자신이 먼저 짜증을 내고 마는 수도 있더라는 것이다. 피서지에서의 공중도덕이나 상인들의 작태 등은 제쳐놓더라도, 여행하는 일이 즐겁지만은 않더라는 얘기다.

나도 여행을 전혀 안 해본 바는 아니지만, 집 떠나 멀리 간다고 그저 여행이 된다고 생각함은 잘못이다. 내가 근년 유행이 되다시피 하는 피서여행에 대해 적이 회의적인 시각을 갖는 것은 그간 변모하는 우리네 생활세계의 모양새에 대해 생각하는 바가 밝지만은 않기 때문이다. 사람

사는 품이 어쩐지 얇아지고 단기적으로 되어가는 느낌이다.

근년 들어 우리네 살림살이가 실로 많이 좋아진 모양이다. 이른바 오너 드라이버들도 많아지고 콘도라는 새 상품도 등장하여 여름 한철 피서여행 안 다녀오면 한 축에 끼지 못하는 듯한 풍조다. 그러나 내가 보기에 그것이 많은 경우 행복하게 사는 모습과는 거리가 있어 보인다.

이런저런 동기는 있겠지만 피서여행을 다녀왔다는 사실을 주변에, 혹은 자신에게 그저 확인시켜 주기 위해 피서여행을 하는 이들이 있다면, 그건 참으로 안된 일이다. 금전적, 시간적 여유의 유무에 상관없이 그건 실로 겉치레에만 마음을 쓰는 공허한 일이 아닐 수 없다. 사는 형편이 그럴 만하지도 않은데 (어쩌면 바로 이 때문에) 억지로나마 그렇게 흉내를 내보려는 사람이 혹 있다면, 이는 더욱 안된 일이다. 그건 곧 알맹이를 내주고 껍데기를 구하려는 것과 다름없는 일이니 말이다. 풍조에 따라, 주변의 유행에 밀려 하는 일 치고 분수에 맞게 실질이 충실하기란 대개 쉽지 않다.

소비풍조니 향락풍조니 하는 사회비평의 말을 하자는 것은 아니다. 이런 생각은 모두 기우에 지나지 않는 것이라 치자. 그러나 분에 맞는 모습으로 건전한 의도로 여행길에 오른다 해도, 여행이 값진 것이 되기 위해선 그에 걸맞은 현명하고도 올바른 마음가짐이 필요하다.

여행의 참뜻, 그것이 피서여행이 됐든 무엇이 됐든, 일상의 상궤를 벗어나 새롭고 신선한 삶의 감각을 찾는 데 있다고 본다. 늘 같은 역할과 같은 방식의 생활로 정체되기 쉬운 일상에 작은 파격을 허용함으로써 삶의 생동감을 되찾고 의욕을 새롭게 하는 데 여행의 의미가 있을 것이다.

그러자면 여행은 우선 즐거워야 한다. 가족끼리의 여행이라면 그런 파격을 통해 가족들이 서로를 새로이 체험하는 즐거움이 거기에 있어야 한다. 아빠는 여행일정을 관장하느라 마음을 다 빼앗기고, 엄마는 식구들의 숙식을 보살피느라 손발을 다 빼앗기고, 아이들은 해방감에만 젖어 집에서 다 못하던 놀이에 오직 눈이 팔린다면, 그건 그저 일상의 공간이동에 불과할 뿐, 상궤를 떠난 여행이 될 수 없다.

여행이 즐거운 것이 되기 위해선 먼저 일상에서의 긴장이 '해제'되어야 한다. 일상의 긴장이 여행에까지 따라온다면, 파격을 통한 신선한 즐거움이 자리 잡을 곳이 편칠 않기 때문이다. 유쾌한 여행에서 돌아왔을 때 몸이야 천근으로 무겁지만 마음이 가벼운 것은 바로 그동안 우리가 심적인 긴장의 무게에서 벗어나 있었기 때문이 아니겠는가.

여행일정이 꼭 그대로 지켜지지 않아도 좋다. 사정이 예상했던 데서 빗나간다고 조바심할 일도 아니다. 계획한 대로 여행길을 다 마치기 위해 평소 집에서보다 더 바짝 긴장을 한다면, 그 여행은 이미 잡친 거나 다름없다. 여행이 '잡치는' 것은 계획대로 안 되는 데 있는 것이 아니라, 마음의 긴장을 풀지 못하는 데 있음을 알아야 한다. 계곡을 향해 떠난 여행이 냇가에서 멈추게 된들 어떠하랴. 편한 대로 물에 발 담그고 쉬며, 그 시간을 마음의 때를 벗기고 새로운 기분으로 생명력을 충전시키는 여유로 채우기만 하면 된다.

명승지, 유적지를 꼭 찾을 필요도 없고, 기념품 챙기느라 돈과 신경을 쓸 필요도 굳이 없다. '여행증명'을 위한 사진을 찍느라 번잡을 떨 필요 또한 생각해 보면 없는 것이다. 훗날 삶의 주변에 더러는 추억거리가 남아 있는 것이 좋기도 하지만, 그것을 만들기 위해 오늘 억지의 몸짓을 취함은 현명치 못하다.

하루하루의 싱싱하고도 충일한 삶이 중요한 것이요, 여행은 이를 위해 우리의 사랑을 받아야 할 것이다. 가을이 오는 길목에 서서 이렇게, 떠들썩했던 여름날의 여행길들을 되돌아본다.

〈손해보험, 1987. 9.〉

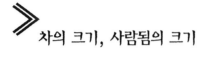

차의 크기, 사람됨의 크기

귀국하면서부터 줄곧 차(車) 하나 장만하라는 권고를 주변으로부터 받아온다. 우리도 이젠 바야흐로 마이카 시대에 접어들었으니 승용차 한 대 갖고 있는 것이 생활인의 자연스러운 모습이요, 실제로 점점 승용차가 필요해진 것이 우리의 사회생활이라는 것이다. 귀국한 지 2년이 지났는데도 아직 차가 없는 내게 어떤 이들은 심지어 "무슨 오기로 차를 안 사고 버티느냐"고 힐난하듯 묻기도 한다.

차종(車種)이나 모델도 이젠 제법 다양해져서 재정 사정에서부터 취향에 이르기까지 자신에 맞게 취사선택할 수도 있다는 주장이다. 특히 그 할부제도라는 것을 활용하면 재정적으로 큰 부담 없이 마음에 드는 승용차를 구입할 수 있으며, 그것도 부담스러울 경우 장안평에 나가 중고차를 찾으면 정말 문방구에 가서 학용품 사듯 가볍게 살 수 있다는 것이 요즈음의 승용차라는 것이다.

들어보면 다 맞는 얘기 같아 선뜻 뭐라 말대답을 할 수가 없고, 그 논리

대로라면 대학교수라는 사람이 승용차 하나 없이 지내는 것이 좀 부끄러운 일이라는 생각이 들기도 한다. 독일에 머물 땐 대학생 신분으로서도 승용차를 갖고 있었는데 이제 교수 신분으로 사회적 지위가 격상된(?) 처지에, 거꾸로 있던 차가 없게 되었으니 주변머리 없는 사람으로 비칠 만도 할 것이다.

하지만, 하여튼 나는 아직 승용차 없이 지하철을 주로 이용하는 교통생활을 하고 있다. '아직' 승용차 없이 지낸다고는 말했지만, 그렇다고 가까운 장래에 승용차를 장만할 것 같지도 않다. 그런 전망이 오히려 점점 더 흐려지는 것이 실은 내 내심의 상태다. 한마디로 말해, 차를 갖고 싶은 마음이 점점 없어진다는 것이다.

사실 내 개인적인 신상발언을 하자는 것은 아니었다. 하지만 나처럼 멀쩡한 보통 사람이 왜, 다들 앞다투어 갖고 싶어 하는, 그래서 하루에도 400여 대씩 서울바닥에 새로 쏟아져 나온다는, 그 좋은 자동차를 왈칵 내켜하지 않는지, 그 사연을 들어봄직하지 않겠는가. 혼탁한 교통질서에 질려 운전대를 잡을 엄두가 나지 않는 것도 사실이긴 하지만 내가 내심에서 더 거부하고 있는 것은 실은 다른 것 때문이다;.

결론부터 말하자면 나는, 사람이 차를 부리는 것이 아니라 차가 사람을 규정하도록 하는, 자동차에 대한 일반의 그릇된 생각에 역한 거부감을 느낀다. 아닌 말로, 사람 나고 차 났지 차 나고 사람 났나. 어쩌다 그렇게 승용차의 등급에 따라 사람값을 매기는 것이 사람 대하는 공식처럼 되어버렸는지 한심스럽다. 그러니 자연 그저 나 같은 보통 사람이면서도 값비싼 고급 승용차를 타고 다니는 것만으로 대단한 인사(人士)인 양 허세로나마 자신의 사람값을 높이려 드는 '인격 인플레이션' 현상이 팽배해지지 않겠는가.

내가 더 안타깝게 생각하는 것은, 기실 승용차의 등급과는 상관없이 인격의 '실가(實價)'를 갖고 있는 분들 중에서도 이런 잘못된 자동차관(觀)을 이겨내지 못해, '자신의 사람값을 지키기 위해' 어쩔 수 없이 자신의 처지에 무리가 가는 승용차를 구입코자 하는 이들이 있다는 사실이다. 사람이 자신의 품위를 지킨다는 것은 매우 중요한 일이다. 그리고 품위를 지키는 데는 얼마만큼의 물질적인 뒷받침이 필요한 것 또한 사실이다. 그러나 이 '얼마만큼의 물질적인 뒷받침'에 고급 승용차가 꼭 들어가야 하는지… 그렇지 않음을 나는 확실히 안다.

내가 독일에서 우연히 자동차 잡지에서 본 것이지만, 서독 연방정부의 장관들 중에는 출퇴근까지를 포함한 사용(私用)의 승용차로 당시 대학생이던 내가 갖고 있던 것과 똑같은 골프라는 차종을 갖고 있는 사람도 여럿 있었다. 그들이 공용(公用)으로 쓰는 차는 물론 최고급의 메르세데스-벤츠요, 운전기사가 딸려 있음은 말할 나위가 없다. 서독에서 골프라면 요즈음 우리의 포니에 해당되겠는데, 그 장관이 퇴근길에 골프의 운전대를 잡았다 해서 장관으로서 품위가 떨어진다고 생각할 사람은 아무도 없는 것이 그 나라의 '자동차 문화'였다.

물색없이(?) 택시를 타고 정부종합청사 같은 델 들어가려 했던 사람은 겪었을 것이요, 소형차를 몰고 큰 유명 호텔 같은 곳의 현관에 들어섰던 사람은 겪어봤을 것이다. 수위나 도어맨들의 그 불손하고 불친절한 태도를 말이다. 당신같이 시시한 사람은 이런 으리으리한 곳에 나타나지 말았어야 했다는 투의 그 돼먹지 않은 고압적 자세를 누가 기르고 부추겨 주었던가. 다 차 가진 사람들, 그것도 값비싼 고급차를 가진 사람들이 아니었겠는가. 내로라하는 사회의 지도급 인사들이 그 공적인 직책을 수행할 때는 그야말로 으리으리한 고급 승용차를 이용하여 그 직책의 막중함을 과시하다가도, 사사로이 볼 일을 보거나 나들이를 갈 때에는 경제적인 소형차를 이용해 보일 수는 없는가. 그래서 돈이나 많은 시정의 보통 사람들이 크고 값비싼 차를 타는 것은 오히려 자신이 소인배임을 광고하는 수치스러운 일이 되게 할 수는 없는가. 그래서 사람들이 차를 보고 인사를 하다가는 실수하기 쉬워 반드시 차 안에 있는 사람을 보고 인사하게 할 수는 없는가.

정확한지는 모르지만 서독에서는 직업인의 거의 4분의 1이 직간접으로 자동차와 관계되는 일에 종사한다고 한다. 자동차 산업이 근대 산업 발전의 기간이 됨을 말해 주는 것이라고 생각된다. 우리나라도 이젠 세계 속의 유수한 자동차 생산국이 되어, 국민경제에 자동차 산업이 기여하는 바가 괄목할 만큼 늘었다. 그에 따라 자동차가 일반의 사회생활 속에 깊숙이 배어 들어와 자리 잡고 있는 것도 사실이다. 명실공히 '자동차의 시대'에 살고 있는 우리들이다. 그러나 사람이 자동차에 의해 구속받지 않고, 자동차를 우리가 모두 함께 사람답게 사는 데 유용하도록 잘 부리려면, 건전한 자동차 문화가 정착되어야 한다. 그리고 이를 위해선 근본적으로 자동차에 대한 그릇된 선입관부터 없애야 한다. 승용차가 신분의 표지, 나아가 인격의 표지로 굳어진다면, 승용차 문제는 주택문제와 더불어 우리 사회에 위화감을 심화시키는 또 하나의 사회문제로 떠오를 수 있기 때문이다.

다행스러운 것은 근자에 '자동차 문화'라는 말이 의식 있는 사람들의 입에 자주 오르내린다는 것이다. 이는 당장에 시급한 교통질서의 확립,

교통도덕의 정립, 그리고 나아가 이에 연관되는 시민생활의 여러 생활 규범의 정화라는 요구에서부터 나온 반성이라 볼 수 있다. MBC에서는 아예 금년을 '자동차 문화 정착의 해'로 정하고 이를 위한 캠페인을 광범위하게 벌이기로 했다고 한다. 자동차가 우리의 시민생활 속에 깊숙이 그리고 광범위하게 자리 잡아 가는 마당에 자동차 생활이 우리의 전체적인 문화생활 속에 마찰 없이 자연스러운 부분으로 소화될 수 있도록 하기 위한 노력으로 평가되어야 할 것이다. 엄청난 영향력을 갖고 있는 공공의 방송매체가 이와 같은 과제를 떠맡고 나서는 것은 바람직하고도 당연한 일이다. 그러나 한 방송사에서 홍보, 교육 활동을 벌인다 해서 1년 만에 자동차에 대한 편견 없는 일반의 생각이 건전하게 자리 잡히리라고 기대하기는 어려울 것이다. 교통질서나 교통도덕과는 달리 사유재산으로서의 승용차에 대한 근본적인 시각의 문제는 우리 사회 전체의 질서 및 위기와 함께 얽혀 있기 때문이다. 그렇긴 하다 해도 나는 저 캠페인을 통해 많은 사람들이 사유 승용차가 우리의 시민생활 속에서 어떤 자리를 차지해야 되는가에 대해 건전하고 올바른 생각을 갖게 되기를 기대한다.

160나라가 넘는 세계 곳곳의 올림픽 손님들이 몰려올 날도 머지않았다. 그들은 그저 서울에 와 운동시합만 하고 메달만 따서 돌아가는 사람들이 아니다. 그들은 서울에 와 우리 한국을 보고 알고 갈 무서운 눈을 가진 사람들이다. 그때 우리가 보여줘야 할 것 중의 하나가 우리의 건전한 자동차 문화다. 그래야 그들은 우리가 덤핑(?) 자동차나 수출해 먹는 장사꾼 나라가 아님을 알 것이다.

대통령도 보통 사람임을 자인하는 건전한 사회, 그 속에서 건전하게 정착되는 자동차 문화 — 금년 중으로 올림픽과 때를 같이하여 정말 그런 것이 실현되면 좋겠다. 그러면 나도 차를 사겠다. 포니보다 더 작고 값싼 프라이드 같은 것으로, 프라이드를 갖고 말이다.

〈도로교통, 1988. 2.〉

❯❯ 마음이 가난한 사람을 위하여

　개나리가 화사하다. 엊그제 저녁 후둑후둑 듣던 심술비가 물러가고 나더니, 어제 아침부턴 개나리 노란 빛이 아파트 창들을 물들이고 있다. 주택가 이곳저곳엔 하얗게 여문 목련이 눈에 띈다. 지금은 저렇게 꼭 다문 입으로 새침 떠는 소녀 모습이지만, 곧 푸른 하늘로 비둘기떼 날아오르듯 온화와 평온의 깃털을 펼칠 것이다. 이번 주말쯤엔 청계산 기슭에 진달래, 철쭉도 만산홍으로 흐드러지리라.

　봄이다. 다시 봄이다. 내겐 이런 봄이 몇 번째인가. 잘 모르겠다. 미처 봄을 알아차리기도 못한 채 지내다 무거워진 옷 속에서 더위를 느끼며 이내 여름을 짜증내던 그런 긴장과 격동(?)의 시절이 내게도 있었으니까. 일 속에서, 성취 속에서, 경쟁과 투쟁 속에서, 정신 다 내보낸 그런 싸움터에서 놓쳐버린 그 많은 이들의 그 많은 봄을 나는 지금 이렇게 몸으로 맞고 마음으로 껴안는다.

　그러지 말아야 될 텐데, 아니 대개들은 그렇지 않다는데, 나는 나이 먹으며 더 봄을 타는 것 같다. 가을엔 더 가을을 탄다. 늙으면 어린애 된다고 하던데 내가 일찍 늙어버린 건가, 아직도 어른이 덜 된 건가.

좀체로 그 정체를 잘 알 수 없는 것이 누구나 다 자기 자신이라 한다. 내가 나를 생각해 보아도, 그건 정말 그렇겠다 싶다. 그래서 소크라테스도 "너 자신을 알라"고 했는가 보다. 나 자신을 안다면 그건 곧 세계를 다 안 것 아니겠는가. 내가 이 세계 속에서 살고 있으니 말이다.

자신을 알기가 어렵다곤 하지만, 나이 들어가며 조금씩 자신에 대해 깨우침을 갖는 수도 있다. 아, 내가 겨우 이런 위인이구나 하며 스스로 부끄러워지는 깨우침도 있고, 그래도 내가 이 점은 이렇구나 하며 안도감을 갖게 하는 깨우침도 있다.

뒤늦게 다시 나를 보면서 알게 되는 내가 있는데, 다행인 것은 그렇게 알게 되는 내가 추하고 더러워 부끄러워해야 할 그런 나는 아니라는 점이다. 일찍 늙어버렸으니, 아직 어른이 덜 되었으니 하며 푸념 비슷하게 말을 했지만, 봄에 봄 타고 가을에 가을 타는 그런 마음 바탕이 본래 나라는 것을 깨닫는다. 조금 가려지거나 조금 착색되거나 했을 뿐, 내 마음의 본디 바탕은 어려서나 젊어서나 늙어서나(?) 똑같이 그런 '분위기를 잘 타는' 것이라는 깨달음이다.

모든 깨달음은 다 때늦은 것이라고 하지만, 뒤늦게서야 이렇게 '자각'을 하고 철(?)이 나면서도 내가 '이제는 다 틀린 일'이라며 아무렇게나 마음먹지 않는 것은 다행스러운 일이다. 아니 나는 전보다도 더 희망을 갖기도 하는데, 그건 내가 어쩌면 구원받았을지도 모른다는 꿈같은(?) 생각이 들기 때문이다. 이제 분명하거니와, 어린 시절 이래 내 모든 마음의 고통이 바로 이 때문이었지만, 그 고통의 의미를 이제 달리 새기게 되니,

내 이런 마음터로 하여 갖게 될 앞으로의 고통은 어쩌면 날 구원해 줄지 모른다는 꿈같은 생각이다.

봄에 봄 타고 가을에 가을 탄다는 말을 했지만, 내 마음을 넘실거리며 흔들리게 하는 물결은 실은 도처에 있다. 개나리, 철쭉, 목련뿐이 아니라 때론 이름 모를 풀꽃, 갈대꽃 같은 것에도 내 마음은 흔들리고, 꼭 덩그러니 솟아오른 소담스러운 만월이 아니더라도 늦은 귀갓길에 어쩌다 만나게 되는 조각달이나 희미한 별빛에도 내 마음은 떨린다. 한강 물이 가득해진 이후, 강변을 따라 밝혀진 온갖 등불들이 강물에 비치는 것을 보게 되면 내 마음은 이내 전철에서 내려 강물 위로 흔들린다. 혼자 걷는 산길 스치는 바람결에도 내 마음은 움직이고, 먹은 나이에 비해 아직도 열망이 식지 않았는지 뜨거운 붉은 석양빛에도 내 마음은 쉬 타오른다.

그러나 정말 내 마음을 잡아 흔들어 나를 함께 떨리게 하는 것은 사물이나 자연이 아니다. 나무 등걸같이 된 할머니의 손, 깊이 팬 주름살, 또는 지하도 찬 바닥에서 얼굴도 없이 내뻗은 소년의 검은 손바닥, 청소차를 끄는 중년 남자의 마스크에 가려진 무표정…. 내 마음을 잡아 흔들어 나를 함께 떨게 하는 것은 사람 아니길 강요당하는 속에서 끝내 사람으로 남고자 하는 이런 사람의 모습들이다. 눈물을 흘리며 화염병을 던지는 대학생의 일그러진 얼굴, 조용히 가라앉은 목소리로 고문을 회상하는 의롭고자 했던 젊은이의 무표정, 하나로 뭉친 노동자들의 함성과 몸짓… 바른 것, 참된 것을 향해 움직이는 모든 말과 표정과 몸짓이 내 마음을 잡아 흔들어 나를 함께 떨게 한다.

진달래, 철쭉에 '분위기 타는' 마음과 의와 사랑에 '공명하는' 마음은 같은 한마음이다. 내 마음을 두고 내가 뒤늦게 깨우쳤다는 것도 실은 이것이다. 그것은 결국 내 주변의 사물과 내 이웃의 사람에 대해 열려 있는 마음이요, 내 주변의 사물과 이웃의 사람이 품고 있는 내면적인 리듬에 내 그것을 맞춰보려는 마음이요, 한마디로 말해 내 주변의 사물과 내 이웃의 사람을 '받아들이려는' 마음이다. 예수님이 정열(passion)이 뜨거웠던 분이라는 것과 그분이 수난(passion)을 받으셨다는 것은 떨칠 수 없었던 그분의 숙명이다. 저 둘은 같은 한마음의 두 모양새일 뿐이기 때문이다. 그분은 이웃의 삶의 움직임을 다치지 않게 하려고 그것을 '받아들여' 껴안은 수동성(passio)을 마음 바탕으로 가졌던 분이다. 자신을 내세우고 자신의 힘이 주변을 압도하여 자신이 주인되고자 하는 '함'의 능동성(actio)은 그분 마음을 지배했던 원리가 아니다. 이 능동성의 원리에서 나오는 것은 싸움이요, 저 수동성의 원리에서 나오는 것은 사랑이다. '정열적'이라면 얼핏 자기주장적이고 자기중심적인 마음의 표현인 듯이 들리지만 그렇지 않다. 정말 자아를 양보하지 않고 따라서 다른 이를 받아들이지 않는 사람은 정열이 없다. 정열은 뜨거운 힘의 솟구침이긴 하지만, 그 솟구침은 내가 내 주변, 내 이웃을 받아들여 함께 움직이고 함께 떨 때, 이 공감과 공명 속에서만 생기는 솟구침이다.

'받아들임'은 함께 흔들리고 '함께 떨림(sympathy)'의 전제다. 그리고 이렇게 삶의 내재율을 함께함이 곧 사랑이다. 그리고 우리가 바라는 구원이란 이 사랑이 온 세상에 실현되는 것이다. 잘 싸우는 이들, 싸워서 잘 이기는 이들, 싸우는 기술을 잘도 터득하는 이들. 구원이 다른 것인가. 이런 이들을 모두 함께 흔들리고 떨리게 하여 모두가 같은 한 가락으로 힘차게 '솟구치게' 하는 것 아니겠는가.

〈꽃마을, 1989. 4.〉

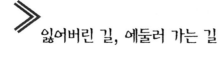

잃어버린 길, 에둘러 가는 길

무슨 '오피스텔'이니 '빌'이니 하며 요란하게 고층으로 올라가는, 이른바 최첨단 도시형 아파트가 젊은 직장인들에게 인기다. 값도 어지간히 비싼 그 아파트들을 선전하는 글귀를 보면 그 안에는 일상에 필요한 모든 장비와 시설이 다 있는가 보다. 그래서 그 안에 사는 사람은 일 년 내내 바깥에 나오지 않고도 아무 불편 없이 살 수 있는 모양이다. 식료품을 비롯한 온갖 생필품을 구입할 수 있는 슈퍼마켓을 비롯해 건강과 오락을 위한 시설과 어지간한 취미활동이나 사교생활을 즐길 수 있는 프로그램과 공간도 있다니 말이다.

집집이(아니면 방방이) 최첨단 전자장비와 정보통신시설이 갖추어져 있는데다 환기나 채광은 물론이고 인공자외선으로 선탠까지 할 수 있다면, 정말이지 밖에 나오지 않고 그 안에서 지내는 것이 더 나을지도 모르겠다. 밖에 나와봐야 매연으로 찌든 대기와 스모그에 빛이 바래 초라한 태양밖엔 기다리고 있는 게 없을 테니까.

하긴 급박하게 돌아가는 24시간을 효율적으로 살려면 이런 최첨단 아파트가 필요하기도 하겠다.

급한 사람에겐 우회로가 없어야 한다. 우회는 곧 비효율성이고 비생산성이니까. 그러려면 직선거리를 취해야 하고, 그것도 최단의 직선거리, 즉 지름길을 선호할 수밖에 없다. 그 지름길을 줄이고 줄이면 점이 되겠지. 그러니 가능한 한 같은 자리에서 여러 가지 일을 해치울 수 있어야 좋다. 우회로를 줄이고 없애려고 개발한 것이 그 모든 교통통신기술 아닌가.

그렇다. 이런 생활을 하는 도시인에게 필요한 주거공간은 바로 저런 건물이다. 자연은 직선을 싫어하지만, 도시의 기능은 직선에 있으니까. 그리고 보면 도시에 사는 우리는 모두 보이는, 또는 보이지 않는 직선 속에 살고 있다. 우회로를 배제하는 직선구도는 물리적 또는 공간의 문제에 그치지 않는다. 일에서도, 사람과 사람의 관계에서도, 아니 나 자신과의 관계인 반성의 삶에서도 문제가 된다.

지름길은 바로 경제원리의 근간이다. 적게 들이고 많은 것을 얻으려면, 적게 힘들이고 더 멀리 가려면 지름길을 찾아야 한다. 이 지름길을 먼저 찾는 사람이 승자가 된다. 준비를 위한 도움닫기는 최소한으로 줄여야 하고 작업 종료 후에 그 의미를 되새겨보는 여유 따위는 생략해야 한다. 지름길로 내닫는 일은 길게 멀리 내다보는 안목이 필요 없다. 깊이 생각하고 널리 헤아리는 자세를 탐탁히 여기지 않는다.

사람과 사람의 관계에서 나타나는 지름길은 아마도 내게 이득이 되는지 손실이 되는지를 셈하는 것이리라. 지름길 위에서만 서 있으면 이해관계를 떠나기가 어렵다. 가깝고 먼 것이 눈에 빤히 보이기 때문이다. 윗사람에게 아부하고 아랫사람을 억압하는 것이 그것이요, 강한 자에게 약하고 약한 자에게 강하다는 것이 바로 그것이다. 사람을 수단으로 대할 뿐 목적으로 대하지 않게 되니, 지름길 위에 선 사람들 사이에는, 이른바 인간의 존엄성이니 인격적 가치니 하는 것이 그저 입에 발린 허식(虛飾)에 지나지 않는다.

나 자신을 지름길 위에서만 만난다면 어떻게 될까? 내가 나 자신을 명쾌히 들여다보고 있으니 거기에는 빈틈이 없을 것이다. 의욕을 앞세워 실수도 안 할 것이고, 감정에 이끌려 서투른 짓도 하지 않을 것이다. 내 일상에 예측하지 못할 내면적인 굴곡이 없으니 별다른 고뇌와 번민도 없을 것이다. 아무런 문제도 없고, 그래서 아무런 기쁨도 괴로움도 없는 단조롭고 평면적인 내가, 내 가슴속 아주 얕은 곳에 펼쳐져 있을 것이다.

지름길로 가는 직선의 삶, 도시 속에서 우리는 이런 삶을 강요당하고 또 알게 모르고 익숙해진다. 그래서 우리는 어느덧 숙성을 위해 뜸을 들이거나 뒤를 돌아보고 여운을 음미하는 일이 낯설어져 버렸다. 그런 건 무의미한 낭비라고 생각한다.

하지만 지름길로만 내닫는 직선의 길은 본래 우리의 고향길이 아니다. 사람과 사람이 마음을 나누고자 모여드는 고향길은 그렇지 않다. 직선인 지름길에는 지친 사람이 쉴 곳도, 부끄러운 사람이 숨을 곳도 없다. 그런 곳에서 어떻게 벗을 만나 마음을 나눌 수 있겠는가. 어찌 낯선 사람을 만나 사랑을 나눌 수 있겠는가. 하물며 보이지도, 들리지도 않는 하느님을 어찌 만날 수 있으리오.

고향길은 에둘러 가는 길이다. 산모퉁이를 돌아 오르락내리락 꼬불꼬불 휘돌아 난 길이다. 나무 그늘 아래 쉬기도 하고 풀숲 뒤에 숨어 낮잠을 잘 수도 있는 길이다. 유년 시절 너무도 자연스럽던 고향길이 이젠 우리에게서 사라졌다. 사람을 만나는 길, 하느님을 만날 수 있는 길이 묘연해진 것 같아 불안하다.

친구 하나가 경기도 양평으로 이사를 가겠다고 한다. 말로만 그러는 줄 알았더니 어느새 적당한 곳을 찾아 건축 계약까지 해버렸다는 것이다. 그 먼 곳에서 어떻게 출퇴근을 하냐고 물어도 그저 덤덤한 표정이다. 하긴 운영하는 사업체가 어지간하니 그런 여유를 가질 만도 하지 싶었다. 그건 사실이란다. 하지만 그걸 자식한테 물려주려고 벌렸다면, 이런 결정은 하기 어려웠을 거란다.

어떤 방법을 썼는지 자세히는 모르나, 그는 자기가 일군 그 기업을 아예 함께 시작했던 종업원 모두의 소유로 만들었단다. 그러고 났더니 마음은 한결 가벼워지고, 일에 덜 매달려도 회사는 더 잘 돌아가더라는 것이다. 말처럼 쉽지만은 않은 일이었을 것이다. 아마 조금은 후회스럽기도 하고 아쉬움도 없지 않을 것이다. 하지만 이 친구가 다시 보인다.

"나는 돈에 몸을 판 기업용병"이라며 유럽으로, 중동으로 뛰어다니며 악착같이 일을 하던 그 '회사맨'이 이렇게 변하다니…. 회사를 위해 그만큼 일을 했으면 이제 좀 뻐길 법도 하지 않은가. 부하 직원 부리며 위세도 좀 부리고…. 내 표정을 어떻게 읽었는지 씨익 웃으며 그가 한마디 던졌다.

"나, 이제는 좀 에둘러 다니고 싶어서…."

아니, 이 친구, 하느님은 알지도 못하는 사람이 만나긴 나보다 먼저 만나겠구나.

〈가톨릭 다이제스트, 2002. 4.〉

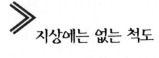

지상에는 없는 척도

　나는 미사 침례에 열심인 사람이 아니다. 신앙심이 깊은 신자가 아니라는 말이다. 그런 내가 요즘 미사 때면 두 대목에서 심정이 절절해진다. 그 두 대목은 모두 영성체 의식 중에 있는데, 하나는 내 안에 당신을 모시는 일이 합당친 않지만 한 말씀만 해달라고 청원할 때고, 다른 하나는 주님이 우리에게 주고 가셨다는 그 평화를 이 세상과 나누어 가지라는 요청을 받을 때다.

　앞의 경우에는 내 마음에 품은 소망이 절실해지고, 뒤의 경우에는 내가 느끼는 막막한 좌절감이 절실해진다. 이 두 가지 중에서도 나를 더 애타게 만드는 것은 좌절감이다. 미사 순서상 좌절을 먼저 하고 잠시 후에 소망을 하게 되니 그래도 다행이라고 할까.

　평화를 거부하는 이 세상에 평화를 심고 나누라는 예수의 요청 앞에서 나는 서 있을 힘도 없다. 어떻게 평화를 나눌 것인가? 세상이 온통 싸움판인데…. 전쟁터에서 평화를 나눈다는 것이 가당키나 한 일인가? 다들 평화를 유지하려고 전쟁을 한다는데, 예수께서는 어떻게 평화를 나누라고 우리에게 주문하시는 건가?

이런 좌절감 때문에, 나만이라도 싸움의 고통에서 벗어나고 싶어, 한 말씀만 해주십사 하고 간절하게 소망하는지도 모른다. 물론 나는 아직도 그 한 말씀을 들은 적이 없기에 번번이 좌절하고 또 좌절할 뿐이다.

동물도 생존을 위해 그저 싸우기만 하는 게 아니고 무리 속에서 서로 돕고 의지하기도 한다. 어떤 개미는 먹었던 먹이를 토해 배고픈 동료의 입 속에 넣어준다. 그래서 그 무리 전체가 항상 똑같은 정도로 배고프거나 배부르다고 한다. 또 어떤 새는 적의 공격 앞에 자신을 노출하면서까지 경고를 보내 무리의 안전을 도모한다. 연구자들은 인간이 자랑하는 도덕성의 원천은 이미 동물성 속에 있다며 이를 입증해 보인다.

내 보기에도 악랄하고 치열한 싸움은 인간의 자연상태가 아닌, 사회적, 문화적 삶 속에서 벌어지는 것 같다. 그리하여 사회생활의 이념과 체제가 어떤 것이냐에 따라 평화와 전쟁 중 어느 것이 더 우세한 삶의 방식이 되는지가 결정되는 것 같다.

콘라드 로렌츠라는 동물행태학자는 청둥오리 같은 평화로운 동물도 단위면적당 마릿수를 늘렸더니 몇 세대가 지나면서 아주 공격적으로 되더라고 했다. 공동체가 처한 상황에 따라 그 구성원의 본성 또한 바뀔 수 있음을 보여주는 사례다.

아무리 보아도 내 눈에는 세상이 온통 싸움판이다. 정말이지 싸워 이기는 자만이 생존할 수 있는 그런 반평화적이고 비인간적인 체제가 점점 더 강화되고 있다. 세계가 하나의 지구촌이 된다기에 막연히 좋은 일인

줄 알았는데, 이제 보니 그게 아니다. 세계가 하나의 지구촌으로 좁아지고 그 속에 편입되면서 우리는 더 무섭고 끔찍한 싸움판으로 나아가게 되었기 때문이다.

1980년대 중반 이래 국제화니 세계화니 하는 슬로건과 더불어 우리에게 강조된 것이 바로 경쟁력, 즉 싸워서 이기는 힘이다. 구조조정을 통해 생산성과 효율을 높이라는 요구는 단순히 기업활동에만 적용되는 것이 아니다. 사회생활의 모든 분야에 강요되는 지상명령이다. 이제 우리 한국인은 생활 전 분야에서 싸워 이기는 방법을 배워야 하는 것이다.

싸우지 않고 살 길은 없는가?

사람과 사람 사이에는 싸움의 관계와 사랑의 관계가 있다. 생존을 위해 불가피하게 싸워 이겨야 할 경우도 있지만, 인간의 완성을 위해 서로 사랑해야 할 경우도 있는 것이다. 물론 이 둘 중 더 숭고한 것은 사랑의 관계다. 싸움의 관계는 결국 우리 모두를 지치게 만든다.

가족 간의 불화, 여야 정치인의 대결, 나아가 세계무역센터의 테러와 아프간 전쟁을 보라. 싸움판은 결코 우리를 살판나게 해주지 않는다.

『공자가어(孔子家語)』에 이런 말이 있다.

"싸워 이기고자 하는 사람은, 언젠가는 반드시 그가 이길 수 없는 적을 만나게 마련이다(好勝者 必遇其敵)."

사랑의 관계는 우리 삶에 평화를 깃들게 해 우리 모두를 고통과 죽음으로부터 구하고 더 존귀한 존재로 만든다. 라틴말로 사랑이란 말의 본뜻은 죽음의 부정(a-mor)인데, 이를 몸으로 보여준 사람이 바로 우리 예수 아니신가.

그런데 오늘의 세태는 어떤가. 아무래도 사랑의 관계를 위축시키고 싸움의 관계만을 극대화시키는 형국이다. 사랑의 관계를 확장시켜 싸움의 관계를 축소시키려면 우선 싸움을 말릴 수 있는 중재의 척도가 필요하다. 이 척도가 확립된다면 우리의 생활이 이토록 야박한 싸움에 중독되지는 않을 것이다.

싸움을 말리고 싸움을 줄이고 미침내는 싸움을 그치게 하기 위해 우리는 누구나가 승복할 수 있는 척도를 찾아야 한다. 그런데 그 척도는 어디서 구한단 말인가. 모두들 싸움판의 이편 아니면 저편인데….

독일의 낭만주의 시인 휠덜린은 이런 시구를 남겼다.

눈을 들어 천상을 보라!
천상에 빛나는 태양이 아니고서는
그 무엇이 지상의 척도가 될 수 있으랴!

그렇다. 그 척도는 싸움으로 얼룩진 지상에서는 찾을 수 없다. 싸움에 임하는 자는 모두 제 나름의 척도를 들고 나올 테니. 아니, 그 싸움은 바로 척도들 간의 싸움일 테니. 그렇다면 천상의 척도는 어떻게 구할 것인가?

예수가 흘린 피, 이 피의 신비로운 힘을 차마 부정할 수 없어 절두산에서 목을 베인 순교자들, 맨손, 빈 몸으로 총칼을 향해 걸어 나간 간디, 꽃다운 청춘을 불태워 어린 공원들의 사람값을 호소했던 전태일….

지상의 모든 것을 뛰어넘어 이들이 차분히 혹은 격렬히 추구했던 것,

그것이 곧 천상의 척도 아닐까. 지상에는 없지만 지상에서 척도가 될 숭고한 이념, 그것이 어떤 이름을 갖든, 우리는 그것을 내면에 가지고 있지 않을까. 그러니 잠시만이라도 싸움을 멈추자. 그리고 싸움터에 가지고 나갔던 나의 무기, 나의 척도를 잠시 거두고, 나의 내면을 돌아보자. 거기에 천상으로 통하는 나만의 밀실이 있을 것이고, 그 밀실 안에는 변질되거나 뒤틀리지 않은 내 본래의 척도가 선명히 놓여 있을 것이다.

눈을 들어 천상을 보라는 말은 실은 나의 내면을 조용히 들여다보라는 말이리라. 이렇듯 싸움에서 얻을 전리품에서 눈길을 돌려 우리 속에 살아 있는 예수를 돌아볼 때, 나는 천상의 척도를 찾을 뿐 아니라, 싸움의 관계에서 벗어나 사랑의 관계로 들어설 수 있을 것이다. 그리고 척도마저도 필요 없는 사랑의 관계를 통해 우리는 어느덧 싸움의 고통에서 벗어나 조용한 평화를 맛볼 것이다. 예수께서 주시고 간 하늘색 평화를.

〈가톨릭 다이제스트, 2002. 2.〉

나눔, 비움

황금을 버리다

길 가던 형제가 금덩이를 주웠더란다. 마음씨 착한 이 형과 아우는 그 걸 서로 가지라고 미루었더란다. 결국은 형을 못 이긴 아우가 그걸 갖게 되었는데, 얼마를 더 가 나룻배를 타고 물을 건너게 되었을 때, 아우는 그 금덩이를 그만 물속에 던졌더란다. 놀란 형에게 아우는 이렇게 말했 다. "형님, 이 금덩일 갖고 있으니 이걸 모두 나 혼자 갖고 싶은 생각이 들어 아무래도 형님과 사이가 나빠질 것 같았어요. 우리 형제의 우애가 금 가는 것보다는 이제까지처럼 그저 가난하게 사는 게 좋지 않겠어요?"

영악스러워 보이는 요즈음 어린이들이 이런 이야기를 듣고 얼마나 감 명을 받을지 모르겠다. 그동안 근대화 한답시고 몸으로 보여준 어른들의 모습이 어떤 것인데, 그걸 보고 듣고 배운 어린이들이 어찌 이 정도의 옛 날얘기에 속아(?) 넘어가겠나.

재물이 우리 행복하게 해주는 것이 아님을 일깨워주는 이런 부드러운 미담(美談)보다는 재물에 대한 욕심이 우릴 망치고 만다는 경고성 러시아 민화(民話)가 그래도 좀 나을까?

얼마나 가져야 사나

바홈이라는 종이 있었는데 하루는 주인에게서 자기 땅을 선사받게 되었더란다. 얼마만한 땅을? 그가 해지기 전까지 달려 돌아오는 그만큼 넓은 땅을 그는 갖게 된 것이다.

그는 조금이라도 더 넓은 땅을 갖기 위해 조금이라도 더 멀리까지 달렸다. 그런데 불쌍도 하지. 해질녘 출발점으로 돌아온 그는 그만 그 자리에 쓰러져 숨졌더란다. 너무나 지쳐서….

재산공개로 정치계와 공직사회가 떠들썩한 요즈음이다. 부동산 투기를 할 수 있을 만큼 재정적 여유가 있는 사람이 소수이고 보면, 장관, 국회의원이 재산상의 문제로 '떨려나는' 모습을 보며 국민 대다수가 박수를 치고 있는 것은 당연한 일이기도 하다. 그러나 그들은 내심 이렇게 자문하기도 한다. 내가 그 처지에 처했더라면 어떻게 했을까?

여기서 우리 모두 근원으로 돌아가 물어볼 일이다. 재산이란 많을수록 좋은 것인가? 재산보다 더 값진 것은 없는가?

누군들 말로는 이에 그렇다고 대답하겠는가. 생명, 정의, 거룩함, 아름다움, 사랑 등 재물보다 고귀한 것이 왜 없겠는가. 재물이란 이런 것들에 봉사하거나 이런 것들과 조화를 이룸으로써만 의의 있는 것이라고.

그런데 우리는 왜 모두 이토록 정신없이 재물에만 눈을 팔아왔던가?

재물이 너무 갑작스럽게 생겨 미혹했던가, 아니면 그간 워낙 곤궁했던 터라 반작용이 그만큼 컸던가? 핑계 없는 무덤이 어디 있으랴.

하지만 이젠 때가 되었다. 모두 돌아서서 냉정히 반성할 때가 되었다.

우리 모두 이렇게 생각해 보자. 재산이란 무조건 많을수록 좋은 것만은 아니다. 나의 물질적 삶 그 자체만 떼어본다면 평생을 다 쳐도 나에겐 수억의 재산도 넘치고 넘치는 것이다. 내 생애에는 재물 얻는 일보다도 더 고귀한 많은 것들이 있고, 그리고 내 인생은 그에 비해 너무나 짧다.

〈한국 YMCA 이달의 생각, 1993. 5.〉

모차르트의 묘는 거기에 없었다

오랜만에 유럽 여행을 할 기회가 있었다. 젊은 시절 여러 해 동안 독일에서 공부를 했던 까닭에 어렵게나마 유럽의 이곳저곳에 여행도 좀 다녀보긴 했지만 음악의 도시라는 비엔나에는 이번이 처음이었다.

과연 음악의 거장들이 활동했던 족적이 도시의 곳곳에 남아 있었다. 슈만, 브람스, 베토벤, 슈트라우스, 하이든, 그리고 모차르트, 또 나 같은 아마추어로서는 잘 알지도 못하는 많은 무명의(?) 음악가들이 두 세기 전을 전후해 이 도시에서 음악예술의 꽃을 피웠다는 것이다.

과연 그 전통은 살아남아 있어 그 자그마한 도시에 ― 인구 130만이라니 서울에 비하면 작은 도시 아닌가 ― 저녁마다 오페라, 교향악, 실내음악 등 다양한 형태의 연주가 홀을 가득 메운 청중들 앞에서 공연되고 있다고 한다.

전문지식은 물론이고 세련된 귀도 갖고 있지 않지만 무슨 음악이든 듣기를 좋아하고 다른 천재성보다도 특히 음악적 천재성에 대해 감탄을 아끼지 않는 내가 비엔나에서 정작 놀랐던 것은 비엔나의 음악적 영광에 관한 것이 아니라 인간 모차르트의 비운에 관한 것이었다.

'중앙묘지'란 곳에 가서 들은 이야기였다. 묘지 한 부분에 유명 음악가들을 함께 모셔놓은 곳이 있었다. 하이든, 베토벤, 슈트라우스, 브람스 등의 묘소가 반원을 그리며 둥글게 모여 있었다.

그런데 이상하게도 그 한가운데에 자그마한 모차르트의 동상이 서 있을 뿐 모차르트의 묘는 거기에 없는 것이었다. 모차르트의 묘는 거기에 없는 게 아니라 그 어디에도 없다 한다. 아니 더 정확히 말하면 모차르트가 어디에 묻혔는지 아는 사람이 없다는 것이다. 모차르트가 빚에 쪼들리고 건강이 악화되어 요절했을 때 누군가가 그를 매장은 했을 테지만 장례가 너무 허술했고 그 뒤로 아무도 그에게 관심을 갖지 않는 바람에 얼마가 지난 후부터는 그가 묻힌 자리가 어딘지 정확히 알 수가 없게 되었다는 것이다.

한 위대한 예술가가 각박한 현실 속에서 말하자면 흔적도 없이 사라진 것이다. 어느 시점에선가 비엔나 시당국에서 이를 애석하게 생각해 동상으로나마 당대의 선후배 음악가들 옆에 '모셔다' 놓았다는 것이다.

그가 세상을 뜨던 그 무렵에는 그의 위대성이 아직 제대로 평가받지 못해서 그랬던 걸까? 우리가 위대한 것이라고 찬탄해 마지않는 것은 무엇인가? 그보다도 우리는 언제, 왜, 어떤 것을 '위대하다'고 찬양하는 걸까? 너무 냉소적으로 들릴지 모르겠지만, 우리가 누군가를 위인으로 찬양하는 것은, 그의 위대성을 찬탄하는 것은 결국 우리 자신을 위해서인 경우가 많다.

오늘날 비엔나가, 아니 오스트리아뿐 아니라 세계 어디에서든 수많은 음악관계 기획자들이 벌써 두 세기 전에 세상을 떠난 모차르트를 소재로 벌어들이는 돈을 생각해 보면 그가 생전에 갚지 못해 쩔쩔맸다는 빚의 액수는 정말 푼돈도 되지 못하는 것이리라.

그 위대한 사람은 우리의 시시하고 작은 행복을 위해, 때로는 우리의 세속적 욕망을 위해 박제된 모습의 희생물이 되고 있는지 모른다. 역사를 움직이려 했던 정치가들만이 아니라 우리의 영혼에 아름다운 여울을 흐르게 하고자 했던 예술가들까지도 그렇게 된다고 생각하면 가슴이 아프다.

끼니를 때우니 못하는 비참한 가난 속에서 사랑하는 아내와 고물고물한 어린 새끼들을 그리워하며 애꿎은 담뱃갑 속 은박지 위에 못자국으로 그림 아닌 그림을 새겨 넣던 이중섭도 그런 비운의 예술가였다. 중섭의 은박지 그림이 얼마에 팔린다더라?

마침 내가 비엔나에 머물던 그때, 비엔나의 중심인 슈테판 성당에 기념행사가 있었다. 제2차 세계대전 때 파괴된 종탑과 종을 오랫동안 복구해 전보다 더 훌륭한 새 종을 봉헌하게 된 것을 기념하는 행사였다.

주일날 오후 교구장은 물론이고 시장, 주지사 등이 축사를 하고 슈테판 성당의 역사에 대한 기념강연도 있었다. 가톨릭 교회의 위대성을 입증하는 성스러운 역사(役事)였다.

1945년부터 무려 57년 동안 복구작업을 해왔다니 그럴 만도 하다. ─ 성수대교 무너지는 걸 보고 다음 해에 또 행주대교를 무너뜨리는(?) 고속 추진파 우리 한국 사람들은 뭔가 켕기는 바가 있어야 할 것이다.─ 미사 참례도 할 겸 구경도 할 겸 나도 그 틈에 끼어 시간을 보냈다.

그리고 성당 문을 나서는데 나는 그만 가슴이 덜컥 내려앉았다. 그 웅장한 천 년 성당의 문 앞에 한 노파가 쭈그리고 앉아 있었다. 그 축하와 환희의 시끌벅적함과는 아무 상관없다는 듯이, 거의 무표정한 얼굴로 동전 몇 닢이 담긴 깡통을 앞에 놓고 있었다.

그 노파가 동유럽에서 흘러온 집시인지, 비엔나의 빈민인지 내게는 중요하지 않았다. 무덤을 잃은 모차르트, 은박지 위에 고독을 그리다가 서대문 적십자 병원에서 행려병자(行旅病者)로 죽음을 맞이한 이중섭이 생각났다.

서둘러 5유로 짜리 지폐를 깡통 속에 넣고 그 거리를 빠져나왔다. 청년 예수가 나에게 속삭였다. 위대한 예술가를 기리고 위대한 성인을 찬양하는 것은 좋다. 그러나 위대하지 않아도 좋으니 네 옆의 작은 살아 있는 영혼을 아끼는 일에 더 마음을 써라.

〈가톨릭 다이제스트, 2002. 6.〉

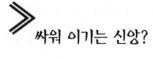

싸워 이기는 신앙?

육군사관학교 구내의 옛 교훈탑(校訓塔)에는 이렇게 세 가지 구절이 새겨져 있었다. "배워서 익히자, 싸워서 이기자, 나라를 빛내자." 참으로 적절한 교훈이다. 배워서 익힌 힘으로 적과 싸워 이김으로써 나라를 지키고 빛내는 것이 이 대학에서 태어날 사관(士官)의 사명 아니겠는가. 나는 이 중에서도 특히 "싸워서 이기자"는 교훈이 사관학교의 정체성을 지켜주는 본질적인 지향이라고 생각한다. 전쟁에서의 승리는 군의 절체절명(絕體絕命)의 목표요, 존립이유라고 할 수도 있기 때문이다.

그런데 우리는 종교집회에서도 이와 비슷하게, 아니 이에 못지않게 신앙의 승리를 역설하는 설교를 심심치 않게 듣는다. '하나님의 은혜로 번창하는' 교회에서는 대개 그런 설교가 흔한 모양이다. 인생의 승리를 약속하고 이를 독려하는 호소와 권면이 사람의 마음을 끄는 모양이다. 출세하고 성공하려는 사람을 신앙의 세계로 끌어들이려는 '전도'를 위해선지, 아니면 승리에 대한 신념이 진정 그리스도의 가르침 가운데 있다고 믿어서인지, 여하튼 신앙의 승리에 대한 역설은 '믿는 사람'이면 흔히 접하게 되는 일이다. 신앙이 승리를 거둘 때 우리 신앙인은 성공적인 인생을 살게 되고 더불어 신앙 없는 악의 무리가 소탕된 세계에는 안녕과 평화가 찾아든다….

과연 그런 믿음이 정말 그리스도의 가르침 가운데 있는 것인지, 아니면 적어도 그와 잘 어울리는 것인지, 솔직히 나는 자신이 없다. 실은 나는 이런 믿음이 무섭다. 그걸 믿지 않는다면 그리스도인임을 자칭하지 말아야 한다 해도 할 수 없다.

승리에는 싸움이 전제되어 있다. 승리는 싸움 끝에 얻어지는 것이니 싸우는 것이 필수전제조건이다. 신앙이 승리한다는 것은 신앙이 무엇과 싸워 그것을 이긴다는 것인데, 그 적이 과연 무엇인가? 혹시 그게 비 신앙인가, 아니면 나의 신앙과는 다른 어떤 신앙을 가리키는 것인가?

악에 대한 의분이 없이는 선과 정의의 실현이 어려울 것이다. 나도 그렇게 생각한다. 그러나 신앙이 선을 보장하고 신앙의 부인(否認)은 악일 수밖에 없다고 생각하는 데에는 쉽게 동조할 수 없다. 군이 적군을 적으로 삼고, 의술이 질병을 적으로 삼고, 법이 불의를 적으로 삼는 것이 당연하듯이, 신앙이 비신앙을 적으로 삼는 것 또한 당연하다고 볼 수 있을까. 신앙도 악을 적으로 삼을 수 있다. 그러나 그것은 도덕이 악을 적으로 삼는 것과 같은 맥락에서다. 그리고 그것은 거기에 신앙이 도덕성을 지닌다는 전제가 깔려 있기 때문이다. 그렇다 해서 비신앙이 곧 악이라고 단정할 이유는 없는 것이다. 나아가 나의 신앙은 도덕적 선이고 나와 다른 신앙은 도덕적 악이라고 단정할 이유는 더더욱 없는 것이다. 신앙의 승리를 외치는 신자들이 혹 이런 단순 이분법에 빠지는 것은 아닌지,

신앙의 승리를 외치는 목회자들이 순진한 신자들을 혹 이런 단순 이분법에 빠뜨리는 것은 아닌지, 우려가 깊다.

신앙은 그럼 패배해도 좋다는 말인가. 아니다. 신앙은 처음부터 싸우는 것이 아니니 이기고 지는 것이 있을 수 없다는 말이다. '종교'에 해당하는 서양 말은 본래 '다시 모음, 다시 결합함(re-legere)'이란 뜻이라 한다. 싸워서 제압하고 '무찔러'버리고 나면, 그건 상대방을 '없애'버린 것이지, 나와 다시 결합하게 되는 것이 아니다. 종교란 그러니까 처음부터 싸워 이기는 것이 아니다. 신앙이란 처음부터 상대방과 싸워 그를 이기는 것이 아니라, 나와 다른 타자와 화합해 하나로 재결합하려는 의지요, 이를 가능케 하는 마음의 힘에 대한 믿음이다. 신앙이란 너와 나를 적대적으로 가르는 경계를 허물고 하나가 되는 것이다. 신앙이란 굳이 말하자면 사랑이다. 사랑을 믿는 거다. 곧 쓰러지면서도 사랑을 포기하지 않는 것이 신앙이다.

사랑의 관계와 싸움의 관계는 인간의 삶의 방식을 규정하는 가장 근본적인 두 가지이지만, 근본적으로 서로 상반되는 것이다. 싸움의 관계에서 나는 나를 숨기고 나를 닫는다. 나를 노출시키는 것은 상대의 공격을 용이하게 하는 것인 만큼 가능한 한 나를 은폐시켜야 한다. 부득이 내가 노출될 경우, 나는 나의 내부만이라도 감추기 위해 나를 철저히 폐쇄한다. 이기기 위해, 아니 지지 않기 위해 이는 필수적인 자세다. 그런가 하면 사랑의 관계에서 나는 나를 드러내고 나를 연다. 드나들 수 있는 통로를 가능한 한 많이 열어놓고 접촉할 수 면적을 가능한 한 넓힌다. 나와 다른 타자와 하나로 화합하기 위해선 이것이 필수적인 준비작업이다.

깊은 산협, 깎아지른 듯한 벼랑 위에 서 있는 그 철옹성 같은 성채들이 반석같이 굳건한 내 신앙의 모습이라면, 내 신앙이라는 것이 제대로 된 것인지 생각해 봐야 한다. 누구도 넘볼 수 없고 누구도 허물 수 없을 만큼 견고한 것이 신앙으로 무장된 나라면, 사람들이 나와 어떻게 교통할 수 있을까? 그 신앙으로 인해 내가 오직 다른 사람과 격리될 뿐이라면, 나야말로 '다시 결합되기'는 다 틀린, 구제불능의 '패자'가 아닐까.

세상이 온통 싸움판인 이 시대에, 그것도 싸움판을 세계 전체에로 넓혀 확대시키고 있는 이 시대에, 시대의 조류에 떠밀려 신앙마저도 싸워 이기는 일로 치부하여 열을 올리는 일이 없으면 좋겠다. 어마어마한 건물에 수천 명이 운집하여 할렐루야를 외쳐대는 것이 신앙의 '승리'로 왜곡되는 일이 없으면 좋겠다. 마음을 열고 이웃과 오순도순 정답게 사는 게 신앙의 본래 모습이 아닐까.

〈신앙인 아카데미, 제7호, 2002〉

화랑대, 내 청춘을 놓고 온 곳

에피소드 하나.

"손중위, 목소리 좀 작게 할 수 없겠나? 시끄러워서 내가 강의를 할 수가 없네." 출입문을 활짝 열어놓을 수밖에 없던 여름철, 옆 교실에서 강의하시던 Y선배가 참다 못해 내게 와서 건네시던 말씀이다. 왜 그렇게 소리소리 지르며 강의에 열을 냈던가? 그렇지 않아도 졸음과 싸우는 생도들에게 자장가를 들려주어서는 안 된다는 것이 내 확실한 변명이었지만, 실은 의도적이지는 않았다 하더라도 숨은 이유가 또 있었을 것이다. 내 스스로가 강의내용을 충분히 소화하지 못한 거다. 그러니 큰 소리로 내 확신을 가장(假裝)하여서라도 생도들로 하여금 주의를 딴 곳으로 돌리지 못하게 하기 위해서였을 것이다.

아침을 먹는 둥 마는 둥 하고서도 오전 내내 4시간 동안 연속해서 그렇게 '악을 쓰며' 강의할 힘이 어디서 나왔는지, 정말 왜 그랬는지 알 수 없는 일이다. (지금 생각해 보면 그 무지함이 부끄럽기도 하다. 내내 졸던

생도도 내가 강의를 마치고 나면 초롱초롱 정신이 말짱해졌다니, 역시 내 큰 목소리 강의도 자장가였던 게 아니었나!)

에피소드 둘.

"교관님, 교관님은 왜 반지를 안 끼고 다니십니까?" 연구실로 내방(來訪)한 생도가 묻는다. 어리둥절, 니는 적잖이 의아해진다. 내가 결혼반지를 빼놓고 다니면서 총각인 척한단 말인가? 그게 아니다. 생도의 의문은 딴 데 있다. "다른 선배님들은 다 끼고 다니시던데요." 나를 사관학교 선배 교관인 줄 알았던 거다.

그 당시, 걸핏 하면 "전 장교 집합"을 명해 놓고 다수의 교수부 교관들이 이런저런 이유로 불출석임을 확인하고 화를 잘 내던, 야전에서 부임해 온 모 교수부장이 즐겨 하신 말이 있다. "특간생(특수간부후보생: 나 같은 일반대학 출신 교수부 교관을 지칭함)들은 멀리서 걸음걸이만 봐도 알 수 있어!" 모자도 삐딱하게 쓰고 주머니에 손을 찔러 넣기도 하고 걷는 자세도 반듯하질 못하고, 한마디로 말해 군인 같아 보이지 않는 것이 이 특간생들이라는 것이었다. 사실 그러했으리라. 논산훈련소 사병훈련 6주와 광주 보병학교 장교훈련 10주, 그 정도로 군인 흉내나 겨우 내던 '책상물림'들이 어찌 사관학교 가입교 시절부터 10여 년간 군율로 다져진 장교의 자세를 따라갈 수 있었겠나!

그런데 왜 이 생도는 나를 사관학교 선배로 단정하는가? 동년배 '반지 끼고' 다니던 친구 교관이 내게 말한 적이 있다. "넌 처음부터 육사에 올걸, 잘못했다. 지금이라도 아주 말뚝 박아라." 내가 그렇게 상무적(尙武的)이었나? 아무튼 나는 그랬나 보다. 이것도 알 수 없는 일이다.

내가 육군사관학교 철학교관으로 군복무를 한 것은 1972년 9월부터 1977년 8월까지, 내 나이 스물다섯부터 서른까지였다. 가히 내 청춘의 황금기를 화랑대에서 보냈다 해도 과언이 아니다. 그 다섯 해 동안 나는 결혼을 하였고 두 아들을 얻어 키웠고 작으나마 집도 한 칸 마련하였고, 그 후 독일에 유학할 준비도 하였다. '화랑대'로 표상되는 내 삶의 그 시공간이 내게 개인적으로 얼마나 소중한 것이었는지는 이 사실만으로도 족히 짐작할 만하다.

그러나 화랑대와의 인연과 친분은 그 이전으로 더 거슬러 올라간다. 1970년 대학원에 진학하면서 동시에 시험을 거쳐 철학교관으로 '예약' 되던 것이 공식적인 인연이었다면, 죽마고우 K생도를 만나러 육사를 드나들던 대학 시절부터 화랑대와의 친분은 시작되었다. 청량리에서 50번 좌석버스를 타고 중랑천을 건너 한독약품을 지나 태능으로 갈 때마다, 나는 그 친구의 늠름한 모습을 그리며 세속적 소아(小我)를 버리고 나라를 위해 살자던 어린 시절 우리의 언약을 새롭게 하곤 했다. 태능 소나무 숲에서 귀가 버스를 기다릴 때 2초소 건너 사관학교 영내에서 하기식 트럼펫 소리가 흘러나오면, 대학생이던 나는 그쪽을 향해 거수경례를 했다. 학문에 정진하겠노라는 다짐을 하며.

유신시대와 나의 화랑대 시절은 겹쳐진다. 교관 시절 독재에 대한 반감과 나라에 대한 애정을 화해시키지 못하고 괴로워했던 시간도 많았다. 학창 시절과는 달리 자주 만나기도 어려워진 초급장교 K생도와 어쩌다 만나면 너무도 군문에 충실한 그와 언쟁도 했고, 학문에의 정진을 핑계로 그 괴로움을 외면하기도 했다. 세월이 갔어도 어떤 기억은 여전히 새롭다. 정치인으로 변신하여 나름대로 나라를 위한 일에 힘을 쏟고 있는

K생도도 이젠 나와 언쟁하지 않는다. 세월이 가서만이 아니다. 젊은 시절 우리가 생각했던 것이 얼마나 어리고 성긴 것이었는지, 그에 비해 우리의 현실이 얼마나 복잡다기(複雜多技)한 것인지 이젠 서로 알게 되었기 때문이리라.

여러 해 전 홈커밍데이라 하여 육사에서 공식 초대를 받아 화랑연병장 앞에 선 적이 있었다. 나는 지휘관도 아니면서 화랑대 연단 위에 서서 생도들의 분열을 받고 있었다. "받들어 총" 구령과 함께 지휘생도의 검(劍)이 사각(斜角)으로 땅을 가를 때 나는 또 붉어진 눈시울로 눈물이 흐를까 봐 숨을 멈췄다. 34년 전 초임 중위로 생도 분열식을 처음 보았을 때처럼.

정진하겠다던 학문에서 거둔 성취도 빈약하고, 그래서 나라와 사람을 위해 기여한 것이 별로 없음을 부끄러워하면서도 나는 이따금 내 청춘 '화랑대'를 추억한다. 공익을 내세워 사익을 취하려는 사람들과의 불화를 거두지 못한 채.

〈화랑교수회, 남기고 싶은 이야기들, 2006〉

[글 중의 K생도는 강창희 현 국회의장]

스러지지 않는 무지개

　내가 아직 학생 신분으로 독일에서 때늦은 유학생활을 하던 시절, 그는 벌써 섬유업계 굴지의 회사 남영나일론에서 유럽 지사장이 되어 뒤셀도르프에 와 있었다. 생각과 말과 행동이 항상 풍부하고 다양한 호사가(好事家) 와우(臥牛) 종헌(鍾憲)은 현지 교민 자녀들에게 우리말, 우리글을 가르치던 주말 한글학교에서도 감 나라 대추 나라 중심적인 역할을 하고 있었던 모양이다. 나를 불러다 모국어 교육의 의의와 그 실천을 위한 개인적, 공동체적 방안에 대해 '특강'을 하도록 일을 꾸며놓았던 것이다. 그리고 그는 나를 이렇게 소개했다. "우리는 벌써 학부 시절에 공부다 마쳤는데, 이 친구는 그때 공부가 시원칠 않아서 그걸 만회해 보겠다고 대학원에 가더니, 거기서도 여전히 만회가 잘 안 돼 마침내 독일까지 와서 공부를 하고 있는데, 언제나 내 대학 졸업 때 수준까지 올라올 수 있을지 알 수 없는 일이어서 걱정입니다…" 반짝거리는 재담은 아니었지만, 이 진지한(?) 익살이 좌중을 얼마나 즐겁게 했는지는 짐작할 수 있을 것이다. 그랬다. 그는 매양 이랬다. 그는 있는 사실을 그저 그대로 덤덤하게 받아들이는 그런 고지식한 '진실남'이 아니라 뭔가 재미있게 일이 되어가지 않으면 심심하고 지리해서 견디지 못하는 그런 유연한 인생 각색 연출자였다.

대학 시절 이래, 한때나마 그의 관심사가 안 된 이슈는 아마 없었을 것이요, 그가 언급하지 않은 세상사란 아마 없었을 것이다. 어디 생각과 말뿐이었냐. 그가 행동으로 건드려보지 않은 일이 어디 있으랴. 그는 늘 꿈을 꾸며 살았으되 현실에서 멀리 떨어져 나간 허황된 일에 마음을 둔 적이 없었으며, 그는 늘 '재미있는 얘기'를 하지 않으면 심심해서 못 살았으되 그의 말이 어느 누구를 불쾌하게 하거나 마음 아프게 하거나 하는 일은 없었다. 그는 거의 매번 "내가 재미있는 얘기 해줄게"라는 말로 얘기 보따리를 푼다. 그래서 친구 재익은 "자, 자, 지금은 종헌이 재미있는 얘기 들을 시간이야"라면서 좌중의 잡담을 다스리기도 했다. 그는 외국인 거래선을 만나서도 "I have a really marvellous story"라는 말로 상담을 시작하는 걸 나도 독일에서 두어 번 보았다.

그가 손댔던 일이 한두 가지가 아니었으나 그것들이 그의 삶에 그저 쓰레기 같은 것이 되어 그의 모습을 심란스럽게 만들었던 것은 아무것도 없었다. 이런 식으로 그는 대학 시절 서양철학을 전공으로 택해 공부하면서도 〈현대정치사상사〉, 〈언어학개론〉, 〈현대 불시 강독〉, 〈19세기 영미 소설〉, 〈독일 단편문학〉 같은 강의를 훔쳐들었고, 학교 밖에서는 '룸비니'를 쫓아 다니며 〈유조단경〉을 공부했고, 서예에 심취하면서 한시(漢詩)까지 공부했으며, 서양철학도라면 필수라고 믿었던 영독불어 말고도 중국어, 일본어까지 공부했다.

무엇보다도 끊임없이 샘솟는 지적 호기심이 그의 사는 모습을 이런 식으로 끌고 갔으리라고 생각된다. 다 읽어내지도 못할 게 뻔하지만 그래도 그는 단 한 페이지를 보더라도 늘 책을 샀다. 무슨 사치인가 싶을 정도로 그는 뭔가 내용이 있을 성싶은 책이 눈에 띄면 주저 없이 그걸 샀다. 그래서 그렇겠지만, 그는 아는 것도 많다. 계몽시대 프랑스 백과전서파의 식자(識者)들이 아마 이러지 않았을까 싶다. 철학이나 불교나 서예, 또 무역이나 금융 등 가히 그의 전문분야라고 할 영역에 대해선 그만두기로 하자. 그는 고대 중국의 야사(野史)를 말하는가 하면, 야생 약초의 생리나 약리에 대해 말하기도 하고, 아스테카 문명의 원시신앙에 대해 말하기도 한다. 실크에 대해, 차에 대해, 와인에 대해, 아니 근자에는 빵이나 파스타에 대해 그가 나 모르는 '재미있는 얘기'를 할라치면, 난 그동안 뭐하고 살았나 자문하게 될 정도다.

그의 삶이 이렇게 다양하게 무지개색으로 채색되는 것이 그럼에도 불구하고 경박과 피상성에 흐르지 않고 내면의 조용한 성실과 진지성으로 떠받쳐진 데는 그의 피에 태생의 '필앤트로피(philanthropy)'가 스며들어서일 것이다. 대학 졸업 무렵 지금은 아내가 된 애인을 데리고 내가 그의 집에 가서 하룻저녁을 지냈을 때, 그저 수더분하고 허심하게 우릴 대해 주시던 종헌의 어머님이나 가족들을 나는 잊지 못한다. 이렇게 넉넉한 집안에서 자란 그가 부럽기만 했다. 사람을 믿고 사람을 좋아하고 사람에게 좋게 해주는 습성 같은 것이 그에게는 태생적으로 이미 있었나 보다. 그는 이웃의 어려움을 보면 마음 아파하며 그것을 나누려 하고, 또 이웃의 기쁨을 만나면 함께 즐거워하는 '감응의 정서(syn-pathos)'를 부모님과 가정의 분위기에서 이미 내면화시키고 나서 걸음마를 시작했나 보다. 대학 입학 전에 이미 가장이 된 친구 남두가 아우들을 이끌고 삼선교 언덕받이 허름한 집으로 이사를 했을 때, 고추장을 한 바켓 퍼 담아 종암동 제 집에서부터 끙끙거리며 들고 와 싱겁게 웃던 그의 표정을 어찌 세월이 흘렀다고 잊겠는가.

　이런 모습으로 한평생을 살도록 예비되어 있던 그에게 실로 이 모습이야말로 그의 삶의 모습이라고 확정판결을 내려준 것이 형숙 씨를 만나 요란하게 연애하고 결혼한 것이요, 그러기에 이젠 종헌 저 혼자만이 아니라 "귀여운 작은 아씨" 형숙과 더불어 그렇게 오갈자갈 재미있고 '다사다난'하게 살아온 것은 피할 수 없는 숙명이었다. 그러니 끝내 강원도 홍천 구석까지 찾아 들어가 둘의 말년을 이토록 현란(絢爛)하게 만드는 것이 아니겠는가. 그것도 신문, 방송들까지 분주하게 만들어대면서.

　이건 뭐 젊었을 때 사서 한다는 그런 고생도 아니다. 어찌 보면 사치로도 보이겠지만, 내가 보기엔 그저 숙명이다. 아니, 본래 그들이 사는 방식은 이렇게 뭔가 색다르고 다양하고 독특하여 재미가 있어야 하는 것이었다. 실은 독일에서부터 나는 예감을 했다. 벼룩시장 돌아다니며 온갖 '너저분한' 장식물들을 부지런히도 사 모을 때, 저 친구가 저 많은 물건을 그냥 버리기 위해 모으는 것은 아니라고 나는 생각했다. 형숙 씨도 '베커라이(Bäckerei)'에 드나들면서 열심히 빵 만드는 걸 견학하더니만, 귀국한 뒤로 이 작은 아씨는 아주 빵 전문가가 되어 대학 강단에 서기까지에 이르렀다니, 이 〈북카페 + 베이커리: peace of mind〉 출현의 '예정조화' 속을 누가 말리리….

　세경, 형태, 그 어린 것들이 장성하여 혼인을 하고, 아니 아이까지 낳아 기르고 있으니, 그들이나 나나 우리가 이젠 얼마나 많이 산 셈인가?

그럼에도, 여전히 세월 가는 걸 마음에 둘 시간도 여유도 없이, 이토록 농도 짙게 하루하루를 꽉꽉 채워가면서, 요란하게 채색하면서 산골(?) 살림을 사는 그들에게 나처럼 단색으로 겨우겨우 협궤열차를 끌어오고 있는 사람이 더 무슨 말을 할 수 있겠는가. 이번엔 또 "나이 40에 인생을 시작하라"고 외쳐대는 책을 내고 있으니, 대체 종헌과 형숙의 '재미있는 인생'을 누가 말리겠는가. 그들의 인생재미가 어느 적막한 오후 그들의 울을 넘어 내게도 솔향기처럼 날아와 주길 기대하는 일밖엔 무슨 말을 더 보태겠는가. 그들의 속도 줄지 않은 질주에 대해 그저 경탄하고 있을 뿐이니….

〈김종헌, 남자 나이 마흔에는 결심을 해야 한다, 2005, 추천의 글〉

[이 글 중의 친구들은 모두 66학번 철학과 동기들이다.]

마지막 군자(君子): 서우(曙宇) 선생님을 회상하며

　서우(曙宇) 선생님을 회상하자니 자연히 생각과 말과 행동이 온통 치기(稚氣)로 얼룩졌던 나 자신의 대학 초년생 시절이 떠올라 쑥스럽고 부끄럽기만 하다. 장용학, 손창섭, 정을병 등의 작가들이 내지르는 고통스러운 절규에 들떠 카뮈나 사르트르 같은 철학적 선구를 동경하는 방황 끝에, 정말 달리는 갈 곳이 없어 들어 간 철학과였지만, 그곳에서 내가 처음 느낀 것은 그곳이 나를 알아주고 감싸주고 달래주는 분위기가 아니라는 것이었다. 무엇보다도 기대했던 교수님들이 내 기대를 부끄럽게 만드는 것이었다. 그들은 정말로 한결같이 내 마음에 들지 않았다. '학문'의 길을 가는 그분들의 전문인으로서의 단단한 마음가짐과 언행이, 어리고 성긴 성정(性情)에 제 몸 하나 추스르기 어려워 번민하던 소년의 여린 마음에 과연 어떻게 비쳤겠는가. 철학이란 과연 뭐하자는 것이며 저분들은 과연 어떤 철학을 어떻게 하고 있는 건지 나로서는 답답하기만 했다. 급우들과 어울리며 이런저런 얘기를 나누어보아도 내 답답함에 숨통이

트이는 것 같지는 않았다. 교수님들과의 개인적인 인간적 접촉이란 원하든 원치 않든 생각지도 못할 일이었고, 이래저래 번민은 내 삶 전체에 대한 불안으로 더 악화되어 갈 조짐이었다.

그런데 그중에서도 서우 선생님은 특히 더 그러했다. 화난 듯한 근엄한 표정, 땅을 꽉꽉 밟기라도 하듯 기우뚱거리며 느리게 걷는 걸음걸이, 퉁명스럽게 들리는 둔탁한 어투, 우선 겉으로 접하게 되는 이런 모습 때문에, 다른 학우들도 마찬가지였겠지만, 나는 그에게 가까이 다가갈 수가 없었고 그를 좋아할 수가 없었다. 더구나 그에게서 그 건조하고 딱딱한 '논리학'을 먼저 배우기 시작하였으니, 말해 무엇하랴. 강의실에서 그를 맞는 것조차 내키지 않는 일이었다. '대당관계(對當關係)에 의한 직접추리' 따위의, 그때 내가 생각하기에는 배우나 마나 한 것 같은, 그 재미없는 강의를, 그는 어김없이 진지하게 땀을 훔쳐가며 계속하곤 했으니.

그러나 '프레시맨'이라는 딱지를 떼어낼 무렵부터 우리는 서우 선생님에게서 뭔가 겉보기와 다른 것을 조금씩 눈치 채기 시작했다. 대학천(大學川)을 따라 늘어선 은행나무에서 노랗게 물든 이파리들이 끝내는 그 깊어진 가을을 이겨내지 못하고 흐느끼듯 윤무를 하며 비 오듯 떨어져 흩날리던 어느 오후, 우리는 무모하게도 창경원(지금은 창경궁으로 복원됨)에 가서 야외강의를 하자고 그를 한번 공격해 봤던 것이다. 그런데 뜻밖에도 그는 우리의 그 '무엄한' 청을 선선히 받아들이는 것이었다. 선생님께서 우리들에게 미소를 보인 것은 이때가 아마 처음이었을 것이다. 그날 우리는 낙엽을 깔고 앉아 땅거미가 질 때까지 마시고 얘기하고 노래 부르고 춤까지 추었다. 물론 선생님께서도 함께.

그는 물론 멋진 사나이는 아니었다. 재치와 해학으로 좌중을 어르는 탤런트를 그는 지니고 있지 않았다. 그러나 그는 어떻게든 우리 어린 사람들과 호흡을 함께하려고 애썼고, 우리는 그의 그런 모습만으로도 너무 쉽게 취할 수가 있었다. 교수라는 뚜걱뚜걱한 외피 속에서 마음 좋은 집안 아저씨 같은 그의 속내를 들여다보고, 우리는 그의 앞에서라면 늘 묶어 매던 마음의 끈을 풀어놓을 수 있었기 때문이다.

그 후로도 우리는, 물론 잦지는 않았지만, 이따금 선생님과 '학문 외적으로' 만날 기회를 가질 수 있었고, 그런 기회가 늘어갈수록 선생님의 '인륜성의 깊이'를 조금씩 감지할 수 있었다. 예절에 엄격한 그에게 가까이 다가선다는 것이 쉽지는 않았지만, 그의 그런 겉모습 뒤에는 역시 훈훈한 인간성 같은 것이 우리를 맞고 있다는 것을 점차 알 수 있게 되었던 것이다. 끝내 그의 외피를 열고 들어가 그와 친화한 채 졸업을 하고만 급우들도 물론 있었지만, 훗날 가정에서 직장에서 '어른' 노릇을 하게 되면서부터는 그들 역시 선생님의 인품을 그저 그의 외양만으로 판정하지 않고 그의 내면까지 미루어 가늠하게 된다. 서우 선생님이야말로 우리 시대의 마지막 군자라는 것이 이들의 생각이다. 예의범절을 엄하게 지키려는 자세 때문에 젊은 사람이 얼핏 보기에는 그가 구시대적인 형식주의자같이 보일지 모르겠지만, 그의 그러한 자세야말로, 그 예절의 형식 속에 인간의 존엄성과 인간으로서의 품위를 보존하려는 것으로, 이렇듯 분주하고 각박한 오늘의 세태에 간절히 요구되는 덕성이라는 것이다.

졸업반이 되던 해 정초였으리라고 기억되는데, 새해 인사를 드리러 선생님 댁을 찾은 나는 뜻밖의 일에 놀랐고 그 작은 일을 통해 그의 도덕적 품성의 깊이와 일상에서 이를 실현하는 인륜적 생활의 강건(剛健)을 강하게 느낄 수 있었다. 내가 왔다는 전갈을 받은 선생님께서는 하례객들로 보이는 분들이 여럿 앉아 있는 안방에서 나오셔서 내게 손짓을 하시는 것이었다. 나는 그 손짓이 이층에 있는 그의 서재로 올라가자는 뜻으로 새기기에는 어딘지 맞아떨어지지 않는 구석이 있다는 것을 느끼면서도, 그 상황에서 그것을 달리 새겨들을 만한 가능성은 없다고 단정하고 있었다. 그런데 그게 아니었다. 곧 나는, 그가 나를 이층 서재가 아닌 마루 건너 사랑방으로 데리고 가려는 것임을 알아차릴 수 있었다. 내가 놀란 것은 바로 이 사랑방에 들어서서였다. 거기에 선생님의 부친께서 앉아 계실 줄을 몰랐었는데, 나를 당신에 앞서 당신의 부친께 먼저 세배를 올리도록 하는 것 자체가 나로선 뜻밖이었지만 나를 정말 놀라게 한 것은, 내게는 이미 더없는 권위로 느껴지던 그가 이 '할아버지' 앞에서 취하는 몸가짐과 말투였다. 실상 그 조부께서는 별로 귀담아 들으시는 것 같지도 않은데, 선생님께서는 "충청도 공주가 고향인 양반의 후예 밀양(密陽) 손문(孫門) 아무개가 아버님께 세배 올리노라"고 온순한 자세로 '근백(謹白)'하시는 것이었다. 나는 전에 한 번 그에게서 무슨 추천서인가를 받기 위해 나 자신의 신상에 대해 다소 자세히 말씀드린 적이 있긴 했지만, 그런 내용이 그에게 이런 의미 있는 것으로 여겨질 줄은 몰랐던 것이다. 나는 그에게서 유가적(儒家的) 귀족, 즉 사대부의 도덕과 예절이 어떤 것인지를 몸으로 느낄 수가 있었다.

재클린이 오나시스와 재혼한다는 뉴스가 화젯거리가 되었을 때, 선생님께서는 세미나 시간 중에 지나가는 말로, 아무리 서양이라지만 일국의 수장(首長)이었던 사람의 부인이 이렇게 부(富)에 끌려 장사꾼 노인에게 재가를 해도 되는 일이냐고 나무라듯 말씀하신 적이 있었는데, 사대부의 가통(家統)을 이어온 경주 최씨 문중(門中)의 장손인 그에게 재클린이 어떤 여자로 비쳐졌을지는 짐작이 가고도 남는다.

대학원 시절, 나도 선생님과 어느만큼은 가까워졌다고 생각되던 때, 어느 날 강의실 복도에서 선생님과 마주친 나는, "선생님 안녕하세요, 그간 별고 없으셨습니까?" 하고 인사를 드렸다. 그랬더니 선생님께서는 인사를 받는 둥 마는 둥 하시더니, 꾸짖는 듯한 어조로 나보고 따라오라고 하시는 것이었다. 어리둥절해 가지고 연구실에 따라 들어간 나에게 선생님께서 진지한 표정으로 들려주신 말씀은 그러나 듣기에 따라서는 대수롭지도 않은 것이었다. "자네한테니까 얘기지만, 윗사람에게 '별고(別故) 없었냐'고 묻는 건 바른 인사법이 아니네!"

이런 것은 사소한 예절에 속한다고 할 수 있다. 그러나 바로 이런 예절에 인륜성이 담긴다고 생각하면 예절은 아무리 사소한 것이라 하더라도 소홀히 다루어서는 안 될 일이다. 말하자면 '모럴리티' 없는 '에티켓'은 때로 가증스러운 형식주의를 낳기도 하겠지만, 그렇다고 '에티켓'을 무시하고서 '모럴리티'를 구현한다는 것이 과연 범상한 생활 속에서 얼마나 가능할 것인지는 깊이 생각해 보지 않아도 알 수 있는 일이다. 생각해 보면 아직도 나는 품성상 특히 이 점에 있어 모자람이 많다. 그런데 선생님은 바로 이 점을 늘 명심하고 사시는 분이었다고 생각한다. 그때 이후로 나는 윗사람을 만나 인사할 때면, 내 친애의 감정을 표현해 내기엔 다소 미흡하지만, 그저 "안녕하십니까"로 줄인다.

앞집이 재건축을 하여 층을 높이는 바람에 그의 서재가 그늘지게 되었을 때, 선생님께서는 몹시 난감해하셨다. 앉으면 오직 '읽고 생각하고 쓰고' 할 뿐 다른 세속의 일에는 별다른 욕심을 갖지 않고 학자의 길을 가는 그에게 앞집 사람들의 현실적 영악함과 이에 동반된 경제적 힘은 무시할 수도 제압해 버릴 수도 없는, 그러나 그대로 수긍할 수만도 없는 그런 것이었다. 그래서 선생님께서도 집을 개축할 계획을 세우신다. 그러나 요즈음은 많이 나아졌다고 하지만 그래도 이제나 그제나 집 짓는 일이 얼마나 번거럽고 복잡하고 또 아니꼽고 치사한 일인지는 이 일에 부딪쳐본 사람이면 다 안다. 한마디로 '점잖은' 사람은 못할 짓이다. 선생님께서는 "해야지, 해야지" 하시면서도, 연구와 집필에 밀려 끝내는 그 일을 못하고 마셨다. 아니 안 하신 것이라 말하는 편이 옳을 것이다.

그는 귀족이었다. 그러나 귀족주의자는 아니었다. 그는 그저 휴머니스트였고, 휴머니즘을 구현하기 위해 그에게 주어진 귀족의 길을 걸었을 뿐이다. 귀족이 사회를 지배해야 된다고 생각하기는커녕, 오히려 가능하기만 하다면 인간은 모두 귀족이 되어 스스로가 스스로를 다스려야 한다고 생각했을 분이 그였다. 우리는 그가 자신의 길을 가는 확신에서 더욱 뚜렷이 그의 '군자상(君子像)'을 본다. 그의 묘비명에도 새겨져 있듯, 그는 늘 "훼예포폄(毀譽褒貶)이 뱃전에 부딪치든 말든 힘차게 노 저어 가리라"고 자기다짐을 했던 것이다.

문리대 교정에서 서우 선생님을 처음 뵌 것이 엊그제 같은데, 내가 벌써 그때의 선생님 연배가 되었다. 선생님의 제자라면서 '읽고 생각하고 쓰는' 일에서 선생님을 따라잡지 못하고, 인륜에 대한 신념에서 선생님만큼 강건하지 못한 채, 아직도 동경과 연민에 흔들리는 설익은 성정(性情)을 부끄러워하며 선생님을 회상한다.

〈2005 서우철학상 시상식에서〉

[서우(曙宇)는 최재희 교수님의 아호]

손동현

서울대학교 철학과 및 동 대학원을 졸업한 뒤 독일 마인츠 대학교에서 철학, 교육학, 신학을 수학하고 니콜라이 하르트만 연구로 철학 박사 학위를 취득하다. 귀국 후 성균관대학교 철학과 교수로 취임하여 존재론, 문화철학, 인간학 등의 주제영역에서 연구, 교육하며 오늘에 이르다. 그간 성균관대학교에서 학부대학 초대학장을 6년간 지냈으며, 그 기간 중 한국교양교육학회를 설립하여 교양교육의 심화를 위한 범대학적 노력을 하다. 그전에는 철학연구회 및 한국철학회의 회장직을 맡아 철학교육의 확산을 위해 노력하다. 2011년 한국교양기초교육원의 설립을 도와 현재까지 그 원장직을 맡고 있다.

Die Seinsweise des Objektivierten Geistes(1987), 「중등도덕교육의 현실과 문제」(2003), 「나의 삶, 우리의 현실」(2005, 공저), 「학술적 글쓰기」(2006, 공저), 「공동체자유주의」(2008, 공저) 등의 저서와 「역사의 인식」(1979, 콜링우드 저), 「존재론의 새로운 길」(1997, 하르트만 저), 「비판이론」(1998, 그뮌더 저), 「문화학이란 무엇인가」(2004, 뵈메 저) 등의 역서가 있으며, 「문화의 존재론적 기초와 구조」, 「역사의식의 존재론적 연관」, 「선험적 주관성의 생물학적 기초」, "On Social Self", "1st-Person Philosophy & 3rd-Person Philosophy", "Schichtungsstruktur der Kultur und die Globalisierungsgrenze", "Philosophical Anthropology of Information-Communication Technology", "Bergson, Précurseur de l'épistémologie évolutionniste" 등의 논문이 있다.

미완의 화해

지은이	손동현

1판 1쇄 인쇄	2013년 2월 20일
1판 1쇄 발행	2013년 2월 25일

발행처	철학과현실사
발행인	전춘호

등록번호	제1-583호
등록일자	1987년 12월 15일

서울특별시 종로구 동숭동 1-45
전화번호 579-5908
팩시밀리 572-2830

ISBN 978-89-7775-762-2 03100
값 15,000원

●지은이와의 협의하에 인지는 생략합니다.
●잘못된 책은 교환해 드립니다.